D1324988

DU MÊME AUTEUR

BANGLA-DESH : NATIONALISME DANS LA RÉVOLUTION, Maspero, 1973.
  Réédité au Livre de Poche sous le titre : LES INDES ROUGES, 1985.
LA BARBARIE À VISAGE HUMAIN, Grasset, 1977.
LE TESTAMENT DE DIEU, Grasset, 1979.
L'IDÉOLOGIE FRANÇAISE, Grasset, 1981.
LE DIABLE EN TÊTE, Grasset, 1984.
IMPRESSIONS D'ASIE, Le Chêne-Grasset, 1985.
ÉLOGE DES INTELLECTUELS, Grasset, 1987.
LES DERNIERS JOURS DE CHARLES BAUDELAIRE, Grasset, 1988.
FRANK STELLA, La Différence, 1989.
CÉSAR, La Différence, 1990.
LES AVENTURES DE LA LIBERTÉ, UNE HISTOIRE SUBJECTIVE DES IN-
  TELLECTUELS, Grasset, 1991.
PIERO DELLA FRANCESCA, La Différence, 1992.
PIET MONDRIAN, La Différence, 1992.
LE JUGEMENT DERNIER, Grasset, 1992.
LES HOMMES ET LES FEMMES *(avec Françoise Giroud)*, Orban, 1993.
LA PURETÉ DANGEREUSE, Grasset, 1994.
LE LYS ET LA CENDRE, Grasset, 1996.
COMÉDIE, Grasset, 1997.
LE SIÈCLE DE SARTRE, Grasset, 2000.

QUESTIONS DE PRINCIPE I, Denoël, 1983.
QUESTIONS DE PRINCIPE II, Le Livre de Poche, 1986.
QUESTIONS DE PRINCIPE III, *La suite dans les idées*, Le Livre de Po-
  che, 1990.
QUESTIONS DE PRINCIPE IV, *Idées fixes*, Le Livre de Poche, 1992.
QUESTIONS DE PRINCIPE V, *Bloc-notes*, Le Livre de Poche, 1995.
QUESTIONS DE PRINCIPE VI, *avec Salman Rushdie*, Le Livre de Poche,
  1998.
QUESTIONS DE PRINCIPE VII, *Mémoire vive*, Le Livre de Poche, 2001.

RÉFLEXIONS SUR LA GUERRE, LE MAL ET LA FIN DE L'HISTOIRE

Précédé de
Les damnés de la guerre

BERNARD-HENRI LÉVY

RÉFLEXIONS SUR LA GUERRE, LE MAL ET LA FIN DE L'HISTOIRE

Précédé de
Les damnés de la guerre

BERNARD GRASSET
PARIS

Préface

Le 11 septembre 2001, en début d'après-midi, j'allais mettre un point final à ce livre quand un acte terroriste d'une violence sans pareille pulvérisa le Pentagone et une partie de Manhattan.

Ma première réaction fut, comme chacun, de peur et de stupeur.

Jamais, dans la longue histoire de la terreur, un attentat n'avait fait tant de victimes.

Jamais groupe terroriste n'avait si impeccablement défini, dans le même geste, ses cibles militaires et symboliques.

Jamais on n'avait eu le sentiment, non plus, d'une telle vulnérabilité des démocraties face à une menace dont chacun sentait qu'elle venait de changer d'échelle et qu'elle était loin, de surcroît, sur cette échelle nouvelle, d'avoir dit son dernier mot.

Je me souvins de la confidence que m'avait faite le Président Izetbegovic, à la fin de la guerre de Bosnie : l'Irak, il le savait par ses services, s'était lancé dans un vaste programme de construction d'ogives de missiles aménagées pour transporter, sur longue distance, des substances bactériologiques.

Je me souvins de ma dernière conversation avec

Massoud, cet autre musulman éclairé, ennemi juré des Taliban et assassiné, du reste, quelques heures à peine avant l'attaque — comme si son élimination faisait, elle aussi, partie du plan : le Pakistan, selon lui, s'était doté, depuis plusieurs années, d'armes de destruction massive dont, si ses intérêts vitaux étaient en jeu, il n'hésiterait plus à se servir.

Nous n'en étions pas là, bien entendu.

Et nous y étions d'autant moins que l'une des singularités de ce terrorisme était qu'il semblait échapper, justement, à la vieille logique des « Etats voyous » telle que nous avions pu la connaître dans les décennies antérieures : un réseau trans-étatique, au contraire ; une fédération trans-nationale d'organisations implantées à Londres ou Jersey aussi bien qu'en Irak et au Pakistan ; une ONG du crime ; un monstre froid sans Etat ; une armée privée, sans territoire ; un adversaire acharné à nous perdre, mais d'autant plus insaisissable qu'il n'était réductible à aucun des ennemis publics que les Etats-Unis d'Amérique pensaient tenir en respect dans le moment même où se tramait, de l'intérieur, la plus grande attaque terroriste de tous les temps...

N'empêche. Que ce terrorisme soit passé, ce jour-là, à une échelle et une vitesse supérieures, qu'il ait commencé de se caler sur des scénarios de destruction presque sans limite, qu'on le sente en route vers des opérations gigantesques à côté desquelles tout ce que l'on avait connu jusque-là — y compris, peut-être, l'attentat contre le World Trade Center — apparaîtrait un jour comme relevant de l'ancien monde, que le pire, autrement dit, soit à venir, voilà qui, dans le désordre de ces journées, dans le chagrin, la pitié, la rage, apparut clair à beaucoup.

« La guerre », titraient la plupart des grands journaux occidentaux.

Eh bien, oui, la guerre. Nombreux furent ceux qui, dans l'émotion, pensèrent que le monde occidental était en effet en guerre. Nombreux, ceux qui jugèrent que ce serait une guerre longue, très longue, avec victoires, replis, crises paroxystiques, périodes de gel ou de guerre froide. Poussant jusqu'au bout l'idée d'un fondamentalisme qui reprenait la place du communisme sur la scène d'une Histoire où l'Occident avait cru, à tort, pouvoir régner sans ennemi, j'ai pu écrire, moi-même, que c'était comme un retour des années vingt, et qu'il fallait faire front.

On vit revenir, ici ou là, quelques relents d'anti-américanisme primaire. Cela me parut abject.

Seconde réaction, presque aussitôt : un agacement puis, très vite, une colère face aux ignorants qui, sous prétexte que les auteurs de ces attentats avaient été élevés à l'ombre des medersas pakistanaises, sous prétexte, aussi, qu'une partie de la rue, à Gaza, Bagdad, Damas, Islamabad, voyait ces kamikazes comme des nouveaux martyrs partis venger, dans le sang, les torts faits à la « nation musulmane », tombaient dans le panneau de la prétendue guerre de civilisations entre l'Occident et l'Islam.

Les plus malins citaient Nietzsche annonçant que les guerres du futur seraient des guerres de visions du monde et d'idées.

Les autres réexhumaient Samuel Huntington, l'auteur d'un opuscule où, en réponse aux néo-kojéviens qui, au soir de la Chute du Mur de Berlin, crurent voir passer sous leurs fenêtres, non plus l'Histoire, mais sa fin, il prévoyait une guerre de l'Occident contre le reste du monde – « the west » versus « the rest » et, au cœur de ce « rest », l'Islam.

Il se trouva même des observateurs pour noter que la littérature, comme d'habitude, avait tout dit avant tout le monde puisqu'un romancier français, mettant des notes nouvelles sur des octaves céliniennes anciennes, avait cru bon de fustiger, quelques jours avant la tragédie, la religion musulmane et son livre sacré.

Bref, ce n'étaient, partout, qu'airs lourdement entendus pour expliquer qu'il y avait – sic – « un problème avec l'islam » : dans le meilleur des cas, une vision du monde obscurantiste, insoluble dans la modernité, incompatible avec les droits de l'homme, la démocratie, la laïcité, les Lumières ; dans le pire, une religion meurtrière, conquérante, qui portait le massacre comme la nuée l'orage et qui avait déclaré une guerre totale aux Etats-Unis et à l'Europe.

Je n'étais pas, loin s'en faut, un spécialiste de l'islam.

Mais enfin je connaissais, comme tout le monde, l'histoire de l'abolition du Califat par Ataturk ou du panarabisme nassérien – preuve que l'islam n'était pas si incompatible que cela avec la laïcité.

Je connaissais, d'assez près, le cas de l'islam bosniaque et même, quoique un peu moins, celui des confréries sénégalaises – preuve qu'il n'était étranger ni à la tradition démocratique ni au droit.

Je savais, par mon ami Christian Jambet, que le mot même de djihad, cité partout comme signifiant la sainte guerre de l'islam contre le monde de l'infidélité, est un mot qui n'a ce sens que depuis une date récente et que, avant cela, avant les Frères musulmans, les Wahhabites, l'école hanbalite de Ibn Taymiyya, bref, la fin du XVIIIe siècle, il avait toujours signifié, littéralement, et pour tous les musulmans du monde, « effort sur le chemin de Dieu » : un mot de la morale, pas de la politique ; un mot qui dit la tension spirituelle du fidèle travaillant, par la prière ou l'ascèse, à se rapprocher de Dieu ; une guerre, oui, si l'on y tient, mais intérieure, de soi à soi, de soi contre soi.

J'en savais assez, en d'autres termes, pour soupçonner qu'il existait, à tout le moins, deux islams ; que la nouvelle guerre, si guerre il devait y avoir, passerait entre ces deux islams autant qu'entre l'Islam et l'Occident ; et que c'était un trop beau cadeau, vraiment, à faire à Ben Laden ainsi qu'à ceux qui lui ressemblaient et dont il n'était peut-être que le prête-nom, que d'accepter son idée d'un Islam tout entier dressé contre un Occident satanisé.

Qu'il y eût aussi un islam obscurantiste, c'était une évidence.

Que l'on puisse, au début du XXIe siècle, dans un pays musulman comme le Soudan, être tué parce que chrétien ou animiste, j'en savais quelque chose, j'en revenais.

Que l'on puisse, au Pakistan, autre pays que je

connaissais un peu (guerre du Bangla-Desh dans les années 1970 ; point de départ, dix ans plus tard, d'un premier voyage en Afghanistan), être condamné à mort parce que l'on porte une croix chrétienne, que l'on possède un chapelet ou une bible juive, ou que l'on a dit, à mi-voix, à un ami : « si tu veux connaître la vérité sur l'islam lis donc Salman Rushdie », c'était également un fait.

Et cet autre fait, ces autres évidences, sans doute le moment était-il venu de les dénoncer haut et fort — il y avait, il y a toujours, urgence à procéder à un aggiornamento, un inventaire, une remise à plat générale, non pas des dogmes, mais des formations idéologiques auxquelles ces dogmes ont donné lieu : l'islam qui s'est adapté à tant de situations historiques et géographiques, l'islam qui joue si bien le jeu de la modernité quand elle a la forme des nouvelles technologies ou des marchés financiers mondiaux, cet islam-là ne peut-il désavouer les sectes (fondamentalistes, wahhabites, disciples divers de la secte des haschichins du XIe siècle, Taliban) qui persistent à dénaturer son message ancestral de miséricorde et de paix ? le monde n'est-il pas fondé à exhorter ses autorités politiques, morales, spirituelles à s'adresser aux apprentis kamikazes pour, du Caire à Lahore, et de Samarkand aux banlieues françaises, leur dire de la manière la plus solennelle que non, ce n'est pas vrai, ils n'iront pas au paradis, le martyre n'est, en aucune façon, un moyen de s'attirer les grâces et bénédictions divines ?

Mais de là à jeter l'opprobre sur plus d'un milliard d'humains et sur la foi qui les anime, de là à identifier ce milliard d'humains avec les mauvais maîtres dont ils seront, tôt ou tard, juste après les morts du World Trade Center, les victimes désignées, de là à emboîter le pas à ceux qui nous annoncent le clash des cultures mais ne font, en vérité, que préparer les ratonnades, il y a un pas que, pour ma part, je me refusai catégoriquement à franchir : ne pas répondre, non, à ceux qui satanisent l'Occident par une satanisation inverse mais jumelle.

L'essentiel, pour moi, n'était cependant pas là.

Je participais à ces débats, bien sûr ; je donnais mon avis sur l'avenir de l'islam, Huntington, les risques et les chances d'une riposte militaire américaine, etc., mais j'avais, au sens propre, la tête ailleurs.

Je l'avais dans ce livre, en fait ; je l'avais dans les personnages, les scènes, le climat de ce livre – je ne pouvais m'empêcher de voir ce que je voyais à la lumière tenace de ce que je venais de vivre, des mois durant, et dont ce livre était le fruit.

Les kamikazes par exemple. J'avais, à Sri Lanka, rencontré une kamikaze repentie dont les mots, et même le visage, me hantaient et ne cessaient de venir en surimpression de ce que l'on apprenait, au fil des heures, des assassins du World Trade Center. Je revins à mes notes. Je repris tout ce qu'elle m'avait dit, et que je n'avais pas utilisé, sur l'énigme de ce geste où l'on choisit de mourir pour tuer, de mêler sa mort sainte à la sale mort de ses victimes. Les assassins n'avaient-ils pas d'autre voie, après tout ? N'y avait-il pas d'autres solutions – attentat bactériologique, missiles, gaz Sarin comme à Tokyo – que cette solution sacrificielle ? Qu'est-ce qui se passe, autrement dit, dans la tête d'un homme ou d'une femme qui, entre toutes les solutions possibles, choisit celle qui lui permettra, en plus, d'accompagner ses victimes dans leur mort ? Je passai des heures à scruter les portraits de Mohamed Atta et de Ziad Jarrahi. Je tâchai d'imaginer leur vie ; leur mort ; les derniers instants dans la cabine de pilotage ; les ultimes questions, au moment de virer vers les tours ; la façon dont ils se sont épiés les uns les autres ; la pression du groupe veillant à ce que chacun soit à la hauteur de ses compagnons de mort volontaire ; la démultiplication morbide de la volonté toujours sujette, au bord de l'acte suicidaire, à un revirement de dernière minute ; la punition immédiate du défaillant ; et puis, avant cela, bien avant, la mise en condition qui avait dû être la leur pour qu'ils soient capables, à l'arrivée, de cet acte dément. Tout le monde a dit : une mise en condition qui s'est étalée, forcément sur des années. Mais quoi, pendant ces années ? Quel type d'apprentissage, non seulement technique, mais intellectuel, moral, allez ! osons le mot, spirituel, pour être bien certain que l'on ira au bout, que l'on ne craquera pas et que l'on transgressera tout ce qui attache un être à sa propre vie, aux passions de l'existence ? Ma Sri Lankaise m'avait décrit son camp d'entraînement, dans le Wanni, comme un lieu de travail idéologique autant que militaire. Elle m'avait dépeint le chef du camp comme une sorte de maître, doté d'un ascendant démoniaque. Ne fallait-il pas supposer, quelque part en Afghanistan ou ailleurs, une sorte d'académie du crime, de West Point du terrorisme, de secte de

14

l'excellence assassine vouée à ce double dressage, sélectionnant impitoyablement les recrues ?

Les ruines. Ce paysage de ruines auquel semblait réduite, sur les images montrées par toutes les télévisions du monde, la partie sud de Manhattan. Face à ces images de désolation, face au spectacle sidérant de la puissance américaine provisoirement réduite à des gravats, face à ce New York ville morte où l'on ne croisait plus, pendant ces quelques jours, que des ombres, errant dans les débris d'acier et de béton, couvertes de cendres et de poussière grise, les uns pensèrent à telle scène de tel film de science-fiction ; les autres, à telle page d'un roman de Tom Clancy ou de Brett Easton Ellis ; je ne pouvais pas ne pas penser, moi, à ces autres villes mortes, et en ruine, où je me trouvais quelques mois plus tôt et que je venais de raconter dans ce livre. Kuito et Huambo, en Angola... Gogrial au Sud-Soudan... Toutes ces villes fantômes, peuplées de fantômes, qui offraient le même spectacle, exactement... Toutes ces pages que j'avais écrites, et qui me semblaient maintenant si bizarres, sur la ruine selon Hegel et selon Walter Benjamin... Et puis, avant cela, le choc de Sarajevo dévasté – ce jour de 1994, notamment, où j'étais venu, à Washington, présenter « Bosna ! » devant Hillary Clinton et un parterre de parlementaires incrédules : « imaginez, disais-je, une ville européenne réduite en cendres... imaginez une grande ville américaine réduite à l'état de trou noir par un bombardement... » ; je ne croyais pas si bien dire ; je ne pensais pas, nul ne pouvait penser, que la grande folie urbicide qui aura été l'une des marques, au XXᵉ siècle, de tous les fascismes sans exception, frapperait un jour ici, à Washington, à New York, réduits à l'état de villes angolaises...

Les disparus. Ces milliers d'hommes et de femmes ensevelis dans un million de tonnes de décombres, peut-être broyés, et dont les corps, à l'heure où j'écris ces lignes, n'ont pas été retrouvés. Je ne pouvais pas ne pas songer, là non plus, à l'ordinaire des trous noirs d'où je revenais. Je ne pouvais pas ne pas avoir en tête, plus que jamais, ces milliers d'autres hommes et femmes, ensevelis dans les mines de diamants angolaises, avalés par la brousse burundaise, égarés, oubliés. Je ne pouvais pas ne pas repenser à tout ce que je venais de rapporter, quelques semaines plus tôt, sur la douleur de la tombe absente et le deuil impossible qui en découle. Non pas, bien entendu, que ceci efface ou relativise cela. Ni que mes impressions d'Afrique ou d'Asie fussent de nature à affadir, de quelque façon, le sentiment de révolte qui me submergeait. Ni même que j'aie cédé à l'indignation facile, convenue, et pleine d'arrière-pensées nauséabondes, contre le fameux deux poids et deux mesures : « des images en boucle pour les disparus de Manhattan — un néant d'images, à peine une trace, pour ceux du Burundi, de Sri Lanka, des monts Nubas. » Non. La ressemblance, simplement. Une sorte de contagion, de prolifération du désastre. La compagnie des spectres qui se mettait, soudain, à recruter parmi les nantis. Le sentiment d'appartenir à un monde qui avait cru pouvoir bannir le Tragique, zapper le Mal, donner congé à la réalité même des choses remplacée par de doux et inoffensifs hologrammes et qui les voyait réapparaître, ce Tragique, ce Mal, ce Réel, avec la foudroyante violence du refoulé qui fait retour. Nous étions tous des Américains ? Oui. Mais tous, aussi, des Burundais. Tous des Angolais, des Soudanais, des Colombiens, des Sri Lankais. Je voyais l'humanité occidentale rattrapée par tous ces morts-vivants qu'elle n'avait voulu ni connaître ni entendre.

Et puis la Fin de l'Histoire. Je n'ai jamais trop cru à cette affaire de Fin de l'Histoire. J'ai même consacré un autre livre, *La Pureté dangereuse*, à plaider que l'Histoire, comme dit Marx, a plus d'imagination que les hommes, y compris les kojéviens, et que, de même que la plus grande ruse du diable était, selon Baudelaire, de laisser croire qu'il n'existe pas, de même la plus grande ruse de l'Histoire est peut-être de jouer la comédie de son propre épuisement. Mais c'est ici, ou plutôt aujourd'hui, que j'ai le sentiment d'y voir le plus clair. C'est ici, dans les pages que l'on va lire, que j'ai tenté de penser, notamment, les formes que pourrait prendre la confrontation entre les terres historiques, d'une part, les métropoles de l'« historico-mondial » — et puis les « provinces de l'empire » de l'autre, les terres périphériques que nous avons condamnées à sortir tout doucement de l'ère contemporaine. Eh bien, de nouveau, nous y étions. L'Histoire, d'abord, était de retour. Elle se remettait en mouvement. Le stock, que l'on croyait fini, des barbaries possibles venait de s'augmenter d'une variante inédite. Comme toujours, comme chaque fois qu'on l'a crue éteinte ou assoupie, c'est quand nul ne l'attendait plus qu'elle se réveillait avec le maximum de fureur et, surtout, d'invention : autres théâtres, nouvelles lignes de front et adversaires d'autant plus redoutables que nul ne les avait vus se dresser. Et puis il y avait, une fois de plus, les « damnés ». Il y avait ces foules de pauvres gens qui furent, des mois durant, au cœur de ma vie et dont je ne parvenais décidément pas à détacher ma pensée. Quelle serait leur place dans le monde qui se dessinait ? Oubliés toujours ? Niés, plus que jamais ? Témoins, définitivement muets, d'un affrontement qui ne les concernera en rien et qui les ignorera en tout ? Tiers résolument exclus d'une nouvelle guerre de nantis – car les islamistes aussi, à leur manière, sont des nantis – qui les rejettera, pour de bon, dans le monde d'hier ? Ou bien requis, au contraire ? Mobilisés ? Par des voies pour l'heure impénétrables, réintroduits dans un jeu dont nul ne sait ce que seront les règles ? Un schéma semblable, au fond, à celui de la guerre froide, ce temps (« béni » ou « maudit », c'est l'une des questions de ce livre...) où leurs guerres « avaient un sens » et « participaient d'un combat mondial » ? Se pourrait-il, en clair, que tels kamikazes tamouls, ou tel groupe de guérilla soudanaise, ou telle secte de narco-trafiquants colombiens, fournissent en supplétifs l'un des deux camps ? Ne pourrait-on voir la nouvelle armée du crime importer de l'enfant-soldat comme autrefois des esclaves ? Autre hypothèse encore, la pire : serait-il impensable que certains, parmi les exclus du sens et de l'historicité, aient la terrible tentation, eux aussi, le terrorisme faisant école, de venir se rappeler au souvenir de ceux qui les condamnent, et les condamneront en-

core, au rôle de suppliciés sans voix ? Ne se trouve-
ra-t-il pas, parmi ces damnés qui nous ont entendus
déclarer close la cérémonie de l'Histoire, d'autres
kamikazes pour venir dire aux nations : «vous nous
avez ignorés vivants, nous voici morts ; vous n'avez,
de cette mort, rien voulu savoir tant qu'elle se produisait chez nous, nous la jetons à vos pieds, dans le
brasier qui vous consume ; nous étions des vivants
invisibles, nous deviendrons des suicidés visibles »?
Ce sont des questions. Je ne sais pas.

Paris, le 18 septembre 2001.

AVERTISSEMENT

Le lecteur trouvera ci-après, constituant le premier tiers de ce livre, une série de récits de voyages accueillis par *Le Monde*, dans une version un peu plus brève, du 30 mai au 4 juin 2001. Il trouvera, par ailleurs, ponctuant ces récits, une cinquantaine d'appels de notes renvoyant à autant de « Réflexions », rétrospectives et décalées. S'agit-il, à proprement parler, de notes ? Ou de repentirs philosophiques et politiques ? Ou de lambeaux de mémoire plus ancienne ? Ou d'excroissances ? Ou de développements qui n'avaient pas trouvé leur place dans les reportages mais qui se seraient imposés après coup ? Ce qui est sûr c'est que la suite réglée de ces digressions constitue, au bout du compte, l'essentiel de cet ouvrage. Comme si, dans ce genre d'affaire, il revenait au remords de prendre l'avantage. Comme si la suite d'une idée, ou d'une vision, l'emportait sur son commencement.

LES DAMNÉS DE LA GUERRE

Avant-propos

Longtemps, les guerres ont eu un sens. Guerres
justes et injustes. Guerres barbares ou de résistance.
Guerres de religion. Guerres de libération nationale.
Guerres révolutionnaires où l'on montait à l'assaut
du ciel pour y construire un monde nouveau. Les
guerres encore, toutes les guerres, contemporaines
d'un marxisme qui avait, entre autres vertus, celle de
donner à n'importe quel guérillero des îles Moluques,
du sud de l'Inde ou du Pérou, l'assurance, pour ainsi
dire providentielle, qu'il ne se battait jamais pour rien
puisqu'il était, même sans le savoir, partie prenante
d'un combat mondial. Ce temps-là est révolu. Le
déclin du marxisme ainsi que de tous les grands récits
qui conspiraient, avec lui, à donner un sens à ce qui
n'en avait pas, c'est-à-dire à l'infinie douleur des
hommes, a fait voler en éclats ce catéchisme. Et c'est
comme une grande marée qui se serait retirée, laissant derrière elle des hommes, des femmes, qui continuent de se battre, qui le font même, parfois, avec
une férocité redoublée, mais sans que, dans leur affrontement, on puisse lire la trace des promesses, des
cohérences ou des épiphanies d'antan. Il reste, certes,

des guerres lourdes, porteuses de sens. Il reste, au Proche-Orient par exemple, des guerres où chacun devine que le destin du monde se joue. Mais de plus en plus nombreux sont ces autres conflits qui ont comme lâché la corde qui les reliait à l'Universel et dont on a le sentiment, à tort ou à raison, que l'issue ne changera plus rien au sort de la planète.

On peut dire les choses autrement. Longtemps, dans nos contrées, le sentiment de l'Absurde, ou du Tragique, s'était décliné au singulier. On croyait à l'Absurde, mais dans la vie privée. On voulait bien penser l'insensé, l'être-pour-la-mort, mais dans l'ordre des destins singuliers. Et qu'adviennent les grands emportements de l'espèce, qu'entre en scène l'Humanité en majesté ou convulsion, et on rectifiait la position, on entonnait l'autre musique, l'autre fanfare – les mêmes qui ne juraient que par la « nausée » avaient peine à imaginer des barbaries pures, des violences nues et nous expliquaient que le collectif, si noir fût-il, est nécessairement le lieu des ruses de la raison et de leurs accomplissements obligés. Eh bien, c'est de cela aussi que les guerres oubliées du XXIe siècle sonnent le glas. C'est de cette métaphysique naïve et, somme toute, rassurante que, du fond de leur nuit, les Angolais, Burundais, Sri Lankais, Soudanais et autres Colombiens nous obligent à faire le deuil. Avec eux, advient un monde où, pour la première fois aux temps modernes, et parce que les grands récits pourvoyeurs de sens se sont donc tus, de très grandes masses d'hommes sont prises dans des guerres sans but, sans enjeux idéologiques clairs, sans mémoire alors qu'elles durent depuis des décennies, peut-être sans issue – et où il est parfois bien difficile de dire, entre des protagonistes également ivres de pouvoir, d'argent et de sang, où est le vrai, le bon, le moindre mal, le souhaitable. C'est le triomphe, si l'on veut, de Céline sur Sartre. Ou du Sartre de *La Nausée* sur celui de la *Critique*. C'est un nouveau monde qui apparaît où Job aurait le visage, non plus d'un Juste souffrant, mais de peuples entiers, de continents, voués à cette désolation radicale – même souffrance inutile, même vide du ciel et du sens et, chez nous, mêmes docteurs ès détresse qui, tels les « amis de Job » dans la Bible, mais sur fond d'ethnisme ou de néo-tiersmondisme, s'emploient à recoder un malheur devenu illisible.

Je sais, bien entendu, ce que la comparaison peut avoir de périlleux. Mais enfin quelque chose me dit que le sort du montagnard nuba agonisant dans la boue de son village, celui du chercheur de diamants angolais enseveli dans une mine qui n'a d'autre raison d'être que d'enrichir les nouveaux seigneurs de la guerre, celui de tel Sri Lankais enrôlé à huit ans dans une armée dont nul ne sait plus quelle cause elle défend, quelque chose me dit que le sort de ces morts sans témoignage et, à la lettre, sans martyre est plus pathétique encore que celui d'un Guy Môquet mourant dans la splendeur de son héroïsme ou de ce petit Sarajevien qui, quelques minutes avant de monter à sa dernière tranchée, m'avait dit que, quoi qu'il arrive, il aurait défendu une certaine idée de la Bosnie et de l'Europe. A l'horreur de mourir s'ajoute, j'imagine, celle de mourir pour rien. Et à celle-ci encore, celle de mourir dans l'indifférence des hégé-

27

liens spontanés que nous sommes et qui, de l'irrationalité d'une situation, ont tôt fait de conclure à sa quasi-irréalité et, de celle-ci, à l'inutilité de s'en mêler. Car tout le problème est là. N'est-ce pas parce que l'affrontement qui l'annonçait nous était inintelligible que, si instruits que nous fussions des logiques génocidaires, nous n'avons pas vu venir le génocide rwandais? Et, les mêmes causes produisant les mêmes effets, le même type de préjugé, le même goût de l'Idée incarnée, ne sont-ils pas déjà en train de nous rendre aveugles aux progrès d'un génocide au Burundi, ou dans les monts Nubas au Soudan?

Alors, je suis allé y voir. Pendant quelques mois, avec la complicité, ici d'une ONG française, là d'un évêque burundais épouvanté par l'éclipse de Dieu sur son pays, là encore, chez les Nubas, avec l'assentiment de leur chef exilé, à l'agonie dans une clinique londonienne, j'ai voulu faire un pas de l'autre côté, sur l'autre rive, celle de ces guerres intouchables qu'occultent les autres guerres, les guerres nobles, les grandes guerres brahmaniques dans la trace desquelles persiste à flotter un parfum d'historico-mondial. Sans doute ne me suis-je pas toujours bien départi de nos anciens réflexes : où sont les bons? les méchants? où passe la frontière? Peut-être n'ai-je pas toujours su, non plus, aller au bout de cette réalité nouvelle et, à nos yeux, presque impensable : des guerres terribles, sans foi ni loi, non moins étrangères à la logique de Clausewitz qu'à celle de Hegel et dont les victimes, parce qu'elles n'ont même plus la pauvre ressource de se dire qu'elles luttent pour l'avènement des Lumières, le triomphe de la démo-

cratie et des droits de l'homme, la défaite de l'impérialisme, paraissent doublement damnées. Mais au
moins ai-je essayé. Au moins ai-je tenté de rapporter,
le plus fidèlement que je le peux, ce que je voyais
dans ces zones grises où, à l'inverse de l'idée reçue,
on tue d'autant plus, et avec d'autant plus de sauvagerie, qu'on le fait apparemment sans raison ni projet. Voyageur engagé. Rapport sur la banalité du pire.
Peut-on, sous prétexte qu'elles ne nous disent rien,
choisir de se laver les mains de ces tueries muettes?

1

LES DIAMANTS NOIRS DE L'ANGOLA

Le vieux Holden Roberto n'en démord pas (1). Cette nuit, dans Luanda, il a vu, de ses yeux vu, un camion bourré de Cubains et de Soviétiques passer sous ses fenêtres. J'ai beau m'étonner. M'exclamer. J'ai beau lui expliquer que les Cubains ont quitté l'Angola depuis dix ans et que les rares à être restés sont devenus dentistes sur la « Marginal ». Il insiste. Se fâche presque. Et voilà l'ancien combattant de la guerre d'indépendance, voilà le chef politique devenu, avec le temps, ce petit homme au regard doux, aux manières prudentes et conciliantes, aux cheveux blancs impeccablement coiffés, qui se lance dans un étrange discours où son glorieux passé se mêle aux hallucinations du présent : pêle-mêle, l'insurrection contre les Portugais ; la guerre, presque aussitôt, contre les marxistes du Mouvement populaire de libération de l'Angola (Mpla) qui triomphent et l'écartent du pouvoir ; Sartre à Capri ; Fanon, dont il était l'ami ; et puis cette sombre histoire de Cubains, ses adversaires d'autrefois, qu'il est sûr de voir revenir, certaines nuits, comme des spectres, dans la ville.

« Allez voir, insiste-t-il. Allez dans les muceques. Vous verrez. » Et le vieux lion de répéter, d'une voix soudain plus aiguë, qu'il n'est pas rare, oui, certaines nuits, de voir les fous de Luanda s'échapper de l'hôpital psychiatrique. On ne leur donne rien à manger. Rien à boire. Alors, ils font le mur, les pauvres fous. Ils passent les barbelés du camp. Ils se retrouvent, au cœur de la ville, nus, incohérents, fouillant dans les poubelles. Et c'est cela que font les Cubains. Et c'est pour cela qu'ils ratissent les quartiers. Ils traquent les fous de Futungo et les tuent d'une balle de silencieux dans la tête. Sur quoi il change à nouveau de registre et, très calme, solennel, nuance de fierté, sort de sa poche l'édition du jour du *Jornal de Angola* où il me montre, dans un coin de page intérieure, un tout petit papier titré « El grido des vielho », le « cri du vieux », qui appelle à la cessation des combats. C'est moi le « vieux », s'excuse-t-il. Nous sommes deux « vieux » en Angola : Jonas Savimbi, mon allié d'autrefois, qu'on appelle « o Mas-Velho », le plus vieux, et moi. Voulez-vous que je vous raconte la guerre d'Angola ? Voulez-vous que je vous dise les quinze ans de la guerre de libération, puis les vingt-cinq années de la guerre entre Angolais — le Mpla d'un côté et, de l'autre, l'Unita de Savimbi, qui refuse de s'avouer vaincu et continue le combat depuis la brousse ? Quinze plus vingt-cinq, cela fait quarante : est-ce que ce n'est pas la plus longue guerre de l'histoire de l'humanité ?

Je suis allé, bien entendu, dans les muceques de

Luanda. Je suis allé, du côté du marché de Roque Santeiro, dans les faubourgs lépreux de la ville où j'ai vu, non les fous, mais les unijambistes, les mutilés, les prostituées de dix ans, les meutes d'enfants désœuvrés qui dorment dans des cabanes de carton, des femmes à tête de gargouille, des hommes qui n'ont plus de visage du tout. J'ai vu, dans cette ville riche, croulant sous la manne du pétrole et des diamants, des immeubles si délabrés qu'ils n'ont plus l'eau courante et que leurs cages d'escaliers servent de chiottes. Et j'ai même vu, devant ces immeubles, les policiers d'élite, les « anti-motims », armés de fusils d'assaut, en train de donner la chasse aux « éléments antisociaux ». Mais pas trace, bien entendu, de Cubains, ni de Soviétiques, ces spectres qui hantent l'imagination du « vieux » de la guerre d'Angola. Lumière des étoiles mortes. Inertie des combats passés. Cette guerre très ancienne. La plus ancienne, en tout cas, et, avec la guerre du Soudan, la plus meurtrière des guerres contemporaines. Et ce sentiment, d'emblée, que les morts commandent aux vivants et que ce sont des spectres qui programment et usinent les cadavres. Cinq cent mille morts. Quatre millions de déplacés. Pourquoi ?

Huambo. Je me souviens de Dominique de Roux, à l'hôtel Avenida Palace de Lisbonne, puis dans la tour de contrôle de l'aéroport de Lusaka, en Zambie, où il restait des journées entières à scruter le ciel africain dans l'attente de l'avion de Savimbi, son héros :

Huambo... Huambo... le Président arrive de Huambo... le Président repart sur Huambo... il n'avait que ce nom à la bouche, Huambo... c'était la capitale de son Mao africain... c'était son Yennan, sa base rouge... et il ne pouvait en prononcer le nom sans une visible et incantatoire jouissance (2)... De ce Huambo-là, cœur du pays ovimbundu, l'ethnie de Savimbi, de l'ancienne Nova Lisboa qu'il a, en fin de compte, perdue presque tout de suite et qui, à l'exception d'une brève parenthèse en 1993 et 1994, n'a jamais quitté le giron du Mpla, il reste une gare désaffectée avec des trains à vapeur du début du siècle ; le bâtiment de la « Compania do Ferrocaril », désaffecté lui aussi – vingt ans qu'aucun train n'est entré dans la ville assiégée ! vingt ans qu'aucun n'en est sorti ! et on a même découvert, le mois dernier, l'existence de sept cents employés oubliés qui se sont mis en grève parce qu'on ne les payait plus, donc, depuis vingt ans ; il reste des maisons coloniales, roses et fleuries, dont celle de Savimbi lui-même, éventrée par une bombe, l'escalier central encore debout, des bougainvillées sans tuteur qui retombent dans les ruines ; et puis il reste des amputés ; des ruines et des amputés ; combien d'amputés, depuis vingt ans, en Angola ? combien de ces moignons mal faits, impossibles à appareiller, ulcéreux ? combien de ces corps en bouillie, mal raccommodés, effrayants, dont Huambo, comme Luanda, sera le linceul ? Nul n'en sait rien ; le gouvernement s'en moque et nul n'en sait rien (3).

La ville étant complètement enclavée, les forces de l'Unita vaincue campant toujours à ses portes, c'est en avion que j'y suis arrivé. Pas le vol de la Sal, la compagnie nationale, annulé un jour sur deux. Mais un de ces Beechcraft, gérés par des compagnies privées, pilotés par des Russes, des Sud-Africains ou des Ukrainiens, et qui, même s'ils ont la carlingue pourrie, la porte faussée et des instruments de bord à demi détraqués, même s'ils ont tendance à transporter tout ce que le pays compte de trafiquants, vrais et faux prospecteurs de pétrole et de diamants, vautours, présentent au moins l'avantage de décoller tous les jours. La vraie difficulté c'est l'atterrissage. Il faut éviter en effet les Stingers de l'Unita qui sont là, dans la forêt, à la limite du périmètre de sécurité, et qui ont abattu, coup sur coup, l'an dernier, deux Hercules C-130 des Nations Unies. Mais Joe, le pilote, a l'habitude. Toute l'idée est de monter très vite, à 20 000 pieds, dans les nuages. L'idée est, surtout, d'y rester le plus tard possible, jusqu'à ce que l'on soit bien certain d'être pile au-dessus de la ville d'arrivée et, là, de descendre d'un coup, en vrille, en restant bien à l'aplomb de la piste et en ne redressant l'appareil qu'à la dernière minute – le tout à l'instinct, puisque l'aéroport de Huambo, comme tous les aéroports angolais, n'a plus de tour de contrôle. « Ecoutez ça », dit le pilote, un sourire féroce aux lèvres, en éteignant ses moteurs. J'écoute, mais n'entends rien, assourdi par la brutalité de la descente. « Je crois qu'il y a une attaque sur l'aéroport. » Et, en effet, il ne se trompe pas. Comme tous les gens de son espèce, comme tous ces mercenaires de l'air qui passent leur temps à sillonner le ciel angolais, il est une oreille, un nez, une agence de presse à lui tout seul. Et j'apprends, dès mon arrivée, qu'il vient d'y avoir, dans le faubourg de Santa Ngoti, une descente de l'Unita, ou de dissidents de l'Unita, ou de militaires affamés se faisant passer pour des militants ou des dissidents de l'Unita – la seule chose sûre c'est que les assaillants ont surgi, qu'ils ont réuni le village, que leur chef a fait un discours et que les habitants ont apporté des bassines de ravitaillement.

A Huambo même, l'émoi est grand. Pas tellement à cause du raid sur Santa Ngoti. Mais à cause de la présence dans la ville d'un autre détachement de soldats, gouvernementaux ceux-là, qui sont arrivés la veille pour aller « rétablir l'ordre » plus au sud, du côté de la Serra do Chilengue où l'Unita aurait attaqué un autre village. Ils sont bizarres, eux aussi. Il disent être là pour mettre de l'ordre. Mais ils déambulent en terrain conquis. Ils roulent des mécaniques sur l'ancienne place General-Norton-de-Matos, en face du « Palacio » du gouvernement. Et l'un d'entre eux, le mieux habillé, sans doute le chef, hurle à la cantonade qu'il a soif, se sert à l'étal d'un marchand de légumes et de sodas, me prend pour un humanitaire et crie : « pourquoi cette aide pour les rebelles ? et nous ? pourquoi est-ce qu'on n'aurait pas les critères ? est-ce que nos enfants n'ont pas la malaria ? » et puis, se déshabillant à moitié, brandissant son arme, il dit qu'il a plu, qu'il est trempé et qu'il faut qu'on lui sèche ses vêtements. « Excusez-le, dit le marchand de sodas, ce n'est pas un Angolais, c'est un Sud-Africain. » Un Sud-Africain au service de Luanda et du gouvernement ? Un instant, comme Holden Roberto, je repense au temps où les Sud-Africains étaient du côté de Savimbi, l'initiaient au combat de nuit et formaient ses meilleurs bataillons. Et puis, oui, bien sûr : c'était l'autre Afrique du Sud, celle de l'apartheid et des escadrons de la mort dans les townships de Johannesburg ; c'était l'autre époque, celle de la guerre froide et du grand affrontement planétaire dont l'Angola était un des théâtres ; comme le temps passe...

Kuito. Je voulais aller à Kuito par la route, depuis Huambo. J'ai donc profité d'un convoi de camions qui remontait de Lobito, sur la côte, avec une cargaison de grumes et d'eau, stockée dans des paquets de plastique. « Ça passe, m'a dit le chauffeur du camion de tête. Pour peu qu'on me paie mon risque et qu'on ne me demande pas de rouler de nuit, ça passe toujours. » Nous avons attendu une heure, au nord de la ville, qu'ouvre le dépôt de fioul de la Sonangol (car, en Angola, quatrième producteur de pétrole d'Afrique, il n'y a pas de pompes à essence). Nous avons eu besoin de deux autres heures pour arriver à Vila Nova, 30 kilomètres plus à l'est – bonne route sur la carte ; mais nids-de-poule ; déviations incessantes à travers des champs qui sentent le mauvais parfum de la récolte pourrie sur pied et donc, selon toute vraisemblance, des mines (l'Angola, record du monde du nombre de mines – une par habitant, au moins dix millions...) ; et nervosité, encore, quand le convoi ralentit trop, car c'est le moment où, je le sais, les pillards auront le plus de facilité à prendre d'assaut la cargaison. « Tu as peur ? dit le chauffeur. T'inquiète pas. Tu as une belle veste. Ils prendront ta veste, pas ta vie. » Et puis une heure encore pour, 10 kilomètres plus tard, arriver à Bela Vista où nous sommes arrêtés, cette fois pour de bon, par un officier prétendant qu'on se bat, plus à l'est, à Chingar et que, de toute façon, le pont est cassé. Combien de temps à attendre ? Il ne sait pas. Je reprends donc ma voiture, restée en queue du convoi. Et c'est à nouveau par avion que j'arriverai à Kuito.

On m'avait prévenu. Ma vieille amie, la journaliste Tamar Golan, devenue ambassadeur d'Israël et grande amoureuse de l'Angola, me l'avait clairement dit : « Kuito, c'est Sarajevo ; c'est Mostar ; c'est la cité martyre par excellence, la ville la plus détruite d'Afrique ; vous verrez, c'est atroce ». Mais il y a loin entre ce que l'on vous dit et ce que vous voyez ; il y a un monde entre les chiffres (deux guerres ; vingt et un mois de siège ; jusqu'à mille obus par jour) et le choc de ces murs noircis par les incendies, de ces tas de gravats, de ces terrains vagues, de ces pauvres gens revenus dans la rue Joachin-Kapango, là où passait la ligne de front, mais qui y vivent entassés dans des maisons de tôle ou sous des bâches ; il y a un monde, oui, entre *l'idée* qu'en pleine guerre de Bosnie, à l'époque où j'avais, comme tant d'autres, les yeux braqués sur le calvaire de Sarajevo, une autre ville agonisait dont les plus beaux édifices sont réduits, comme l'hôtel Kuito, ou l'Evêché, ou les cinq étages de l'immeuble de la Gabiconta, à leur squelette de béton (4) — et *l'image* de ces rues dévastées, parfois sans eau, à certaines heures sans électricité, où ne circulent que les véhicules militaires, les 4x4 humanitaires et, la nuit, après le couvre-feu, des policiers affamés, ivres, qui semblent prêts à tout pour quitter ce qui, à leurs yeux, est devenu le siège même de l'enfer. « Salut, patron, me dit l'un d'entre eux, flamme d'espoir dans le regard. Tu donnes une gazosa ? Une cigarette ? » Puis, faisant ami : « tu connais des gens à Huambo ? à Benguela ? tu peux me faire muter ? ici il fait trop chaud ».

Il a fallu beaucoup d'énergie pour arriver à ce désastre. Il y a fallu, non seulement de l'énergie, de la volonté mauvaise et meurtrière, mais beaucoup d'armes, beaucoup d'obus, beaucoup de chars tirant, pendant beaucoup de jours, à tir tendu, par-dessus l'avenue principale. Cette guerre est peut-être une guerre de pauvres. C'est sûrement une guerre de pouilleux, de galeux, puisque je ne vois que cela, des pouilleux et des galeux, depuis que je suis ici. Mais c'est aussi une guerre de riches. C'est une guerre qui, en tout cas, sent l'argent des trafiquants de tanks et de canons. On dit que la seule exploitation des réserves pétrolières de Cabinda, au nord du pays, rapporte au Président Dos Santos entre 3 et 4 milliards de dollars par an. On dit aussi que les diamants des Lundas rapportent un demi-milliard à Savimbi. Et on dit surtout que cet argent est réinvesti, à 60 % pour l'un, à 80 % pour l'autre, en matériel militaire. Comment ne pas songer que c'est cet argent-là qui donne leur odeur aux ruines de Kuito ? De retour à Luanda, j'apprends qu'on ne parle, à Paris, que de l'éventuelle implication du fils Mitterrand, et de quelques autres, dans une énorme vente d'armes à destination de la maudite et juteuse Angola : que ne viennent-ils tous, en pénitence, contempler, à Kuito, les fruits de leur commerce ?

Porto Amboim. La route, cette fois. Jusqu'au bout. On m'a parlé d'un détachement de l'Unita qui opérerait au nord, autour de Calulo. On m'a parlé, aussi, de mouvements de population de cause indéterminée dans la région d'Ebo, plus au sud. Mais de cette route-ci, de la route qui longe la mer et, après Porto Amboim, descendra jusqu'à Benguela, un père dominicain qui l'emprunte assez régulièrement m'a dit qu'elle était sûre. Le pont sur le Cuanza, en réfection, mais passable. Un check point, ce sera le seul, où je parlemente un peu mais où l'on se contente de relever mon numéro d'immatriculation. La rivière Perdizes. La Muengueje. Un parc naturel, peuplé de lions et d'éléphants, dont le Président a fait cadeau à son chef d'état-major. Une autre rivière encore, le Longa, avec, dans ses boucles, une zone de jungle tenue par l'Unita mais où je ne rencontre toujours personne. Et puis Porto Amboim enfin, jolie ville coloniale, noyée dans les flamboyants, et pourtant oppressante, avec cette odeur de crasse et de mauvais mazout qui flotte sur les villes d'Angola à l'abandon : « c'est trop tard, me dit le patron de l'hôtel, vieux Portugais blanchi, à la voix rauque de cancéreux et à la barbiche de mousquetaire (5), qui fut, dans les années 1970, l'un des premiers progressistes blancs ralliés au Mpla ; c'est trop tard ; c'est il y a quinze ans

40

qu'il fallait venir, à l'époque où la frontière entre les deux mondes passait ici, à Porto Amboim ; on était contents d'être aux avant-postes ; on était fiers ; quand on allait à Amboim-ville, dans les terres, on savait qu'on risquait sa vie mais c'était pour la bonne cause ; alors que, aujourd'hui... » Il soupire, baisse la voix et, de ses doigts défonnés par les rhumatismes, fait le geste du prestidigitateur constatant la disparition du lapin : « aujourd'hui, il n'y a même plus de route, pour Amboim-ville... »

Retrouver, alors, les traces de la route d'Amboim-ville. Retrouver, et remonter, l'ancienne voie de chemin de fer, désaffectée elle aussi, comme à Huambo, qui pénètre dans les terres. Une carcasse de wagon désossé. Une autre, où l'on déchiffre, presque effacé : « ano de construçao 1938 ». Un bout de mur de ciment : « prohibido urinar aqui ». Des rails, mais si rouillés qu'ils ont pris la teinte de la latérite rouge de la piste. D'autres, qui ont été pillés, il ne reste que la traverse, déjà avalée par la terre et les herbes — pillés pourquoi, mon Dieu ? qu'a-t-on bien pu faire avec des bouts de rail volés sur la voie ferrée de Porto Amboim ? des armes ? des matériaux de construction ? des ustensiles de cuisine ? des outils ? Des maisons de torchis. Un autre village où une demi-douzaine de vieux, occupés à voir brûler une hutte, m'assurent que je suis en zone Unita — puis une autre demi-douzaine, plus loin, que non, pas du tout, c'est zone gouvernementale. Et ainsi de suite pendant une quinzaine de kilomètres. Je m'arrête là. D'abord parce que la piste se distingue de moins en moins de la brousse qui l'entoure. Mais aussi parce que je sens bien que ce sera pareil plus loin, toujours et encore pareil : la même dévastation, la même impression de pays en loques – un espace démembré, dévitalisé, lunaire, où l'on voit partout la trace de la guerre mais nulle part sa logique, son sens, ou le signe de sa fin (6).

De retour à Porto Amboim, je revois le vieux mousquetaire, assis sur la véranda de son hôtel, perdu dans ses colères et sa nostalgie. Je retrouve les flamboyants qui, le matin même, m'avaient enchanté. Mais la ville me semble morte à présent. Non plus seulement mélancolique, funèbre, etc., mais morte, réellement morte – humanité résiduelle, tombeau pour les derniers soldats perdus de deux armées en lambeaux, fin de partie. Est-ce pour cela que je suis venu jusqu'ici ? Pour ce spectacle de mort en sursis, tout ce chemin (7) ? Peut-être, après tout. Peut-être y a-t-il plusieurs façons, pour une ville, de mourir, et la guerre d'Angola le dit-elle. La façon Kuito, c'est-à-dire Sarajevo. Mais, aussi, la façon Porto Amboim – désastre doux, agonie lente et sans affres, la vie saisie par le mort, les vivants noués aux morts qui les dévorent. Une ville, c'est un centre. Ce centre a, par principe, une périphérie qui vit de lui et dont il se nourrit. Que cette périphérie se consume, ou que le centre, ce qui revient au même, s'enclave et se replie, ou que les liens se dénouent parce qu'un chemin de fer s'arrête et qu'on a pillé ses rails, et c'est tout l'équilibre, le charme, qui sont rompus. La ville a l'air vivante, elle ne l'est plus. La ville grossit, se développe, elle s'enfle même, comme Porto Amboim, de dizaines de milliers de réfugiés massés dans les anciens immeubles portugais – mais c'est à la façon des kystes qui ne sont gros que d'une vitalité maligne. Les villes angolaises ne sont plus des villes mais des kystes dans des corps morts. L'Unita comme le Mpla règnent sur des kystes et des corps morts (9).

Une bizarrerie dont je m'avise. Je ne suis, depuis que je suis ici, jamais tombé sur un check point de l'Unita. C'est important, d'habitude, les check points. Ce sont les vrais marqueurs des guerres africaines. C'était, en Bosnie croate par exemple, la grande façon d'affirmer son pouvoir, de borner son territoire, de prélever aussi de l'argent. Or le fait est, que sur ces routes autour de Porto Amboim, de Huambo, de Luanda, je n'en ai pas trouvé.

Alors je peux toujours me dire, bien entendu, que je ne suis pas allé assez loin et que si j'étais allé jusqu'à Amboim-ville... ou si je m'étais enfoncé dans le Moxico, à la frontière de la Zambie et du Congo... ou si j'avais continué, l'autre jour, avec mon convoi d'eau et de grumes...

Mais peut-être est-ce aussi le propre de cette guérilla, son style. Peut-être est-ce la grande habileté tactique des hommes de Savimbi que de n'être nulle part pour mieux être partout, de n'être jamais visibles pour être toujours menaçants. « Pourquoi voudriez-vous que l'on fasse des points de contrôle ? se moque Abel Chivukuvuku, vieux compagnon de Savimbi (car c'est une autre bizarrerie de cette guerre : il y a des gens de l'Unita, des vrais, pas des traîtres ni des ralliés, qui, depuis 1994 et les accords de Lusaka, vivent, à visage découvert, à Luanda...). Pourquoi aller se fourrer dans ce piège alors qu'il est tellement plus payant d'être comme nous le sommes, insaisissables ? »

Mieux : peut-être touche-t-on ici, au-delà même de l'Unita, à l'un des traits de cette guerre et des guerres africaines en général. On dit : « l'Unita tient ceci ». Ou : « le gouvernement tient cela ». Mais que veut dire, après tout, « tenir » ? Qui tient quoi et pourquoi ? Et si la loi était qu'aucun des belligérants ne « tient », justement, quoi que ce soit ? Et s'il s'agissait d'une guerre de type nouveau – ou, au contraire, très ancien... – qui aurait d'autres enjeux que les seuls appropriation, contrôle, gouvernement des territoires ? La déstabilisation de l'adversaire par exemple. Ou la persévérance de chacun dans un être guerrier dont il aurait lui-même oublié, à force, le moteur premier, l'élan (10). Ou encore l'enrichissement, via pétrole et diamants, de deux cliques jumelles – l'une dans l'Etat, l'autre hors l'Etat – de seigneurs de la guerre qui se moqueraient bien, après cela, de tenir telle route ou tel village...

Un signe qui ne trompe pas : le style des opérations engagées par l'Unita. Cette occupation, l'autre jour, juste avant que je n'y passe, de l'aéroport de Benguela : trois heures et puis s'en vont. Ou ce raid, dans le quartier de Chihongo, à 12 kilomètres au nord de Menongue : frapper un coup, montrer qu'on est bien là, piller le centre de santé, mais ne surtout pas rester, ne pas essayer d'établir de tête de pont ou de base, revenir vite à la brousse.

44

Un autre signe : la façon dont le gouvernement lui-même administre les zones qu'il conquiert et prétend contrôler. « 90 %, dit la presse de ce matin... Le gouvernement contrôle 90 % du territoire... » Soit. Mais que contrôle-t-il, au juste ? Les provinces ou leurs capitales ? Et est-ce « contrôler » que d'attendre six mois pour envoyer des administrateurs à Bailundo et Andulo, les deux places fortes rebelles, reprises à Savimbi ? Ou, pire, de quel « contrôle » parle-t-on quand on a oublié, depuis presque vingt ans, de reconstruire Ngiva, la capitale du Cunene, dévastée par les combats ? On dit, à Luanda : « Luanda c'est la capitale, l'Angola c'est le paysage ». On dit aussi : « le Président Dos Santos n'est, en dix ans, jamais sorti de son palais de Funtungo ». Manière de dire que, pour cet ex-champion du progressisme révolutionnaire, ce marxiste, cet héritier des grands combats et des idéologies du siècle, il y a désormais deux pays : un pays utile qui se limite à Luanda, à quelques tronçons de la côte, aux zones pétrolières et qui est une sorte de pays « off shore », affermé à Elf, Exxon et BP-Amoco ; et puis le reste, tout le reste, autrement dit l'Angola elle-même, qui n'aurait plus, à ses propres yeux, que l'incertaine existence des ombres.

Drôle de guerre, décidément. Drôle de rapport au terrain, aux champs de bataille, aux lieux. Non plus ce territoire-ci pour l'un, ce territoire-là pour l'autre. Mais un espace immense, presque indifférencié, gagné par une lèpre lente, où n'en finiraient pas de se croiser des armées de soldats perdus dont le véritable objectif est moins de gagner que de survivre et de tuer (12).

45

Soit, tout de même, une position. Soit une ville, un village, une zone que le gouvernement tiendrait, exceptionnellement, à contrôler. Dans toutes les guerres du monde, c'est très simple, on y installe des militaires, on y construit une garnison. En Angola non. Car c'est trop précieux, les militaires. Trop coûteux. Ce l'est même au sens propre puisque les meilleurs d'entre eux sont souvent des mercenaires – on préfère dire, ici, des « techniciens » – achetés à prix d'or à des compagnies comme l'Executive Outcomes sud-africaine, officiellement dissoute fin 1998, et dirigée par un ancien responsable des services spéciaux de l'apartheid. Alors, on procède autrement. Et on mobilise des civils qui vont faire, à leur place, le boulot des soldats épargnés.

J'ai vu cela à Menongue, plus au sud, à la lisière de ce que les Angolais appellent, tant elles leur semblent redoutables, « les terres de la fin du monde ».

Là, en effet, à Menongue, il y a un camp de réfugiés. Oh! pas brillant, certes. Mais enfin un camp normal. Normalement sanitarisé. Avec de bonnes huttes de pierre et de bois. Et il est installé, ce camp, dans une zone qui a été désherbée, déboisée et, donc, globalement déminée.

Et puis il y a un autre camp, 20 kilomètres plus loin, de l'autre côté de la rivière Cuebe, à Japeka, au bout d'une impossible piste, cernée de hautes herbes, de buissons d'épineux et donc, forcément, de mines, où on a réinstallé, dans des huttes beaucoup moins bonnes dont les toits sont faits de tôles calées par des cailloux, plusieurs centaines de réfugiés.

Alors j'essaie de savoir pourquoi.

J'essaie de savoir en vertu de quel étrange raisonnement on a pu décider de retransporter des gens d'un bon camp vers un mauvais.

« Le premier était surpeuplé, me dit-on, il fallait le soulager. » Faux ! Je l'ai visité. Il était vide.

« La zone du deuxième était une bonne zone, m'assure-t-on au cabinet du gouverneur qui, soit dit en passant, n'est pas visible car il fait – sic – ses affaires à Luanda. Nous savions que les réfugiés y seraient tranquilles. » Faux. J'y suis également allé. J'ai interrogé les paysans. Tous m'ont confirmé que la zone est dangereuse au contraire, que nul n'y habite de son plein gré, qu'elle est infestée de mines et sous le feu de l'Unita.

Non. La vraie raison est ailleurs. Un camp, ce ne sont pas seulement des réfugiés. Ce sont aussi des humanitaires. De l'aide alimentaire. Une noria de camions et voitures à fanion. En sorte qu'en créant ce deuxième camp, en plaçant leurs réfugiés et tout le dispositif humanitaire qui va avec, aux avant-postes de ces terres nouvellement conquises et donc précaires et périlleuses, le gouvernement créait un bouclier, ou un sanctuaire, plus efficaces qu'une armée.

J'ai vu le même type de situation dans la banlieue de Huambo, à la limite du périmètre de sécurité.

J'ai vu le même dispositif sur les hauteurs nord de Kuito, à Cunje, petite ville ferroviaire qui a longtemps été l'une des bases d'où l'Unita bombardait la ville et où le Mpla a installé un centre pour enfants dénutris.

Ainsi, de deux choses l'une. Ou bien la logique Porto Amboim : ne rien faire ; laisser faire ; consentir à ce que, fors le pays utile, l'Angola cède à sa lèpre lente. Ou bien, comme ici, la logique Menongue : tenir la position ; oui, cette fois, la tenir ; mais avec les civils comme otages et les humanitaires en avant-poste.

Entre les deux attitudes, un point commun : deux armées spectrales qui passent autant de temps à s'éviter qu'à s'affronter et qui ont choisi de se battre par populations interposées.

Cuango. Province du Lunda Norte. Cette fameuse zone diamantifère que sont censées se disputer les deux armées rivales Unita et Mpla.

La première surprise c'est l'avion. Alors que l'arrivée à Huambo, mais aussi à Kuito et Menongue, avait été si mouvementée, alors que, partout ailleurs en Angola, prévaut la loi de la descente en vrille, cet avion-ci approche et se pose sans aucun problème : comme si, pour la première fois, on ne craignait plus les missiles ennemis.

La seconde surprise c'est, à Cuango même, la rue principale de la ville. Elle est vivante. Bruyante. Peuplée d'une foule de Blacks et de Blancs mêlés, de trafiquants belges, d'intermédiaires israéliens ou libanais, de pilotes ukrainiens, d'agents de la De Beers ou de la compagnie nationale Endiama, de mercenaires, de marchands de vidéo-cassettes ou de chemises, de passants. Et voici que, soudain, dans ce décor de

Far West, posté devant ma « pension », je vois arriver, à un bout de la rue, une compagnie de gouvernementaux désarmés, désœuvrés, dépenaillés et, à l'autre bout, une autre troupe, presque semblable, aux uniformes semblablement dépareillés, mais qui appartient, elle, à l'Unita. Mpla et Unita, même rue ? Pourquoi pas même combat, tant que l'on y est ?

Et puis, troisième surprise : les carrières elles-mêmes. Enfin, les carrières... C'est un bien grand mot pour ce groupe d'hommes demi-nus, debout dans le courant du fleuve, une corde entre les dents, les mains brûlées, les yeux clignant dans le soleil, qui sont en train, sous bonne garde d'un détachement de l'Unita, de piocher le sable roux mêlé de gravier et de le passer au tamis – et puis, un peu plus loin, deux kilomètres, peut-être trois, cette compagnie de la « brigade minière », autrement dit l'armée et le Mpla, veillant sur un autre groupe de creuseurs qui se relaient, eux, sur un madrier, jeté en travers de la rivière et à partir duquel ils plongent, dans l'eau boueuse, une petite pelle à la main, une corde crochetée autour de la taille. « C'est votre étonnement qui m'étonne », s'amuse Pierre, l'homme d'affaires belge qui a affrété l'Antonov dans lequel nous sommes arrivés et dont le métier consiste à « représenter » les creuseurs indépendants auprès d'un « bureau d'achat », lié à une compagnie internationale. « Rien d'étonnant, non. C'est ainsi tout au long du fleuve. Pourquoi voudriez-vous que Mpla et Unita se fassent la guerre ici ? Quel bénéfice y trouveraient-ils ? Imaginez que l'armée fasse un coup sur ce groupe de garimpeiros protégés par l'Unita : le boucan que cela ferait! les projecteurs braqués sur la région! sans parler des rétorsions de l'Unita qui les empêcherait, à leur tour, de travailler! En fait, leurs intérêts sont liés, ne serait-ce que face aux compagnies étrangères. »

Bref, une zone étrangement apaisée. La seule où je ne trouve trace d'aucun affrontement. C'est le dernier paradoxe de cette guerre. On s'y bat, oui, et avec quelle persévérance, partout où il n'y a que misère, désert, villages maintes fois pillés, villes mortes, paysages exsangues. Mais là où sont les richesses, dans la corne d'abondance que sont les Lundas, s'imposent une non-guerre, un gentleman's agreement et, de fait, un autre partage où tient peut-être la seule logique de cette guerre.

D'un côté, les creuseurs. Il faudrait dire les forçats. Un peuple de toutes petites gens, venus, par camions entiers, du Zaïre. On commence par leur prendre leurs souliers. Puis leurs papiers. Et quand ils n'ont plus ni souliers ni papiers, quand ils ne sont plus que ces va-nu-pieds sans nom et sans identité, quand on sait qu'ils peuvent crever, se noyer, avoir les tympans explosés, ne pas remonter des carrières creusées sur les berges du fleuve et qui, la plupart du temps, s'effondrent, quand on est bien certain que la terre peut les ensevelir sans que personne, nulle part, se soucie plus de leur existence, alors se scelle le pacte démoniaque : aux plus chanceux, chaque semaine, l'équivalent d'un jour ou deux de pêche miraculeuse ; aux autres, la plupart, qui se sont endettés pour monter ce qu'ils appellent leur « projet », une pierre de temps en temps qui servira à rembourser —

et encore ! pas les plus belles ni les plus transparentes ! car elles reviennent de droit, celles-là, aux
« protecteurs » ! et qu'un malheureux s'avise de tricher, qu'il ait la tentation de s'en fourrer une dans le
cul, et gare, alors, à la réaction ! tout le monde sur le
seau, dans la baraque aux lavements et châtiment,
parfois la mort, pour les voleurs !

Et de l'autre côté la chiourme. Mais une chiourme
au double visage, indiscernable. Certains sont de
l'Unita. D'autres du Mpla. D'autres sont des Mpla
qui ont profité de leur affectation pour se mettre à
leur compte, monter leur propre « projet » ou créer,
avec la complicité des généraux, leur société de sécurité ou d'aviation. Pour un soldat, être muté dans
les Lundas c'est la chance d'une vie, l'occasion qui ne
reviendra plus, la loterie. Il y a, à Luanda, tout un jeu
d'influences, un réseau, un trafic de faux documents,
une mafia, des officines, des hôtels louches, qui aident à forcer le destin. Et on cite des détachements
entiers qui, à peine arrivés, se seraient défaits, fondus
dans la nature, volatilisés. La version officielle dit :
« morts au combat ». Ou : « enlevés par l'Unita ». Ou
simplement : « disparus ». Et, d'une certaine manière,
ce n'est pas faux. Car tous ces hommes happés par
les Lundas, engloutis dans leur sargasse de crime et
de misère, ces officiers grandis dans le marxisme et
finissant ainsi, dans la peau de gardiens de bagne et
de trafiquants d'esclaves, ne sont-ils pas les plus perdus de tous les soldats perdus ?

La chiourme contre les forçats. Les deux ennemis
jurés unis dans une étreinte macabre dont les damnés
de la guerre paieraient le prix terrible : est-ce le sens,

tout de même, de cette guerre? son ultime et sordide vérité? Je repense à Holden Roberto. Je repense à Dominique de Roux. Je le revois, cet activiste, ce rêveur, dernier avatar de l'intellectuel de droite engagé, qui trouvait encore le moyen d'injecter un peu de rêve, d'aube, d'idée, dans ce bourbier. Je revois les capitaines portugais d'avril, ces rouges (13), qui croyaient voir poindre, eux aussi, une clarté céleste dans cette boue? Que diraient-ils de cette débandade, de ce chaos?

2

LA LONGUE MARCHE DES TIGRES

« Le problème c'est la tête (14). Il faut, au moment de l'explosion, qu'elle se détache bien, qu'elle reste intacte et qu'elle aille rouler au bon endroit, décidé à l'avance par le Chef. »

Srilaya a été l'une de ces volontaires de la mort, programmées par les indépendantistes tamouls, comme on programme un prototype ou une mécanique de haute précision. Elle a été l'une des ces torpilles vivantes, de ces kamikazes du macadam, qu'on bourre d'explosifs avant de les lâcher dans Colombo, mêlés aux passants, guettant leur cible : un policier, un soldat, une personnalité cinghalaise qu'ils vont accoster, puis ceinturer, avant de déclencher le système de mise à feu incorporé à leur veste-suicide.

Ils sont, ces « Tigres noirs », le cauchemar de la ville. Son obsession de chaque instant. Sa psychose. Qui est Tigre noir ? Qui ne l'est pas ? A quoi les reconnaît-on, ces forcenés ? Comment réagir si, d'aventure, le destin en met un sur votre chemin ? Se débattre ? Supplier ? Lui crier, tandis qu'il vous étreint, dans les quelques secondes qui vous restent à vivre avant l'explosion de la veste piégée, que vous êtes innocent, que vous voulez vivre? Combien sont-ils, d'ailleurs? Combien d'infiltrés, qui ont réussi à déjouer les systèmes de sécurité installés dans les gares, sur les grands axes, aux carrefours, à l'aéroport et qui sont prêts à payer de leur vie le rêve d'un Etat tamoul séparé, dans le nord de Sri Lanka? « Hot line », le site web du LTTE, l'armée des Tigres, dit : plus de cent. *Island* et le *Daily News*, les journaux de Colombo qui, du reste, en parlent peu ou qui, lorsqu'ils le font, paraissent avec des colonnes entiè- res, parfois des pages, couvertes par les énormes « Censored », en lettres capitales, imposés par l'état- major, la presse cinghalaise, donc, dit plutôt quelques dizaines. Je voulais en approcher un. Je voulais sa- voir à quoi pouvait bien ressembler un homme, ou une femme, qui a choisi de se tenir sous l'empire de la pure pulsion de mort. Voici, donc. Une repentie, certes. Vivant depuis plusieurs mois, traquée par ses anciens compagnons, dans la clandestinité d'un quartier populaire de Colombo. Mais venue de l'intérieur du mouvement. Et y ayant suffisamment séjourné pour pouvoir en raconter les règles et les rites.

Elle a trente ans. Elle est jolie. Elle a un physique d'intellectuelle sobre, un peu austère, zen. Elle parle posément. Dans un anglais parfait. D'une voix mo- nocorde. D'une traite. Ne s'interrompant que lors- que approche de notre table le serveur du restaurant d'hôtel de la capitale où nous nous sommes fixé ren- dez-vous. Le prêtre catholique qui a organisé le contact assiste aux premières minutes de l'entretien puis, la sentant gênée, s'éclipse. Elle trouverait drôle que je donne son vrai nom mais me demande, à la réflexion, de ne pas le faire. Elle dit aussi qu'elle n'attend plus de la vie qu'un visa pour Londres ou Paris (15). Elle raconte.

« Tout a commencé il y a quatre ans. L'armée avait kidnappé mon père et on l'avait retrouvé mort. Un jour, des hommes sont arrivés, en camion, dans le village. Je connaissais l'un d'eux. C'était un ami de mon père et on s'était fréquentés dans l'enfance. Il m'a dit : tu veux venger ton père ? J'ai dit : oui. Il m'a demandé : tu es encore vierge ? J'ai dit : non. Il m'a encore répondu : c'est dommage, les vierges sont plus aptes, mais tant pis, fais quand même une demande écrite et mets-la dans la boîte à suggestions, la boîte jaune, de ton village. Trois mois plus tard, il est revenu. La demande est acceptée, il m'a dit. Le Chef Suprême, Velupillai Prabhakaran, t'a jugée digne de postuler. Et ils m'ont amenée dans un camp du Wanni, dans la jungle, près de Mallawi.

C'était le premier camp. L'Organisation ne pouvait pas savoir si on allait tenir le coup, si on n'allait pas changer d'avis, Et, donc, elle nous mettait dans un premier camp qui était un camp de mise à l'épreuve. On m'a donné des pantalons, des bottes, des chemises. On m'a coupé les cheveux. Chez nous, les femmes sri lankaises, on porte les cheveux très longs. Mais ça gêne si on doit se battre. Alors il y a un décret spécial du Chef Suprême qui dit qu'on a le droit de se les couper et je l'ai fait. Et puis on nous a fait de la formation politique : que les bouddhistes sont les ennemis de notre race depuis deux mille ans... que les Tamouls, donc les hindouistes, ont droit à l'autodétermination... qu'il est juste de mourir pour cela... que c'est un moyen, aussi, d'aller plus vite au ciel, en raccourcissant la chaîne des réincarnations – short cut to Nirvana! une offrande qui permet de renaître dans le corps d'un femme de haute caste!... J'ai cru tout cela. On me le répétait tellement que j'ai fini par le croire. (16)

Le deuxième camp est venu après un an. C'était un camp d'entraînement, toujours dans le Wanni. On habituait celles qui, comme moi, n'étaient pas vierges à passer une journée avec une grenade dans le vagin. On nous mettait sur le dos des copies de la veste-suicide – ces grosses vestes, lourdes, bourrées de dynamite, avec un détonateur, un câble, des billes d'acier, que le Chef avait lui-même conçues après les avoir vues au cinéma dans un film de Rambo. Il fallait vivre avec ça. Il fallait se préparer au jour où on se jetterait sur une cible, ou on la plaquerait au sol, et où on actionnerait le détonateur pour exploser avec elle. Parfois c'étaient les vraies vestes et on les enfilait sur un tronc de cocotier, ou sur une effigie de fer ou de bois, et on les faisait exploser. Ça devenait sérieux. Il n'était plus question de revenir en arrière, de reprendre sa liberté. J'avais une camarade qui, un jour, a eu des doutes. Elle disait que sa famille lui manquait et qu'elle n'avait pas d'intimité. Une nuit, elle a disparu. On nous a dit qu'elle avait déserté. Je crois que c'était faux et que, en fait, on l'a liquidée.

Un jour, au bout d'un an encore, on m'a mise dans un camion pour me ramener en ville. D'un côté, j'étais contente. Car ça faisait trop longtemps que j'étais dans la jungle. J'étais maigre. J'étais mangée par les moustiques. Mais de l'autre côté, on ne me donnait toujours pas d'objectif. On te contactera, on me disait, on te contactera. Mais, pour l'instant, on me prenait mes papiers d'identité. On me demandait de louer une chambre à Colombo, de m'exercer à perdre mon accent du Wanni, d'effacer toutes les traces qui pourraient faire que, si j'étais arrêtée, on remonte à mon village, de prendre un travail normal – préparatrice de thé dans un restaurant. Et j'attendais. C'est peut-être ça qui m'a sauvée. Car si je fais le compte, si je mets bout à bout le temps où j'ai attendu, ça fait un an de jungle, plus un an de Colombo, et je crois que c'était trop.

Tant que j'étais dans la jungle, je ne me posais pas de questions. Je savais que le jour viendrait où je mettrais la veste, où je prendrais mon dernier autobus, où je donnerais ma dernière pièce à mon dernier "rickshaw" et où j'attendrais, au milieu des passants auxquels je me serais bien exercée à ressembler, la cible que j'allais sacrifier. Et cette idée me faisait du bien, j'étais heureuse. Mais là, je ne sais pas si c'est la ville, ou le restaurant, ou la vie. Le jour où, enfin, on est venu me prendre, le jour où on est venu me demander si j'avais des proches que j'allais laisser dans le besoin et dont il fallait s'occuper, le jour où on m'a dit : "ça y est, tiens-toi prête", je n'étais plus prête. On m'a donné la pilule de cyanure qui permet de ne pas tomber vivant aux mains de l'ennemi. On m'a dit que j'avais droit à un dernier repas et une accolade finale avec le Chef, que c'était comme un *prahou-*

ta, un "repas sacré" pour les Hindous. Et c'est là que je me suis sauvée. »

J'ai connu Batticaloa il y a trente ans, lors d'un premier voyage à Sri Lanka. C'était, dans mon souvenir, une cité lacustre, construite entre mer et lagune, avec un lacis de ruelles entrecroisées qui rappelait, en plus gai, les villes du delta du Gange. Et j'étais venu y rencontrer, de retour du Bangla-Desh et de sa guerre (17), Sirimavo Bandaranaike, chef du gouvernement de l'époque, mère de la Présidente d'aujourd'hui, et qui venait de défrayer la chronique de l'ultra-gauche internationale en nommant — grande première! — des ministres trotskistes du LSSP.

A présent, c'est Batticaloa qui est dans la guerre. La zone des tempêtes s'est déplacée et c'est ici, dans cette jolie petite ville, perle de la côte septentrionale, paradis pour touristes et pour classe politique en villégiature, que soufflent les vents mauvais de la haine et de la peur. Les gouvernementaux sont toujours là. Mais ils savent qu'ils sont, avec la poignée de repris de justice qu'ils y ont amenés pour reconstruire le système d'irrigation, les derniers Cinghalais de la ville. Ils savent aussi que le terrain, dans quelques heures, appartiendra aux Tigres et à leur gouvernement de nuit.

La nuit, justement, est venue. Mon contact s'est présenté, presque sans se cacher, dans la maison où je suis hébergé. Et nous nous sommes mis en route,

58

le long du lagon, vers le sud, en direction de l'une de ces mystérieuses bases tigres qui tiennent l'arrière-pays.

Quelques kilomètres en voiture. Un bac où nous retrouvons deux autres garçons, très jeunes, sympathiques, avec des talkies-walkies éteints. Une demi-heure de marche, dans un paysage de rizières en jachère, où l'on passe deux postes militaires déserts, puis un troisième, plus loin, près d'un village de pêcheurs que nous évitons. La forêt, ensuite. Un fouillis de lianes, bambous aux tiges serrées, ronces, bananiers, arbres à pain, où mes guides, aidés de lampes-torches, se repèrent sans difficulté. Et puis, au bas d'un dernier sentier où me reviennent, par bouffées, les odeurs lourdes de mes marches d'autrefois, dans la jungle du Bangla-Desh, une lueur, un bruit triste de tambourin, une source – et une clairière, enfin, à l'orée de laquelle je distingue, dans la clarté de la lune, un canon monté sur un chariot, un drapeau qui flotte en haut d'un mât et, tendue entre deux arbres, une fresque, peinte sur bois, qui représente un jeune homme en uniforme noir, fusil-mitrailleur à l'épaule.

Dans la clairière, des sacs de sable. Des pneus. Un tas de caisses de bois sur lequel on a posé des lampes à huile. Un autel au dieu éléphant. Des vélos. Une petite moto. Et, entourées d'une palissade de bambous, cinq cases de terre. Plus une sixième, à l'écart. Pas la plus belle. Mais la plus neuve. Et la seule, surtout, à avoir l'électricité, branchée sur un générateur. C'est le bungalow du chef du camp, allongé sur un hamac, en conférence avec ses lieutenants tout en surveillant du coin de l'œil une friture de bananes sur un réchaud : un jeune colosse, vingt ans à peine, torse nu sur un sarong bleu délavé, nuque rasée, qui, à la réserve près de la chaîne dorée autour du cou (la capsule de cyanure ?), me fait irrésistiblement penser à Akim Mukherjee, le jeune commandant bengalais de la colonne de Mukti Bahini avec laquelle j'étais, à l'époque, entré dans Dacca libéré.

« Vous êtes en zone libre, commence-t-il, sans se lever et en me faisant signe de m'asseoir sur une cantine face à lui. Bienvenue en Eelam. »

Je lui demande, tandis qu'un enfant m'apporte un verre de thé, ce qu'il entend par zone libre.

« Une zone d'où l'Etat cinghalais s'est retiré. Ici, vous voyez... »

On voit, sur son poste de télévision, posé sur la glacière, une brigade de Tigres en train de procéder à une distribution de vivres.

« Ici, nous faisons tout. L'alimentation. La police. Les écoles. Les juges qui font allégeance à Prabhakaran. Tout. »

Je sais que ce n'est pas exact. Je sais que c'est même l'un des paradoxes de cette guerre : le côté irréprochable du gouvernement de Colombo qui, dans les zones qu'il a perdues, et ne serait-ce que pour ne pas s'avouer vaincu et avoir à prendre acte de la sécession, continue d'assurer les services publics, de payer les fonctionnaires, fussent-ils désignés par les Tigres et à leur botte. Mais je le laisse poursuivre.

« Combien de temps restez-vous ? Seulement la nuit ? C'est dommage. Vous auriez vu, sinon, combien nous sommes populaires. Nous rendons au peuple sa liberté, sa dignité. »

Je lui fais observer que le cas des « femmes-torpilles » ne me paraît pas aller tellement dans le sens de cette dignité retrouvée.

« Au contraire. Les femmes étaient soumises. En devenant des combattantes, elles brisent leurs chaînes, elles s'émancipent. »

Et les enfants ? Ces écoliers que l'on arrache à leurs familles pour en faire des soldats ?

« Nous n'arrachons personne. Les familles sont fières de payer ce tribut à l'Eelam. »

Puis, clin d'œil à ses lieutenants qui assistent, debout, à l'entretien – yeux ternes et mous, visages maussades, sans expression :

« D'ailleurs, vous savez, les enfants... Est-ce que ce n'est pas très exagéré, ces histoires d'enfants ? Souvent ce sont des adultes. Mais qui ne font pas leur âge. »

Il rit. Les autres se dérident et, sur ordre, rient aussi.

« Votre problème, lui dis-je encore, c'est le recrutement. Vous n'êtes que six mille. Face à une armée de cent vingt mille hommes.

— C'est vrai, mais voyez ça. »

Il se lève, va retourner ses bananes, puis, prenant bien son temps, d'un air de nonchalance étudiée, s'approche d'une grande carte, collée au mur.

« Regardez ce que peuvent faire quelques milliers d'hommes, prêts à se sacrifier pour les droits inaliénables du peuple tamoul sur sa patrie historique du nord et de l'est de Sri Lanka. »

Il montre, sur la carte, marquées par des punaises

de couleur, les zones, autour de Batticaloa, que le LTTE contrôle.

« Il faut des armes pour cela, dis-je. D'où les tenez-vous ? »

Nouveau regard aux lieutenants. Nouveau rire de commande.

« De l'armée cinghalaise. C'est elle, notre fournisseur. »

Je sais, là encore, qu'il ne dit pas tout. Je sais que la guérilla tamoul, parce qu'elle est adossée, dans le Tamil Nadu indien, mais aussi en Europe, à une diaspora nombreuse, est la guérilla la plus riche et la mieux organisée du monde. Et j'ai lu un rapport de la Lloyd's détaillant les quantités de matériel, y compris des missiles sol-air et sol-sol, venues d'Ukraine, des Balkans, d'Asie centrale, du Cambodge et arrivées sur des bateaux appartenant à des compagnies indirectement contrôlées par les Tigres. Mais il n'en démord pas. Et j'ai droit au double portrait croisé d'une armée cinghalaise épuisée, démotivée, évitant systématiquement le combat, fuyant, et abandonnant des arsenaux entiers derrière elle : soldats en déroute de Chundikuli, près de Jaffna, suppliant les paysans de leur échanger leur kalachnikov contre une noix de coco ou un verre d'eau... soldats fous du nord du Wanni tirant sur les policiers qui tentent d'arrêter leur fuite... soldats de Vavuniya, dans le Nord, mendiant des vêtements civils et un ticket de car pour rentrer chez eux... ; et puis, à l'inverse, une force tigre, invincible, car dotée d'une « juste pensée », celle de Velupillai Prabhakaran, qui semble, à l'écouter, une sorte de chaudron (18) où marineraient des bouts de maoïsme, des lambeaux de polpotisme, un zeste de populisme fascisant, une pointe de fascination pour les kamikazes japonais de la Seconde Guerre mondiale, le tout sur fond d'hindouisme militant et fanatique.

Deux hindouismes politiques ? Celui, libéral, tolérant, ami de la démocratie et des Lumières, de mes amis bengalais d'autrefois, Akim Mukherjee et ses Mukti Bahini hindous ? Et puis celui-ci, lugubre, sanglant, qui aimanterait, telle une limaille noire, les débris de ce que le XXe siècle a produit, vomi, de pire ?

Il y a plusieurs façons d'arriver à Jaffna, la grande ville du Nord, qui fut, pendant cinq ans, la capitale d'un quasi-Etat dans l'Etat, administré par les Tigres, et que l'armée a reprise, en décembre 1995, au terme de cinquante jours de combats.

Il y a la voie de mer, une fois tous les quinze jours, jusqu'à Point Pedro, par le *Jaya Gold*, le bateau de la Croix-Rouge, réservé au transport, soit des malades et blessés, soit de l'aide humanitaire et du courrier, mais qui a été suspendu – je ne sais si c'est pour cause de guerre ou de mousson. Et il y a les Antonov ukrainiens, qui atterrissent à l'aéroport militaire de Palali, à 18 kilomètres au nord de la Péninsule, et qui transportent de l'aide humanitaire dans un sens, des permissionnaires ou des soldats morts dans l'autre – et, parfois, comme aujourd'hui, des passagers.

On se bat, le matin de mon arrivée, autour de Jaffna. Au pont de Kaithady, dans la lagune, où les gouvernementaux prétendent avoir tué cinquante Tigres, dont quinze enfants, que l'on aurait ramassés, bave aux lèvres, saisis d'interminables convulsions – sans doute un cyanure éventé. Et sur le pont de Navatku-li, plus près encore, où j'essaie de me rendre mais sans parvenir à passer la ligne cinghalaise : le bruit de la canonnade, au sud, depuis les positions tigres ; les sirènes de l'unique ambulance ramenant les blessés au dispensaire du camp ; des hommes qui courent et tirent en tous sens ; d'autres, terrés sous des montagnes de sacs de sable, couverts de tôle ondulée kaki ; et un capitaine, échevelé, qui tape avec deux doigts, au fond de son bunker, le communiqué triomphal qu'il va téléphoner dans une minute aux agences (c'est toujours comme cela, à Sri Lanka : plus les pertes sont lourdes, plus la situation est critique et plus les communiqués sont triomphants !).

Mais la ville elle-même semble calme. Des traces de combats, certes, sur le front de mer. Des rues, au centre, très abîmées. Mais ce sont des destructions anciennes. Moins lourdes, du reste, que je ne l'imaginais. Et qui n'empêchent pas un air de vie miraculeusement normale : jupes plissées et cravates des écolières... manguiers fleuris... un cinéma... des banques... l'électricité presque partout... des rickshaws qui se faufilent, à toute vitesse, entre les barrages... les temples tamouls, donc hindous, gardés par des militaires bouddhistes... jusqu'aux policiers, presque polis quand ils mettent à pied un cycliste pour vérifier si sa selle n'est pas piégée ou quand, sur Main Street, ils font descendre les passagers du bus pour contrôler les sacs...

C'est là, près de Main Street, dans le petit hôtel — l'un des rares où le téléphone marche bien — où je me suis installé et dont l'impeccable façade, coincée entre deux maisons éventrées, ressemble à un décor de théâtre, que je rencontre Dayaparan. Les gens de Jaffna parlent peu — peut-être parce que, au fond d'eux-mêmes, ils ne sont pas très sûrs que les Tigres ne reviendront pas et que, dans le doute, ils restent prudents : et si le repli du LTTE n'était qu'un repli tactique ? et s'il n'avait quitté la ville que pour garder intacte son armée ? ne tient-il pas Elephant Pass, qui commande l'accès à la Péninsule ? et la mer... les quatre cents « Tigres de mer », avec leurs navires pirates, leurs bateaux suicide, leurs énormes bombes flottantes (3 mètres de long, flotteurs latéraux, 25 kilos de plastic, moteur de deux chevaux, systèmes de propulsion à distance) n'ont-ils pas la capacité de couper, à tout moment, les routes de la Navy et de tenter, un jour, un débarquement à Thanankilappu ? Le jeune Dayaparan, lui, a tout perdu. Donc, il parle. Il a vingt ans. Une vraie grâce. Un air d'ange. Sauf quand il se met à dire sa terrifiante aventure. Alors apparaît sur son petit visage d'adolescent, barré d'une fine moustache et dodelinant sans cesse de droite à gauche comme font souvent les Sri Lankais, un air de colère vaincue, et féroce.

« J'avais neuf ans (19). Il y en a qui deviennent enfants-soldats parce qu'ils n'ont plus ni père ni mère et qu'il ne leur reste que deux solutions : soit mendier, soit tuer pour gagner de quoi manger. Moi, ce n'était pas ça. Mon père était vivant. Et quand les Tigres sont venus, quand ils ont mis le haut-parleur dans le village et qu'ils ont exposé les corps de deux orphelins tués au combat, mon directeur d'école n'était pas d'accord, mais lui, mon père, était d'accord. Peut-être parce qu'il était fier. Ou qu'il se sentait coupable vis-à-vis du voisin qui avait un fils mort au combat. Ou bien parce que c'était trop, huit à la maison, et que ça lui faisait une bouche de moins à nourrir – et que, en plus, on lui promettait un terrain, à Chavakachcheri, dans le lotissement des "familles de martyrs". Je ne sais pas.

Les premiers temps, quand on arrive au camp, on fait des petites tâches. Nettoyer. Creuser des tranchées ou des abris. Vendre des noix de coco à la ville. Ramper derrière les lignes ennemies pour aller y poser des mines ou prendre des renseignements. Apprendre, aussi, à tuer avec un couteau trempé dans le cyanure. Quand j'ai eu douze ans, ils m'ont mis dans une unité qui allait dans les villages pour le ravitaillement : on avait des armes, on tirait dans tous les sens, ça faisait peur aux gens, et on prenait les animaux, les poulets, qui étaient là. Et puis ils ont dû considérer que ma formation était finie : le *iyakkam*, le "mouvement", était devenu ma vraie famille et j'ai été versé dans un groupe d'attaque de 145 enfants, tous de mon âge, plus des adultes pour l'encadrement.

Je sais qu'il y a des unités d'enfants-soldats que le LTTE envoie automatiquement en première ligne pour épargner ses bons régiments. Parfois ils sont drogués. Parfois ils n'en ont même pas besoin : ils sont justes plus inconscients et ils n'ont pas de limites. Alors, c'est pour ça qu'on les utilise et qu'on les met dans le premier cercle, soit pour faire la percée, soit, quand c'est l'ennemi qui attaque, pour amortir le choc. Moi, je n'ai pas connu ça. Je sais que ça existe, mais je ne l'ai pas connu. Dans mon unité, on commençait toujours par avoir des photos, des vidéos, une maquette, de la cible qu'on allait attaquer et, comme ça, les pertes étaient moins grandes. Est-ce qu'on avait des cours de formation politique? Non plus. On nous fichait la paix avec la politique. Peut-être parce qu'on était des enfants et qu'il y avait de fortes probabilités qu'on meure. Mais peut-être aussi parce qu'on avait un chef très brutal, illettré, qui ne croyait à rien, sauf à la guerre, à l'"Organisation" et aussi, comme Prabhakaran, le chef suprême, aux *mentram*, aux « formules magiques », basées sur l'astrologie.

Il y a cinq ans, je me trouvais à Jaffna quand la ville est tombée et que le LTTE a dit à tous les Tamouls de se replier, sous sa protection, dans les jungles du Wanni. C'était par hasard. J'étais en mission pour le chef à qui on avait dit d'envoyer des petits espions relever le plan d'une base ennemie sur le front Nord. Mais je pense que ça m'a sauvé. Je lui ai parlé une dernière fois, au téléphone. J'ai vu, ce jour-là, qu'il ne savait même pas lire un plan, qu'il n'avait pas de mémoire. Et j'ai profité de la confusion qui régnait – certains obéissant au LTTE, d'autres refusant de monter dans les tracteurs et préférant rester – pour couper le contact et me cacher. Depuis, je vis avec la peur : je sais que, un jour, quelqu'un viendra ; il me fera juste un signe pour que je le suive ; et ils me tueront – c'est tout. »

Ce couple de l'enfant-soldat et du chef illettré... La double figure de ce chef-ci et de l'autre, celui de Batticaloa, qui semblait en savoir si long, lui, au contraire, sur l'Histoire du XXe siècle... Et si c'était la même chose, dans le fond? Et si c'étaient les deux visages, jumeaux, de la même haine mortifère? La table rase, d'un côté, le degré zéro du savoir et de la pensée – enfance des chefs, des human bombers, des peuples rendus à leur pureté. Et puis la farandole de l'autre, le grand bazar aux identités, l'ultime parade des spectres dans les ruines d'un futur aboli – dernier été des idées, parfum de jugement dernier, encore et toujours l'apocalypse.

Rien de mieux, pour comprendre un pays en guerre et en saisir, surtout, la complexité que le canal d'une organisation non gouvernementale. Cette vieille conviction, ancrée en moi depuis les temps lointains où nous fondions Action contre la faim, je la vérifie une fois de plus ici, avec les amis, justement, de ACF que j'accompagne dans les « zones grises » de Trincomalee, l'autre ville en état de siège de la côte, au nord de Batticaloa.

Le bourg de Kinnuya, de l'autre côté du bac et des bases de l'« Air Force ». Ses longues rues détrempées par la mousson. Ses fanions bleus, tendus entre les maisons, en souvenir de la dernière campagne électorale et du soutien de la ville à la présidente Chandrika. Et cet ingénieur musulman qui raconte l'impossible situation de sa communauté, la troisième de l'île et, peut-être, la plus menacée : « nous parlons tamoul, mais nous ne sommes pas tamouls, et nous sommes encore moins tigres – lesquels nous voient comme des faux frères, nous haïssent, nous rançonnent ». Les musulmans en tiers exclu ? L'islam entre les feux croisés du bouddhisme et de l'hindouisme ? Sri Lanka en épicentre paradoxal où se heurteraient, telles des plaques tectoniques, ces trois religions immenses – et là, à l'épicentre, à cette « extrémité centrale », un Coran en position, non seulement minoritaire, mais médiane ? Voilà une information.

Le village tamoul de Kadaloor où nous sommes reçus, sur le seuil de sa maison, par le chef du village – moustache poivre et sel, visage comme poncé par l'épreuve. Les Tigres sont passés, dit-il, sur le ton de l'évidence lassée. Ils ont fait sauter le générateur. Si le village est taxé ? Si Kadaloor est, comme Kinnuya, rançonné par le LTTE ? « Oui, bien entendu. Ils prennent, comme partout, un impôt sur les pierres noires, parce qu'elles servent à la construction des maisons. Un autre sur les troupeaux et les récoltes. Et puis depuis quelques années, peut-être quatre, une taxe sur le bois. Ils veulent préserver la jungle. Alors ils taxent les bois verts. C'est normal. » Mais il y a autre chose, ajoute-t-il, à voix soudain plus basse. « Nous avons eu une autre visite... Celle de l'armée... Ils ne nous ont pas taxés, eux... Mais c'était pire... » Il n'en dit pas plus. Il se lève et, comme s'il regrettait d'en avoir déjà trop dit, il nous emmène voir comme son carré de bananiers a poussé. C'est Gérard R., d'ACF, qui m'apprendra que Kadaloor est le dernier village tamoul de la région ; que l'armée, oui, l'armée gouvernementale cinghalaise en a détruit des dizaines comme celui-ci; et qu'Uppeveli par exemple, vous voyez Uppeveli, là, sur la carte, à 5 kilomètres de Trincomalee? eh bien Uppeveli a disparu, l'armée a rasé Uppeveli. Autre information.

La route elle-même, il faudrait dire la piste, à peine carrossable, tellement boueuse, détrempée, qu'il faut s'arrêter pour bloquer les roues avant de la jeep et où nous croisons, à mesure que nous progressons, de moins en moins de gens. Des maisons de brique vides. Des fermes isolées. Les traces d'un village détruit. Une vache, en liberté, qui nous ouvre le chemin. Des cyclistes, rares, souvent par deux, abrités sous de grands parapluies, qui se gardent de s'arrêter. Des vols de corbeaux. Quelques femmes. Surtout des femmes. Ne dit-on pas, à Sri Lanka, que cette guerre a fait tant de morts ou, en tout cas, de disparus qu'il y a parfois, dans les villages, cinq fois plus de femmes que d'hommes (20)? Elles ont peur, ces femmes, des Tigres – là, tout près, sur la gauche, dans les villages de Uppuru et Iralkuli, avec leurs batteries antiaériennes et leurs pièces d'artillerie qui, hier encore, pilonnaient la zone. Mais elles ont peur aussi, et c'est ce que je découvre, de l'«Air Force» cinghalaise qui bombarde, elle, à l'aveugle, par-dessus les têtes, depuis ses bases de Trincomalee. Autre information.

Et puis Sungankuli enfin, «l'Etang-aux-Poissons-Chats», le dernier village au bout de la piste, à la limite des jungles inhabitées et du royaume des Tigres. Il y avait là, naguère, 53 familles tamoules. Il n'y en a plus que 19. Et encore où sont-elles, ces 19 familles?

Pourquoi ne les voit-on pas ? Personne dans la petite école bleu et orange, toute neuve. Personne aux abords du temple – simple pierre dressée, sous un tamarinier, face à laquelle on a disposé (mais qui ?) un bout de tôle ondulée, une soucoupe remplie de cire jaune et un caillou, plus petit, sculpté en forme de rat. Personne dans les maisons qui, si leur pisé n'était en si bon état, si leurs toits de palmes séchées de cocotiers n'étaient si manifestement entretenus, sembleraient carrément abandonnées. Jusqu'au chef de village qui est là quand nous arrivons, mais s'éclipse très vite, après nous avoir dit qu'il n'est que le « chef-résident » et que le vrai chef, le *grâma talai-var*, ou chef non résident, se trouve à la ville, sur la côte, à Alankerny. Tous ces gens ont peur, cela saute aux yeux. Terriblement peur. Mais sans que l'on puisse dire, à nouveau, ce qui les effraie le plus, des Tigres qui prétendent les libérer ou de l'armée qui est censée les protéger. Sans que l'on puisse décider ce qui fut le pire, pour le patron de l'échoppe à thé, par exemple, près de l'école : les Tigres qui, le soupçon-nant d'être un indicateur payé par la Navy, sont ve-nus le chercher, l'autre semaine, pour le conduire dans la jungle et l'interroger ; ou la Navy qui, appre-nant qu'il avait deux fils chez les Tigres et trouvant, à la réflexion, suspects ses déplacements trop nom-breux à Alankerny, est venue le cueillir, elle, le mois précédent, pour l'emmener au camp de Boosa, dans le sud du pays, où il avait déjà passé trois ans de dé-tention arbitraire...

Cette vieille femme, sur la route du retour ; cette pauvre vieille qui pleure devant sa maison, petit sanglot sec, sans geste, presque sans larmes ; cette très belle et très vieille dame en train de contempler, accablée, son arbre, râpé par le passage d'un éléphant et, plus loin, sur le chemin, d'énormes déjections grises – de quoi a-t-elle peur, cette dame ? Des Tigres et de l'Air Force. De l'Air Force autant que des Tigres. De cette guerre au double visage, donc sans visage, mangeuse d'hommes, qui lui a pris ses fils, son mari, ses frères et qui fait que, la nuit prochaine, quand la bête reviendra, car elle est certaine qu'elle reviendra, il n'y aura personne, pas même un *kâvalâlar*, un gardien, pour allumer les torches et protéger le jardin.

Récit de Yashoda (21).

Elle est tamoule. C'est une autre très vieille dame, visage séché, toute courbée. Elle savait que nous venions, avec Alexandra Morelli, le chef de la mission de l'ONU. Alors elle a tiré ses cheveux et mis un beau sari bleu, piqué de points dorés. Depuis plus de vingt ans, elle habite dans des camps. Dans sa région d'origine, d'abord, au sud de Kandy. Puis à Wanni. Et puis là, maintenant, dans ce camp de Alles Garden, au nord de Trincomalee, avec ses huttes de bois sec et ses feuilles de palmier.

Sa maison de Kandy ? C'était une autre sorte de hutte, dans le coron des plantations de thé. Un jour, les Tigres sont venus. Après eux, l'armée est venue aussi. Le village a été déplacé. Toute la population, déportée. Et finie la maison.

Sa famille? Son mari a disparu à l'époque, arrêté par l'armée, on n'a jamais su ce qu'il était devenu. Son fils aîné, également, a disparu – certains, au camp, qui sont des anciens du village, disent qu'il est passé du côté des Tigres, mais comment en être certaine? Il ne lui reste que ce fils. Elle montre un petit homme, aussi vieux qu'elle, pauvre sourire, dents rougies au bétel, torse nu, poitrine creuse, pagne à carreaux, qui fait un petit pas, pour se présenter, hors du cercle qui s'est fait, sous le hangar, autour de Yashoda. « C'est lui, ma famille. C'est toute la famille qui me reste. Mon fils. »

Aujourd'hui, alors? Ce camp? Comment vit-on, dans un camp comme celui-ci?

« Oh! C'est un bon camp. Avec de belles huttes bien solides. On est contents. Le seul problème... »

Elle hésite. Puis s'adresse à la chef de mission des Nations Unies.

« Le seul problème, c'est les WC. On nous a fait un beau rang de WC, en planches. Mais sans portes. Alors on est, surtout les femmes, ouvertes à tous les vents. Vous devriez aller voir. En face, il y a le rocher des singes. Et, derrière les singes, les soldats. Ce n'est pas normal de faire ses besoins devant les singes et les soldats. Est-ce que vous croyez qu'on pourrait avoir des portes? »

La chef de mission prend note. Puis reprend :

« Et l'armée? J'avais obtenu que l'armée n'entre plus dans le camp. A condition, bien sûr, que les Tigres en fassent autant. Est-ce que...? »

La vieille dame la coupe.

« Non, non. Les Tigres ne viennent plus. Jamais. »

73

Je sais que, sur ce point, elle ne dit pas la vérité. Pas plus tard qu'il y a une heure, alors que je m'attardais, seul, entre les cases, j'ai vu une Mercedes entrer dans la piste centrale et s'arrêter devant le marchand de beignets. Deux hommes. Manifestement des racketteurs tamouls. Jusque dans le camp, jusque dans ce lieu d'humble misère, la loi du racket et de la violence !

« Oui, mais l'armée ? insiste la chef de mission.

— La voilà, l'armée », répond la vieille dame, en désignant le ciel...

On entend, dans le lointain d'abord, puis très proche, un grondement sourd, suivi d'une série d'explosions. Et on voit de grandes fumées qui montent de la cime des arbres et se désagrègent dans les nuages. La dame compte.

« Vous entendez ? Douze coups. Ça veut dire deux avions. Ils ont envoyé deux avions lâcher douze bombes. C'est ici, dans la forêt. »

Je pense aux huit bombardiers K-Fir que vient de livrer Israël et dont on m'a dit, à Colombo, qu'ils ont multiplié par cinq la puissance de feu de l'aviation gouvernementale. Je pense surtout au coup de téléphone que la chef de mission a donné, il y a une heure, comme elle le fait toujours avant de prendre la route, au major commandant la base aérienne de Trinco : « je sors ; pas de bombardement prévu dans la zone ? – non, non, rien de prévu, vous pouvez sortir sans crainte »... Mais la chef de mission insiste.

« Est-ce que l'armée a tenu parole ? Est-ce qu'elle a cessé d'aller et venir dans le camp ?

— Oui. Mais les choses, maintenant, se passent à

74

l'extérieur. Un jeune, l'autre jour. Il passait le check point avec une télécommande de télévision dans la poche. Qu'est-ce que c'est? ont dit les soldats. Il n'a pas répondu. Alors ils ont pensé que c'était une arme. Ils ont eu peur. Ils lui ont tiré dans la jambe. Et le jeune est mutilé à vie. »

Elle réfléchit. Puis, rêveuse :

« C'est ça, ils ont peur. C'est ça qui les rend si méchants. Nous aussi on a peur. Mais ça ne nous rend pas méchants... »

Une discussion s'engage alors, en tamoul, avec les autres réfugiés. Une deuxième histoire, apparemment, qu'ils veulent qu'elle raconte.

« Il y a une autre histoire, reprend-elle, de moins bonne grâce. C'était il y a quelques jours, tout près d'ici, à Iqbal Nagar. Deux jeunes avec un vélomoteur. Ils ont crevé un pneu. Donc ils poussent le vélomoteur. Mais voilà. Ils viennent du village de Gopalapuram, qui est un mauvais village car les habitants, la semaine d'avant, ont fait une manifestation qui a beaucoup fâché la Navy. Donc, tout de suite, ils sont suspects. Donc, on les arrête, on les emmène dans un moulin et là... »

Yashoda se tait. Je reconnais cette histoire que j'ai lue sur le site Internet du LTTE et que je me suis fait confirmer de source indépendante. Je sais que les deux jeunes ont été torturés, éviscérés, qu'on leur a arraché les yeux, et qu'on a fini par les tuer. Et je sais, surtout, que des histoires comme celle-là, où c'est l'armée qui assassine, il s'en produit chaque jour, d'un bout à l'autre du pays, à commencer, tout récemment, par ce pogrome déclenché au camp de

75

Bindunuwena, à 200 kilomètres de Colombo, au sud de Kandy : un camp de réhabilitation où sont parqués des Tigres repentis, souvent des enfants-soldats ; une sombre histoire de détenus qui, derrière leurs barbelés, auraient provoqué leurs geôliers en relevant leurs sarongs et montrant leurs parties génitales ; l'hystérie des geôliers, du village, des villages voisins, des organisations extrémistes cinghalaises, des militaires et policiers présents, tous se montant la tête, tous maudissant – sic – la « viande pour chiens » tamoule ; et quelques jours plus tard, au matin du 24 novembre, une foule ivre de haine et de sang qui force les portes du camp et découpe au couteau de cuisine et à la machette la moitié de ses occupants.

Yashoda s'est tue. Elle a baissé les yeux et elle s'est tue – la bouche un peu ouverte comme si elle allait crier. Il est vrai qu'elle a dit l'essentiel. Une population civile prise dans l'étau d'une guérilla fanatique et d'une armée sans principes et barbare. Des belligérants qui, peut-être parce que ce conflit a trop duré, ou qu'il se déroule, à force, dans l'indifférence des nations et des grandes institutions internationales, s'autorisent des méthodes, et des crimes, aussi injustifiables dans un camp que dans l'autre. Bref, un massacre quotidien des innocents devenus, pire que les otages, les enjeux d'une guerre insensée. Au Sri Lanka, depuis vingt ans, la mort recrute en vrac.

3

FIN DE L'HISTOIRE À BUJUMBURA ?

Arrivée à Bujumbura. Ciel blanc de chaleur. Moiteur. Cette odeur, un peu suffocante, si caractéristique des aéroports africains. Et, tout de suite, devant le Novotel, autrement dit au cœur de la ville moderne, face à un groupe d'« expat », en short et Lacoste blancs, droit sorti de l'époque coloniale belge, un adolescent, presque un enfant, qu'une patrouille vient d'arrêter. Papiers ? Pas de papiers. Ou plutôt si, un vague bout de chiffon, pêché au fond de la poche de son blue-jean et que le soldat examine. « Qui tu es ? Où tu habites ? Le tampon est effacé ! » Il l'examine encore. Le tend à un collègue. Répète, prenant à témoin le collègue, puis la brigade, puis, il me semble, le groupe d'expatriés : « le tampon est effacé ! le tampon est effacé ! » Puis, à l'enfant : « Hutu ? sympathisant des assaillants hutus ? non ? alors prouve-le ! viens, avec nous, défricher la bananeraie de Tenga ! » L'enfant, bizarrement, ne semble pas trop impressionné. Il essaie bien, au début, d'expliquer quelque chose au soldat. Le tampon, sans

77

doute... Qu'il vend des cannes à pêche au bord du lac Tanganyika... Et puis il hausse les épaules et sourit — comme s'il n'était pas si mécontent que cela, dans le fond, de suivre les Tutsis pour aller défricher la bananeraie de Tenga. « Il n'avait pas le choix, me dira l'un des témoins. Pour les gosses de Bujumbura, c'est le chômage ou l'armée. Or ils savent que, à l'armée, ils auront au moins de quoi manger, et un lit, et même un peu d'argent, car le Burundi est le seul pays de la région à payer encore la solde de ses soldats. » L'enfant est dans le camion. Le camion a disparu, au bout de l'avenue du Peuple Murundi. Bujumbura, autre patrie des enfants-soldats ?

L'air de la guerre burundaise, c'est dans le quartier hutu de Kamengué, au nord de la ville, que j'ai commencé de le respirer. La moitié des maisons est détruite, apparemment à l'arme lourde. L'autre moitié est reconstruite, mais avec un mélange de bouts de bois, débris de tissu et de gros carton, plaques de fer-blanc ou de plastique bleu encore marqué UNHCR, que la végétation a envahis. Et il règne sur le quartier une atmosphère étrange, mélange de peur, suspicion, espoir abandonné, fatigue : longues files d'hommes et de femmes marchant sans but, le regard vide (22) — je savais, avant de venir, que les populations sans défense étaient, comme au Sri Lanka, comme en Angola, les principales victimes de l'affrontement sans merci qui oppose l'armée gouvernementale tutsie aux milices rebelles hutues, mais

je n'imaginais pas que la désolation fût si palpable.
Ce matin, la rumeur court qu'une unité de rebelles se
serait infiltrée dans le quartier et aurait, la nuit dernière, devant l'église des Témoins de Jéhovah, assassiné deux femmes qu'ils auraient prises pour des
Tutsies. Alors, les parachutistes sont là. Ils pa-
trouillent. Guidés par trois *nyumbakumi*, les chefs de
pâté de maisons, ils entrent chez les gens, vident les
cabanes suspectes, interrogent les uns, mettent les
autres au mur. Mais sans bruit, là non plus. Sans un
cri. Un instant, je me dis que c'est la présence d'un
étranger qui retient les uns de cogner trop fort, les
autres de protester trop haut. Mais non. C'est juste la
vie du quartier. Violence et quotidienneté mêlées. La
brutalité sèche de la soldatesque d'un côté. Ces femmes qui, de l'autre, continuent, l'une de piler son
manioc, l'autre de vendre ses grigris ou la troisième,
assise à même le sol, presque nue, les seins secs et
flasques, d'allaiter un enfant gonflé d'œdèmes et qui
grelotte : cette façon qu'ont les femmes de Bujumbura de porter leurs bébés comme des petits cadavres ;
ce désespoir mutique et exténué, cette tristesse de
monde finissant qui semble s'être abattus sur toute
une population (23) – le contraire de l'effervescence
qui caractérise toutes les villes africaines, même très
pauvres, que je connais.

Même sentiment à Mubone, dans la commune de
Mutimbuzi. Il n'est, ce quartier, marqué sur aucun
plan. Ce n'est même pas un quartier, d'ailleurs, mais
un camp. Et ce camp a été créé récemment, un jour
où l'armée, préparant une opération de « nettoyage »
dans les collines à majorité hutue, a, comme elle le

fait toujours, informé les paysans qu'ils avaient vingt-quatre heures pour quitter la zone et se regrouper dans la plaine, près de la caserne – après quoi elle bloquerait les sentiers qui descendent à la ville et quiconque aurait, malgré l'avertissement, choisi de rester sur les lieux serait tenu pour complice des rebelles et susceptible, comme eux, d'être abattu à tout moment. Certains, bien entendu, sont restés. Ou n'ont pas été informés de la consigne. Ou ont craint, en obéissant, de se mettre à dos l'autre camp qui ne les laisserait plus jamais revenir dans leur maison. Alors ils ont été déclarés complices en effet, cibles militaires légitimes, et il y a eu, sur les deux collines de Nyambuye et Kavumu qui sont traditionnellement des fiefs des rebelles hutus des Forces nationales de libération, plusieurs dizaines de civils tués à bout portant. Mutisme, là encore. Réticence des survivants à raconter. Et une infinie douleur dans les yeux de la centaine d'hommes valides en train de creuser, sous la menace des kalachnikovs, une tranchée géante qui servira de latrines à ciel ouvert. « Il n'y a plus de camps de regroupés au Burundi », m'avait dit, le matin même, Eugène Nindorera, « ministre des Droits de la personne humaine, des réformes institutionnelles et des relations avec l'assemblée nationale ». Eh bien si. En voici un, aux portes de la capitale, dans la poussière et la saleté, au bout de cette piste non carrossable où je suis arrivé par hasard, en cherchant mon chemin entre Cibitoke et Kinama et où survivent donc quelques milliers d'hommes, femmes, enfants pris, à nouveau, entre les deux feux : l'armée tutsie, d'un côté, qui tient tous les Hutus pour des adversaires potentiels et des cibles ; les rebelles hutus, de l'autre, qui semblent prêts à tout, y compris terroriser leurs propres civils, détruire leurs maisons, leur interdire d'y revenir, pour établir leur emprise sur le pays. « Qui tu es ? », aboie un sergent, aussi maigre que les creuseurs, aussi misérable qu'eux, l'uniforme en loques, le crâne galeux. « Qui tu es ? Tu n'as rien à faire ici ! » On sent qu'il n'a au monde, ce sergent, que sa kalachnikov neuve, pointée sur l'intrus trop curieux. Et on sent, surtout, qu'il serait inutile d'insister : les regroupés, le voudraient-ils, n'auraient manifestement pas le droit d'en dire davantage. Regroupés, vraiment ? Ou otages ? Ou forçats ?

Kamengué, de nouveau. Mais de nuit. Les soldats sont partis. Ils se sont repliés sur leur cantonnement, à la lisière du quartier et ont, comme chaque soir, cédé le terrain aux Hutus. Et c'est un autre quartier – une autre atmosphère et, donc, un autre quartier, presque une autre ville – qui prend forme à la faveur de la nuit. Des bruits, maintenant. Des tirs, qui partent des collines. Mais aussi des éclats de voix. Des transistors. Une pétarade de moteur de moto. Une bagarre. Un type qui me propose des filles. Un autre qui me poursuit pour me vendre un disque de Céline Dion. Un autre, frissonnant de fièvre, qu'on amène des montagnes pour le faire soigner au dispensaire. Un groupe de « récupérateurs » qui, pieds nus, casquettes ou chapeaux de brousse sur la tête, vont de maison en maison pour y prendre, qui du ravitaillement, qui les 2 000 francs trimestriels dus à la rébellion. Ou « chez Roméo », paisible tonnelle de tôle et

81

de rondins où l'on ne parlait, l'autre matin, que de foot et de nourriture, où toute la question était de savoir quand la pêche serait réautorisée sur le lac et quand le patron recommencerait de servir ses succulents « ndagala » frits — la voici transformée en un bruyant forum où, attablés devant des carafes de bière de banane, une dizaine d'hommes discutent de la façon dont on traite, dans l'armée, les Hutus. L'un : « il paraît que les officiers battent les soldats hutus ». L'autre : « j'ai vu des hommes de troupe tutsi tuer à la baïonnette leur officier hutu ! » Un troisième : « le soir, quand on passe devant la garnison, on entend des cris, et des coups, et des chocs sourds et mous, comme quand on tape sur de la viande ». Il est minuit. Le ton monte. Les esprits s'échauffent. Un attroupement s'est fait, dans la rue, devant « chez Roméo ». C'est l'heure du couvre-feu, me dit le prêtre qui m'accompagne. Il faut rentrer.

Faustin, lui, est tutsi. Il appartient donc à l'autre ethnie, minoritaire, qui tient les leviers du pouvoir depuis le départ des Belges et vit dans la hantise de la revanche et de la violence hutues : le Rwanda est si proche ! les deux pays sont si semblables, presque jumeaux ! comment être tutsi, ici, à Bujumbura, sans avoir sans cesse à l'esprit le précédent de Kigali ? Sa vie, raconte Faustin, a basculé il y a cinq ans, quand on a retrouvé la tête de son père, avec celle de trois soldats de son unité, plantée sur une pique, en bordure d'un champ de caféiers, près de Tenga. Il est parti, ce jour-là, à la recherche du reste du corps. Il a sillonné la région. Interrogé les paysans. Il a même retrouvé le frère d'un des « assaillants » qui lui a tout raconté : l'attaque en pleine nuit ; le massacre ; qu'il y avait dans l'unité, comme dans la plupart des unités, un sous-officier hutu et que c'est lui qui a trahi, et lui qui a mené les tueurs jusqu'à la position isolée, au sommet d'un pic rocheux, où elle était censée stopper l'infiltration des « intimidateurs ». Et il a identifié le corps, enfin, 10 kilomètres plus loin, dans une décharge, nu, décomposé, avec son numéro matricule enfilé sur un des pieds. Depuis, c'est sa spécialité. On dit même, à Cibitoke, le quartier tutsi où il habite et où je suis venu le rencontrer, que c'est comme un métier. Ce voisin dont on a décapité la femme... Cet autre qui est certain que ce corps sans tête, retrouvé, les testicules lestées d'épingles, sur la rive du lac, près du « Safari », la plage chic, est le corps d'un de ses frères... Ce troisième dont le bébé a été étranglé, puis découpé, et dont on a retrouvé les morceaux près de Tenga... C'est lui, Faustin, que l'on vient voir, chaque fois. C'est à lui que l'on s'adresse pour recomposer ces corps déchiquetés. Son métier ? Il me répond, solennel, presque fier : chasseur de cadavres tutsis suppliciés par les démons hutus.

Tenga, enfin. Depuis trois jours que je suis ici, on ne cesse de me parler de Tenga, ce labyrinthe de caféiers et de forêt, sur la route de Bubanza, dont les rebelles hutus des Forces nationales de libération semblent avoir réussi à faire, aux portes de la capitale, une inviolable forteresse, avec tranchées, bunkers, stocks d'armes défensives et offensives, mines. Et j'ai donc, ce matin, décidé d'aller y voir. Une voiture tout-terrain, blindée, de l'ambassade de France. Un check point à Kinama, l'autre grand quartier hutu de la ville. Un groupe de soldats, torse nu, kalach en bandoulière, qui tuent le temps, sous un banyan, en jouant aux dominos. Un autre barrage encore, à l'entrée des caféiers – une cordelette, presque un fil, tendue en travers de la route, mais à laquelle on a accroché, pour que les automobilistes ne la ratent pas, des bouts de sac plastique de couleur. Et puis soudain, quelques kilomètres plus loin, sur la route maintenant déserte où l'on nous avait recommandé de rouler à vive allure et de ne s'arrêter sous aucun prétexte, une explosion ; une autre, un peu plus proche, qui paraît sortir de terre ; une automitrailleuse dans le fossé ; des soldats, au milieu de la chaussée, affolés, tirant au jugé, droit devant eux ; d'autres, plaqués au sol, à moitié cachés par les plants de café, tirant aussi dans le vide ; d'autres, très jeunes, à bout de souffle, qui sortent du maquis, le visage couvert de boue, pliés en deux, portant une civière ; des grésillements de talkie-walkie ; les hurlements de l'officier ; des rafales d'armes automatiques qui viennent maintenant des deux côtés (24) ; l'image encore – rêvée ? hallucinée ? – d'une tête terrible, et comme peinturlurée, qui n'est plus celle d'un soldat et me semble jaillir, un court instant, à la pointe roussie des caféiers ; la vérité c'est que tout va très vite et j'ai à peine eu le temps de réaliser ce qui se passait, de fermer ma vitre, de me baisser, que les hommes à la civière sont là, débarquent le chauffeur, se ravisent, le remettent de force au volant et installent le blessé sur le siège arrière de la voiture, près de moi, allongé. Il a le teint gris. Le souffle court. Il vomit des petits caillots de sang et gémit. Vite, vite, démarrez vite,

vous voyez bien qu'il est blessé. Et la voiture redé-
marre en effet, le chauffeur congolais couché sur son
volant : dix minutes après, nous sommes revenus au
check point de Kinama, puis à l'hôpital Prince Ré-
gent, avec le soldat blessé.

Cela n'a pas été très facile de ressortir de Bujumbura. L'ambassade, échaudée par l'épisode Tenga,
me l'a déconseillé. Le ministre de l'Intérieur me l'a,
lui, carrément interdit. Mon vieil ami, le colonel français Guy de Battista, ancien de Sarajevo devenu responsable de la sécurité de la mission des Nations
Unies pour les droits de l'homme au Burundi, m'a
expliqué que, depuis le meurtre, il y a quelques mois,
dans un camp de regroupés de la province de Rutana
où, justement, je veux me rendre, de la responsable
hollandaise du Programme Alimentaire mondial et
du représentant chilien de l'Unicef, les voitures à
fanion blanc des ONG ne sont plus une garantie. En
sorte que j'ai fini, tout bêtement, par demander à un
taxi de me conduire dans le Sud et le taxi m'a répondu que oui, d'accord, les routes sont bonnes au Burundi – mais à une condition, une seule, à laquelle il
tient beaucoup : que nous fassions la route un samedi et, par exemple, aujourd'hui. Pourquoi un samedi ? Parce que les « assaillants génocidaires », ces
Hutus des FNL dont le pays entier n'en finit pas de
se repasser en boucle les crimes abominables – ce
prêtre à qui l'on aurait fait manger son sexe avant de
le crucifier... ces bébés enterrés vivants... ces enfants

85

empalés, arrosés d'essence et brûlés, dans leur école, par le directeur même... – sont aussi d'excellents chrétiens, de confession généralement adventiste, qui ne fument pas, ne boivent pas, arrivent dans les villages en chantant des cantiques à tue-tête et considèrent le samedi comme un jour sacré, voué à la prière, où l'on ne doit surtout pas verser le sang. Les habitués des guerres africaines disent que le meilleur moment pour circuler c'est midi car il fait si chaud, tout à coup, que même les combattants font la sieste. Voici un autre moment, spécifiquement burundais : le samedi, toute la journée, parce que c'est jour de relâche pour les « assaillants génocidaires ».

En route, donc, pour Rutana. La Nationale 7, la plus directe, qui passe par l'intérieur mais où les militaires, au bout d'une vingtaine de kilomètres, font faire demi-tour aux voitures. La Nationale 3, alors, qui descend le long du lac Tanganyika et sera évidemment plus longue – mais le Burundi, encore une fois, est si petit ! les distances y sont si courtes ! le chauffeur est sûr, malgré le contretemps, d'être rendu avant 6 heures qui est l'heure où l'armée rentre dans ses casernes et où la guérilla reprend le contrôle des grands axes. Roche sombre de la montagne, sur la gauche. Herbe et broussaille, sur le lac. Des patrouilles de bérets rouges le long de la route et aussi, me semble-t-il, à mi-pente, dans les hauteurs. D'autres patrouilles, mais de civils, armés de bâtons, de machettes et de marteaux : vont-ils nous empêcher de continuer ? non, fausse alerte, ils voulaient juste que nous fassions une place à deux d'entre eux et que nous les déposions au village suivant. Bref, une bonne route, c'est vrai. Etonnamment fluide pour un pays à feu et à sang où une maison sur deux, quand elle est restée debout, porte sur sa façade des impacts de tirs. Jusqu'à Nyanza-Lac, la dernière grosse bourgade de bord de lac avant de rentrer dans les terres, où nous sommes bel et bien bloqués — barrière de branches sèches, sacs de sable, casemates en contrebas et un sergent qui m'observe plusieurs minutes, de loin, avant de se décider à approcher. « Zone de guerre, tu ne passes pas. — Je croyais que le couvre-feu était à 6 heures? — Ici, c'est 4 heures; tu ne passes pas. » Sur quoi s'engage un conciliabule, en kurundi, entre lui et le chauffeur d'où ressort : primo que le chauffeur rebrousse, lui, immédiatement chemin; secundo que je peux, moi, si je le veux, et moyennant dix dollars, dormir là, dans la maison de repos de l'unité, en espérant que passe, demain, une autre voiture. Autre palabre pour obtenir de payer les dix dollars en francs français. Petit problème de susceptibilité quand il s'agit de faire comprendre que j'ai mon sac de couchage et que je n'ai pas besoin de la couverture qu'il me propose. Mais enfin, tout s'arrange. Il ne me reste qu'à attendre.

Réveil à 5 heures. C'est le soldat de la veille. Mais de bonne humeur. Presque hilare. « Tu as de la chance. Il y a un convoi qui arrive. Des renforts pour Rutana. — Pourquoi des renforts? — Parce qu'on a signalé une infiltration de *intagoheka* (littéralement « ceux qui ne dorment jamais », autre nom des miliciens hutus) qui remontent de la Tanzanie. Et la garnison veut des renforts. » Juste le temps d'avaler un verre d'eau bouillie avec un filet de lait en poudre.

Et le convoi est là. Deux transports de troupes. Un char. Plusieurs canons de campagne, montés sur des Toyota. Une automitrailleuse, pour ouvrir la route. Un camion à demi bâché où je distingue, en vrac, des monceaux de fusils et d'armes de poing. Et, juste derrière, un camion découvert où je m'installe au milieu d'une joyeuse cohorte de jeunes gens, presque d'enfants : les uns portent des uniformes ; d'autres non ; celui qui semble être le chef, et qui parle le français, est coiffé d'un bonnet de laine blanc sur lequel il a posé son béret ; un autre porte un short kaki effrangé, des bottes, et, à même la peau, une veste de flanelle grise trop chaude ; chez tous, mon arrivée provoque une agitation extrême : qui je suis... d'où je viens... s'ils peuvent essayer mes lunettes... mes souliers... l'un, d'ailleurs, les essaie, petits pieds flottant dans mes tatanes, cela fait beaucoup rire les autres, j'ai le plus grand mal à expliquer que c'est ma seule paire, que je ne peux pas la leur donner, et cela les fait redoubler de rire... Ça, les « renforts » ? Sur ça que l'on compte pour repousser l'avancée de « ceux qui ne dorment jamais » ? Et quelle étrange disproportion entre ces stocks d'armes (on dit que ce sont toutes les armées perdues de l'Afrique des Grands Lacs, l'armée de Mobutu, celles d'Amin Dada et de Milton Obote, les ex-Far rwandais de Habyarimana, englouties par la forêt tropicale, dont les débris, comme après un naufrage, échoueraient dans les zones de guérilla du Congo et du Burundi) – quelle disproportion entre cette puissance de feu et cette troupe de gamins dépenaillés, ébouriffés, turbulents, mal entraînés ! Une demi-heure plus tard, nous sommes à Rutana. Et nous n'avons pas croisé l'ombre de la colonne rebelle censée remonter de la Tanzanie. Fausse nouvelle ? Rumeur ? Ou mystère d'une guerre où, comme en Angola, les lignes de front n'en finiraient pas de se déplacer et de glisser ?

Même situation, et même surprise, après Rutana, sur les hauteurs, dans la savane, à 15 kilomètres à vol d'oiseau de la frontière, où l'on m'avait assuré que les rebelles avaient un avant-poste et où c'est, à nouveau, sur une unité tutsie que je tombe. « Les génocidaires tenaient la position, m'explique l'officier, sorte d'hercule, tout en gorge et en épaules, qui fait penser à un bison et possède tous les traits que les tenants de la guerre des races prêtent, d'habitude, aux Hutus. Ils étaient là, oui, depuis deux mois. Mais ils se sont rendus, hier. Ils avaient des armes, notez bien. Beaucoup d'armes. » Il montre une mitrailleuse, posée près d'un projecteur de campagne et, plus loin, dans les buissons, à l'abri d'une bâche kaki caoutchoutée, des caisses de munitions et des mortiers. « Mais ils n'avaient pas assez à manger. Alors on a été patients. On a attendu qu'ils n'aient plus rien, ni à manger, ni à boire. Et on n'a eu qu'à les cueillir... » Des prisonniers ? Il rit, d'un mauvais rire, dur, insolent. « Dans cette guerre, personne ne fait de prisonniers. Quand on en a un... » Il fait, en balançant les deux bras, le geste de jeter un paquet : « quand on en a un, quand on a un assaillant qui nous tombe entre les mains, poubelle ! » Et, voyant ma réprobation, il m'entraîne vers un abri de terre où somnolent deux de ses hommes, qui se redressent à son arrivée et se mettent au garde-à-vous. « Regardez ça. » Il me montre, dans un coin de la case, un matelas de mousse neuf, encore dans sa housse et, le doigt accusateur, crie : « ils ont brûlé deux des nôtres dans des matelas comme celui-ci ; alors quand on en prend un, hein... » Il cherche ses mots, semble interroger du regard les deux hommes – mais, rien ne venant, il répète : « poubelle ! poubelle ! »

Retour, dans la même journée, par la même route, dans un taxi loué à Rutana, vers Bujumbura. Je remarque, cette fois-ci, que tous ceux que je croise sur le bord de la route et qui ne sont ni soldats ni miliciens sont des femmes : où sont les hommes ? cachés ? dans le maquis ? J'observe aussi que nombre d'entre elles, surtout celles qui redescendent vers le sud, portent sur la tête des plaques de tôle empilées : les tôles de leurs maisons, leur dernière richesse, qu'elles vont vendre en Tanzanie ? celles des maisons voisines, abandonnées par des « assaillants », ou « complices des assaillants », qui ont fui dans le maquis ? Revenu au lac, après Nyanza, j'ai la surprise, surtout, de constater que le check point de la veille, celui où j'avais dû m'arrêter, a disparu. Il était là, j'en suis sûr. Je ne rêve pas, il était là. Or je ne le vois plus. Ni les soldats. Ni le barrage. Ni même la hutte où j'ai dormi, et qui s'est volatilisée. Et c'est 10 kilomètres plus loin, au nord, là où il n'y avait rien, j'en jurerais, absolument rien, hier matin, que je retrouve le point de contrôle : même barrière de branches sèches, même bloc de béton surmonté de sacs de sable repeints couleur de camouflage, même arrogance paresseuse chez le chef de poste qui ressemble

à l'autre comme un frère — et toujours le même
mystère de la mobilité de ces fronts qui bougent au
gré de je ne sais quoi. « Moi je sais, patron, me dit le
chauffeur. C'est les génies de l'air. C'est pour dérou-
ter les mauvais esprits. » Peut-être, après tout. Peut-
être faut-il faire, en la circonstance, la part du diable
et des mauvais génies. Guerre de spectres, encore.
Guerre de fantômes. Avec risque, je m'en rends bien
compte, de la déréaliser, cette guerre. De la dépoliti-
ser. Avec risque d'en faire une guerre si parfaitement
spectrale qu'elle en deviendrait insaisissable, aveugle,
sans causes clairement assignables, sans enjeux,
presque sans effets : le vieux thème, dont je me suis
tellement méfié, de la fameuse « Fin de l'Histoire »
(25) — ces confins du monde, Kojève disait ces
« provinces de l'empire », où n'adviendraient que des
ersatz d'événements, obscurs, sans conséquence.

Physique d'athlète. Moustache noire et martiale.
Regard dur. Cette façon, quand il parle, de battre du
pied en mesure. Ce timbre de voix chantant, à la fois
doux et légèrement menaçant, qui pourrait dire
l'autorité mais, dans cette bâtisse lugubre, fenêtres
ouvertes sur la nuit d'orage, me fait l'effet inverse. Le
Président Buyoya n'est-il pas beaucoup plus seul,
fragile, qu'il ne le dit ? Ne tire-t-on pas à la grenade,
ce soir même, aux portes de sa résidence, sur la colline de Sororezo ? Et cette garde d'élite entr'aperçue,
en arrivant, sous l'auvent du parking où elle se proté-
geait de la pluie, ces soldats, emmitouflés dans leurs

capotes, qui se sont à peine dérangés pour me contrôler — est-ce avec cela, vraiment, qu'on assure la sécurité d'un président menacé ? « Les enjeux de cette guerre, dites vous... Les enjeux... » Il réfléchit. Tape du pied, mais à vide, comme un métronome déréglé. « Mon enjeu personnel, en tout cas... Je peux vous dire pourquoi, moi, au lieu de continuer de mener ma vie de chercheur aux USA, j'ai décidé de reprendre ce fauteuil que j'avais déjà occupé de 1987 à 1993. » Il ferme les yeux. Tape encore, et du pied, et du poing, comme s'il voulait rassembler des souvenirs, prendre son élan et bien me convaincre que le Burundi n'est pas cette terre exténuée, définitivement crépusculaire, sortie de l'Histoire du monde, désorbitée. « D'abord je veux casser ce mythe de la guerre raciale entre Hutus et Tutsis ; nous sommes le même peuple ; nous sommes une vieille nation où les ethnies, pendant des siècles, ont vécu en harmonie ; il a fallu les colonisateurs allemands, puis belges, pour construire cette fable d'une race d'éleveurs batutsis, plus proches des Blancs que des Nègres et venus des hauts plateaux éthiopiens pour opprimer les Bahutus. Et puis... » Panne d'électricité. Un aide de camp apporte une lanterne. Son visage, éclairé par en dessous, ne vit plus que par la mâchoire, et la bouche, qui tremblent un peu. « Et puis, je ne veux pas que le Burundi connaisse le sort du Rwanda. Je ne veux, à aucun prix, laisser faire les tenants du Hutu Power qui ont ici, n'en doutez pas, les mêmes intentions qu'à Kigali. Savez-vous combien ils ont tué de Tutsis, à la seule fin de l'année 1993, au moment de l'assassinat du Président Melchior Ndadaye ? 200 000 ! Le quart des morts rwandais. C'est donc, que vous le vouliez ou non, un génocide suspendu. »

Il m'a demandé de l'appeler Luc. Il travaille pour une ONG européenne dans la journée. Il est guérillero la nuit. Et nul, dans sa première vie, ne semble se douter de ces autres activités que, après plusieurs heures de conversation, je finis par reconstituer : incursions nocturnes dans les collines ; passages, par le lac infesté de crocodiles, sur les rives du Kivu, au Congo ; rôle joué, il y a quelques mois, dans la négociation d'un droit de passage, pour les frères ennemis du FDD, à travers les maquis FNL du Bujumbura rural ; armes, surtout ; l'organisation du transit, vers Tenga, des armes lourdes des ex-Far rwandaises ; bref, toute une activité clandestine qui fait de ce quinquagénaire massif, aux yeux intenses et trop grands, à la barbe en fer à cheval plongeant bas sur la poitrine, l'un des cadres civils du Palipehutu, le Parti pour la libération du peuple hutu. Que dit-il de cette volonté génocidaire hutue dont parle Buyoya ? « Plaisanterie ! » Il prend à témoin le prêtre qui a organisé notre entretien. « C'est une sinistre plaisanterie de parler de volonté génocidaire quand on tient, comme lui, tous les leviers du pouvoir. » Puis, éclair de haine et de ruse mêlées dans le regard : « Vous a-t-il parlé, Buyoya, des 400 civils massacrés par son armée, en août dernier, dans la province de Cankuzo ? et des 150 morts de Muzuyé, qu'ils ont dû enterrer dans des fosses communes avant que les ONG ne fassent un scandale? et l'église de la Pentecôte de Butaganza? est-ce qu'il s'est vanté de ces soldats tutsis qui ont dit aux habitants de Butaganza de se mettre à l'abri dans l'église et qui, une fois qu'ils y ont été, ont cerné l'église, jeté des grenades dedans, y ont mis le feu et ont achevé à la baïonnette ceux qui essayaient de fuir?» Horreurs contre horreurs. Victimes contre victimes. Encore que commune volonté, face à l'hypothèse kojévienne d'un affrontement spectral, absurde (27), sans enjeux, d'ancrer cette guerre burundaise dans le sol sûr d'une rationalité politique : la menace de génocide pour l'un; la lutte, pour l'autre, entre exploiteurs tutsis et exploités hutus...

« Les Hutus ont tiré sur l'aéroport. Ils ont touché l'avion de la Sabena.» Quand David Gakunzi, le patron du centre Martin Luther King et l'un des rares intellectuels de ce pays qui m'ait donné le sentiment de ne jamais raisonner en termes d'ethnies, de toujours tout mettre en œuvre pour dépasser ce faux clivage Hutus-Tutsis et de rêver, pour le Burundi, d'un avenir authentiquement «citoyen», quand le jeune Gakunzi, donc, avec son faux air de Bob Marley et sa grosse casquette ronde multicolore retenant son chignon, surgit dans la salle du petit déjeuner de l'hôtel pour m'annoncer la nouvelle, l'information est déjà partout et la ville entière ne bruit que de cet incroyable coup de main. La dernière fois, c'était le 1er janvier 1998, quand les génocidaires ont fondu sur la garnison de l'aéroport et tué une dizaine de soldats. L'état-major, à l'époque, avait été formel : nous les avons repoussés au-delà de la crête des collines;

la ville, c'est juré, est définitivement à l'abri, désormais, de ce genre de raid meurtrier. Eh bien, la preuve est faite que c'était faux. La preuve est faite que l'ennemi peut frapper où il veut, quand il veut, comme il veut. Et même si ce raid-ci n'a pas fait de victime, la ligne Bruxelles-Bujumbura, déjà réduite à un unique vol par semaine, était un des derniers liens du pays avec l'extérieur et l'attentat a, forcément, une considérable portée symbolique. Emoi, donc, dans la ville. Affolement dans la communauté des expatriés français et belges qui vivaient dans l'illusion d'une guerre qui ne les atteignait pas. Et trouble, plus grand encore, chez les Bujumburais eux-mêmes qui vivent l'attentat d'abord, puis, surtout, presque aussitôt, la décision de la Sabena de suspendre tous ses vols, comme un coup de plus, une punition, une nuit qui tombe sur la ville, la geôle qui se referme, une mise en quarantaine : « le diable emporte Buyoya, Luc et les autres, semblent dire les Européens, nous décidons de fermer la porte, de jeter la clef et de nous désintéresser une fois pour toutes de votre indéchiffrable conflit ». Je reprends la route, l'autre route, celle du Nord, qui me permettra de ressortir du pays par le Rwanda, en laissant derrière moi une capitale sonnée, en état de choc, à bout de nerfs.

Est-ce cette affaire du vol de la Sabena ? Est-ce l'idée, qui me poursuit, de cette ville momentanément coupée du monde, isolée, asphyxiée ? Est-ce la fatigue, simplement ? J'ai l'impression qu'à cet autre décor correspond un autre climat et que cette partie nord du pays est plus désolée, déshéritée encore que le Sud. Cette fontaine, brisée. Cette autre, 5 kilomètres plus loin, où une centaine de pauvres gens font la queue, des bidons de plastique, des arrosoirs, des calebasses, à la main – patience d'aveugles, immobilité de cadavres (28). Un cimetière hutu. Un autre, tutsi, avec ses tombes renversées. Une école détruite. Des champs de café brûlés (29). La route elle-même, les ponts, à demi cassés. Le ventre énorme des enfants. L'odeur diffuse de la charogne. Des villages entiers pillés – il faut être venu ici, oui, dans cette région, pour savoir ce que c'est qu'un village pillé, vraiment pillé, quand il ne reste pas une tuile, pas un morceau de tôle ni de parpaing, pas un poteau dehors, quand la fourmilière humaine a tout gratté, jusqu'à l'os, au-delà. Non plus la ruine, mais le rien (30). Pire que la guerre, l'après de la guerre, quand la guerre elle-même s'est essoufflée, quand elle a épuisé ses dernières ressources, quand elle a tant tué, tant brûlé, qu'elle est comme ces feux de forêt dont la rage incendiaire ne trouve plus, sur son passage, qu'une terre déserte et qui, pourtant, brûlent toujours. Cette image, qui me vient, d'une bombe d'un nouveau genre qui laisserait debout les choses, et même les hommes, mais les viderait, comment dire ? de leur positivité, de leur substance (31). L'image, aussi, de ces trous noirs dont parlent les astronomes : peut-être y a-t-il, en Histoire aussi, des trous noirs ; peut-être y a-t-il, dans la vie des peuples, l'équivalent de ces planètes qui se résorbent et dont la densité croît à mesure qu'elles disparaissent ; peut-être le Burundi est-il un de ces trous noirs – une densité de souffrance infinie pour un lieu raréfié, tassé sur lui-même, en passe de s'effacer (toujours la « Fin de l'Histoire »!) de nos paysages réels et imaginaires, de nos écrans politiques, de nos radars. Malraux, dans *Le Temps du mépris* – c'est Kassner, dans son cachot, à la veille de mourir, qui parle : « la pire souffrance est celle de la solitude qui l'accompagne ».

Hutus ? Tutsis ? Je suis au bout de la piste. Devant moi, la frontière du Rwanda. Devant le poste-frontière, un embouteillage de femmes, d'énormes ballots sur la tête, qui vont tenter de vendre leur bien de l'autre côté. Peut-être Luc avait-il raison et cette guerre est-elle réductible à une forme particulièrement féroce de lutte des classes. Peut-être est-ce Buyoya qui disait vrai – et n'y aurait-il qu'un doute, n'y aurait-il qu'une infime possibilité que le Burundi soit, un jour, le Rwanda, qu'il faudrait tout faire pour en conjurer le péril. Mais, plus j'avance, plus je progresse sur cette dernière route, et plus s'impose l'idée qu'il y a autre chose encore, un autre mécanisme, qui les impliquerait tous les deux, et tous les autres avec eux, et qui ne serait pas sans relation avec ce délaissement radical. Soit un peuple désespéré. Délaissé, jeté sur son tas de fumier, donc absolument désespéré. Soit une communauté qui, au tragique de sa misère, verrait s'ajouter celui d'y être seule, oubliée de tous, effacée des grands programmes planétaires, rayée des cartes du Tendre politique et de leurs dispositifs compassionnels. Ne peut-on imaginer une sorte de sursaut, alors ? d'onde de rage et de révolte ? ne peut-on concevoir une colère immense et folle qui, comme toutes les colères impuissantes, se prendrait elle-même pour objet et se retournerait contre soi ? Les individus se suicident bien. Pourquoi pas les pays? Pourquoi pas une communauté malade, démunie de tout, nation littéralement prolétaire qui n'aurait plus à vendre, sur le marché de l'Histoire universelle, que la montée aux extrêmes de sa propre mort collective et qui, en une sorte de chantage ultime dont elle s'aviserait, mais trop tard, qu'elle n'intéresse personne, déciderait de passer à l'acte? Un suicide, oui. Une rage d'autodestruction emportant tout sur son passage. Le cas, peut-être unique, d'un peuple entier monté à l'assaut de son propre pays pour le casser. Il faut autant d'énergie pour mourir que pour vivre.

4

LES MAUX DE TÊTE DE CARLOS CASTAÑO

Qui tue le mieux? Un fasciste ou un guérillero marxiste? Les paysans de Quebrada Naín en débattent encore. Il y a un mois ce sont les premiers, les « paramilitaires » de Carlos Castaño, qui sont arrivés dans le village et ont assassiné vingt personnes, soupçonnées de « collaborer » avec la guérilla marxiste. Huit jours après, ce sont les gens de la guérilla, autrement dit les Farc, ou Forces armées révolutionnaires de Colombie, qui ont débarqué et qui, sous prétexte que les survivants n'avaient pas assez résisté, sous prétexte qu'ils avaient peut-être même fraternisé avec l'ennemi, en ont tué dix de plus.

Aujourd'hui, ils sont là. Enfin, trois rescapés de cette double tuerie sont là, revenus sur les lieux du drame, dans ce village du bout du monde, aux confins de l'Etat de Cordoba, où ils ont voulu récupérer ce qui reste des outils, effets personnels, objets, que, dans la précipitation de ces deux folles nuits de fuite, ils ont abandonnés derrière eux. Il y a Juan, le plus vieux. Manolo, dit « le Blond », parce qu'il est un peu plus clair. Et puis Carlito, l'instituteur – c'est lui qui, le jour de ma visite au camp de Tierra Alta, chef-lieu de la municipalité, m'a proposé de les accompagner : « c'est bon, pour nous, un gringo ; c'est une protection ; ça les empêchera de nous retomber dessus ».

Nous sommes partis, de bon matin, dans l'autobus sans vitres qui fait le trajet jusqu'au barrage hydroélectrique de Frasquillo (32).

Nous avons roulé une heure, le long du rio Sinu, sur une assez bonne route, bordée d'arbres en fleurs, où nous n'avons pas rencontré de check point (preuve que les paramilitaires sont chez eux dans le Cordoba ? que la partition du pays est consommée et qu'ils ont, comme les Farc, de vraies zones où ils ont pris la place de l'armée ?).

A Tucurra, sur le fleuve, nous avons passé le barrage, ainsi que le camp en dur construit par les Suédois et les Russes, et nous sommes allés plus loin, à Frasquillo, récupérer une barge à fond plat qui, deux *vueltas* plus loin, deux boucles de fleuve plus bas dans la direction de l'Antioquia, nous a déposés sur l'autre rive, au pied de la montagne.

Et c'est un peu avant midi, après une heure de marche sur une mauvaise piste, ouverte à coups de machette dans une de ces zones dont les cartes disent : « datos de relieves insuficientes » et où l'on sait seulement que les Farc, cernées, depuis la plaine, par les paramilitaires, ont leurs plus solides bastions, que nous sommes arrivés dans ce lieu de désolation qu'est devenu Quebrada Naïn.

Des paysans sont là, venus du village voisin : comment est-ce à Tierra Alta ? est-ce qu'il y a du travail ? de l'argent ? est-il vrai que la municipalité donne des terrains ? qu'elle peint gratuitement les maisons ?

Il y a un autre groupe, des Indiens d'un autre village, plus au nord, à la lisière du Parque Paramillo, en pleine zone Farc, qui sont venus, eux aussi, aux nouvelles, pieds nus, à dos de mule, vêtus de bouts de tissu noir effilochés et, pour certains, de passe-montagne : que fait l'armée ? est-ce vrai qu'elle ne protège plus les gens et qu'elle confisque les escopettes de chasse ? est-il possible qu'elle marche la main dans la main avec les paramilitaires ? et surtout, surtout, a-t-on des informations sur l'assassinat, à Tierra Alta, en pleine rue, de José Angel Domico (35), le leader des Indiens de l'Alto Sinu, qui était descendu discuter des compensations dues en échange des 400 hectares de bonne terre inondés par le barrage ?

Mais le village lui-même est désert. Pas détruit, non. Même pas pillé. Juste vide. Absolument, effroyablement vide. D'humbles maisons de paille et de bois, dispersées le long du torrent et dont on sent à mille signes – les portes restées ouvertes ; une sandale pourrie ; un bout de tuyau, sur le sol, déjà rouillé ; un morceau de salopette presque réduit en poussière... – qu'elles ont été comme soufflées par la folle violence de ce double assaut.

« Pourquoi ? demande Manolo, figé dans ce qui fut sa maison et où l'humidité, la poussière, la force de la végétation ont déjà commencé de manger les murs, putréfier le toit, gondoler, presque retourner, le sol de terre battue. Pourquoi est-ce qu'ils sont venus ? Pourquoi est-ce qu'ils ont fait ça ? Ici, à Quebrada Naïn, on n'a jamais rien su de la violence... (36) »

Et on sent, à la tonalité lassée, chantante, de sa voix que ces questions, il n'a cessé de se les poser, jour et nuit, depuis des mois ; et on sent qu'elles ont fait l'objet, dans les mêmes mots, et avec les mêmes Juan et Carlito, de dizaines de conversations sans fin.

« A cause des narcos, répond Juan, sur le même ton, une pioche rouillée dans une main, un bassine en mauvais émail dans l'autre. Il paraît qu'ils vont installer une *cocina*, un chaudron à coca. Et il fallait qu'il n'y ait plus personne.

— Tu crois ? enchaîne Carlito. D'habitude, ils veulent être loin de la ville pour que les hélicoptères des "antinarcoticos" ne puissent pas arriver. Nous, on était si près...

— Pues no se... Alors je ne sais pas... »

Juan fait un signe de croix. Et ils recommencent, tous les trois, d'errer entre les maisons vides :

« Ay, sagrado corazon, que calamidad ! »

La Colombie en guerre c'est aussi, bien évidemment, Bogota avec ses assassinats en pleine rue, ses sicaires, ces gens que l'on kidnappe « en gros » et que l'on revend « au détail » aux unités urbaines des Farc — c'est, à Soacha, le quartier le plus pourri de la ville, cet officier de police en retraite, lié, lui, à l'autre bord, c'est-à-dire aux paramilitaires, qui raconte comment il a rassemblé cinquante voisins dans une « junte de nettoyage social », comment il les a taxés, chacun, de 80 000 pesos, et comment il a mis trente contrats sur la tête de trente enfants qui : 1) se droguaient à la colle ou au pot d'échappement de camion ; 2) appartenaient eux-mêmes à des bandes de sicaires ; 3) avaient la coupable habitude de se nourrir de rats, de vivre dans les égouts et d'aller, après cela, exposer leur saleté sous le nez des honnêtes gens ; 4) faisaient, par voie de conséquence, baisser les prix de l'immobilier du quartier ; et 5) ont bel et bien été, pour vingt d'entre eux, éliminés.

La Colombie en guerre c'est ce gang – Farc ? paramilitaires ? simples « bandoleros » ? – qui va trouver ceux de la ville souterraine, autrement dit les clochards des quartier pauvres, et les convainc, moyennant versement immédiat de quelques milliers de pesos, de contracter une assurance-vie au profit d'un membre du gang – « tu n'as rien à faire, disent-ils au clochard ; tu signes ici, au bas du papier ; on s'occupe, nous, du reste, de la paperasserie avec l'assurance ; et, rien que pour cette signature, on te donne, là, tout de suite, ce bon paquet de pesos » ; le clochard, bien sûr, signe ; appâté par les pesos, il ne va pas chercher plus loin et signe ; sauf que, une fois qu'il a signé, commencent la chasse à l'homme, la poursuite dans les égouts ou dans les bidonvilles de Belen et Egipto ; et, quand ils l'ont rattrapé et tué, ils touchent la prime d'assurance – opération Bogota propre !

La Colombie, c'est Medellin, où j'ai mis un peu de temps à comprendre quel nouveau groupe se cachait derrière le sigle étrange, « MAT », que je voyais s'afficher sur les murs de la ville : Mouvement, Action, Travail ? Mouvement pour l'Ascension des Travailleurs ? Mas Amor y Tierra ? Mouvement Atypique Terroriste ? Mouvement Anarchiste Temporaire ? Mouvement pour l'Autonomie du Travail ? Non. « Maten A Los Taxis ». Littéralement : « Tuez les taxis ». Faites-leur la chasse, tuez-les, surtout les gros taxis jaunes, et surtout ceux qui sont équipés d'une radio, car le cartel de la drogue a la preuve qu'ils se servent de ces radios pour communiquer avec la police et dénoncer les dealers de coca. Depuis le début de l'année, on en aurait déjà tué vingt-trois. Et trente à Bogota. Comme ça. Sur une simple rumeur. Sous les balles de tueurs à gages aussi invisibles qu'impunis.

La Colombie, c'est tout cela. Mais le village soufflé de Quebrada Naïn, cette humble vie pétrifiée par la double sauvagerie des paramilitaires et des Farc (37), ces bonheurs brisés, ces désespoirs presque muets (38), l'image de Carlito errant dans ce qui fut sa rue, rasant les murs, le bras à demi levé comme s'il voulait se protéger d'un nouveau coup, ces innocents qui, face à ces deux armées devenues folles et dont l'affrontement leur est inintelligible, face, aussi, à la troisième armée, l'armée régulière de Colombie, qui n'a pas bougé le petit doigt pour les protéger, ne savent ni vers qui se tourner ni où placer leur espérance – ces hommes, ces ombres d'hommes (39), me semblent la quintessence de cette guerre qui, comme à Bujumbura, à Luanda, à Sri Lanka, s'en prend une fois de plus, et d'abord, aux simples et aux désarmés.

Jadis, il y a trente ans, vingt ans, autant dire un siècle, on allait au bout du monde chercher des destins exemplaires, des hommes d'exception, des héros. Jadis, en 1969, j'allais, non pas exactement en Colombie, mais au Mexique, dans des villages du Chiapas semblables à Quebrada Naïn (40), à la rencontre d'hommes et de femmes qui, si modestes fussent-ils, me semblaient portés, comme soulevés de terre, par le souffle de l'insurrection mondiale des opprimés – et ne m'intéressaient que pour cela. Juan, Carlito, Manolo, ne sont portés par rien. Ils ne sont ni des héros ni des personnages d'exception ni des destins. Ce sont de toutes petites gens, des existences minuscules (41) – Michel Foucault aurait dit des hommes « infâmes », sans « fama » ni « histoire », dont l'essentiel de la vie se réduit à tenter de survivre et qu'on ne trouvera répertoriés dans aucune des archives où se consigne la geste des nations. Là, dans la nuit tiède, allongé sur la terre battue de la hutte où ils ont installé notre campement et où le bruit du torrent en contrebas, celui, surtout, des tourbillons d'insectes, m'empêchent de dormir, je ne peux m'empêcher de penser au chemin parcouru – l'autre chemin, le vrai, celui des boucles, non du fleuve, mais de l'Idée : humanisme année zéro ; l'Histoire réduite à son humanité vivante ; en passant de l'infiniment grand des hommes de marbre d'antan et de leurs tracés biographiques fulgurants à l'infiniment petit de ces hommes « faits de tous les hommes, et qui les valent tous et que vaut n'importe qui », en passant du sel de la terre à son reste, nous avons changé d'infini – c'est ainsi... (43).

« Que s'est-il passé à Quebrada Naïn ? Est-il possible que vos hommes aient assassiné de sang-froid des survivants d'un massacre perpétré par ceux d'en face, vos ennemis jurés, les paramilitaires ? »

L'homme à qui je pose cette question s'appelle Ivan Rios. Il est un responsable de haut rang des Farc. Et nous sommes dans son bureau de San Vincente del Caguan, la base rouge, la zone libre, les Colombiens disent « el despeje », que le gouvernement, au terme de trente ans de combats acharnés, et en échange d'un engagement à ouvrir des négociations de paix, a fini par leur concéder, en pleine forêt amazonienne, à 600 kilomètres à vol d'oiseau au sud de Bogota. 42 000 km^2 de bonne terre. L'équivalent de la Suisse, ou de deux fois le Salvador. Et, sur toute l'étendue du territoire, dans le bourg même de San Vincente comme sur la route qui m'a mené au camp militaire de Los Pozos, zéro policier, zéro militaire de l'armée régulière, plus trace, en somme, et à part une vague « garde civile » désarmée, de l'Etat central colombien : juste des bunkers ; des tranchées ; des prisons souterraines où sont regroupés, paraît-il, les centaines de séquestrés enlevés dans le reste du pays ; des champs de coca, des cuves, des fûts d'acide sulfurique et d'acétone, bref, des laboratoires de cocaïne qui n'ont plus rien à craindre, paraît-il, ni des fumigations du « plan Colombie » américain, ni des défoliations des policiers antidrogue ; et puis, partout, à tous les carrefours et tous les points stratégiques, des hommes et des femmes en treillis — mais détendus, enjoués, presque désinvoltes tant ils se sentent *chez eux.*

« Tout peut arriver, me répond Rios, petite silhouette ronde, cheveux cosmétiqués, collier de barbe noire — il passe pour le cerveau des Farc, l'un des conseillers politiques du chef suprême, Manuel Marulanda Velez, alias "Tirofijo", en français "Tire dans le mille", dont la presse colombienne aime dire qu'il est "le plus vieux guérillero du monde".

« Tout peut arriver. Il y a des bavures dans toutes les guerres. Mais... »

Une femme-soldat vient d'entrer. Porteuse d'un message. L'arrivée, annoncée pour la mi-journée, de Camilo Gomez, haut-commissaire pour la paix du Président de la République Pastrana, qui vient renouer le fil d'un dialogue dont chacun sait, à Bogota, qu'il est, plus que jamais, dans l'impasse.

« Des bavures, oui, il y en a. Mais ce n'est pas notre ligne. Nous sommes un mouvement révolutionnaire. Marxiste, léniniste et, donc, révolutionnaire. Vous écoutez trop nos adversaires. »

Il semble sincère. Sympathique et sincère. Mais que sait-il de la situation sur le terrain ? Que sait-il, ici, dans ce camp retranché de Los Pozos, de tous les cas, dûment documentés par les Nations Unies, où ce sont bel et bien ses « révolutionnaires » qui ont brûlé, violé, torturé, égorgé ?

« Ce ne sont pas vos adversaires que j'écoute, lui dis-je. Mais les victimes. Les survivants. Et toutes les ONG indépendantes qui vous accusent de tant de crimes : recrutement forcé d'enfants-soldats, massacres, enlèvements massifs... »

Il me coupe.

« Les enlèvements collectifs ce n'est pas nous. Ce sont les guévaristes de l'Ejercito de liberacion nacional, l'ELN. »

J'observe, pour moi-même, que c'est lui qui, pour l'heure, a placardé sur son mur quatre portraits de Che Guevara. Mais je poursuis.

« Va pour les enlèvements collectifs. Mais les autres ? Trois mille enlèvements individuels pour la seule année dernière. Près de la moitié vous sont imputés.

— Ça, d'accord, je revendique. Nous kidnappons les riches. C'est-à-dire les responsables de cette guerre. C'est eux qui ont voulu la guerre ; eh bien, maintenant, qu'ils la paient ! »

Je lui objecte les gens simples que l'on enlève pour 10 dollars et dont m'a parlé, à Bogota, Andres Echavaria, l'un des grands industriels éclairés de Bogota, fondateur du mouvement de protestation contre la violence Ideas para la paz. Il fait comme s'il n'entendait pas.

« C'est un impôt. C'est normal que les gens paient un impôt. D'ailleurs... »

Il sourit. Il est trop fin pour ne pas mesurer l'extravagante mauvaise foi de ce qu'il va dire.

« D'ailleurs, il y a une manière très simple de n'être pas enlevé : payer avant. Souvent c'est ce que les gens font. Tout le monde, alors, est content. Eux parce qu'on ne les enlève pas. Nous parce qu'on n'a pas les frais. C'est l'enlèvement virtuel. On est à l'âge d'Internet, ou on ne l'est pas ? »

Il me montre derrière lui, en éclatant de rire, un gros ordinateur, branché sur le web, qui lui a permis de se renseigner sur moi avant mon arrivée et de retrouver, notamment, un vieil article contre Castro.

« Parce que vous êtes castriste ? lui dis-je. Cuba, pour vous, est un modèle ?

— Nous n'avons pas de modèle. C'est ce qui nous a sauvés au moment de la chute du Mur de Berlin.

Mais admettez que, à Cuba, qui est dix fois moins riche que la Colombie, personne ne meurt de faim. »

J'élude Cuba. Mais je saute sur l'allusion à la richesse de la Colombie, parfaite transition pour aborder la responsabilité des Farc dans le narcotrafic.

« Ça, c'est la propagande américaine, gronde-t-il. Ils ne pensent qu'à leur chère jeunesse. Pas à la nôtre. Leur seule idée c'est de déstabiliser la Colombie, de détruire son tissu social.

— Certes. Mais les Farc sont-elles, oui ou non, au centre du trafic de coca ?

— Ce n'est pas ça le problème. Le problème c'est que nous sommes présents, en effet, dans des régions de production intense. Alors, face à cette situation concrète, la question concrète c'est : on fait quoi ? de la fumigation ? de la destruction ? on s'associe aux Américains qui tombent sur les paysans et détruisent le pays ? Regardez. »

Il se lève. Et s'approche de la carte murale.

« Ce sont toutes les zones qu'ont détruites les avions des Gringos, leurs Turbo Trush, leurs hélicoptères de combat Iroquois. Savez-vous que, là, dans les Etats de Putumayo et de Huila, ils utilisent, en ce moment même, des agents défoliants de la famille de ceux qu'ils déversaient sur le Vietnam ? Nul ne connaît les effets à long terme qu'ils auront sur la faune, la flore, la santé. »

Je repense aux panneaux, si nombreux, sur le zocalo de San Vincente, puis tout au long de la route de Los Pozos : « ne souillez pas les eaux... ne brûlez pas la forêt... la fauna y la vida son solo una, cuidemosla... » Ces gens qui ont à répondre de dizaines de

milliers de morts, ces maître chanteurs, ces séquestrateurs, ces spécialistes de la « guerre sale » dont
l'imagination technologique est apparemment sans
limite (on m'a dit, à Medellin, que, dans les « pipe-
tas », ces bonbonnes de gaz explosives, chargées de
clous, de chaînes, d'acide sulfurique, de grenades, qui
sont l'une de leurs armes préférées, ils viennent
d'introduire, histoire d'infecter les blessures, une
dose d'excréments humains...), ces vrais assassins
seraient-ils donc, aussi, de grands écolos ?

« La vraie question, reprend-il, est politique. »

Il se rassied, docte soudain, dialecticien.

« C'est la question du prolétariat rural qui travaille
dans les champs de coca. Question n° 1 : est-ce que
c'est illégal de travailler, de soutenir sa famille, de
survivre ? est-ce que cela fait de vous un narcotrafi-
quant ? Réponse : non ; le paysan qui cultive la coca
reste ce qu'il a toujours été, un paysan. Question
n° 2 : est-ce que c'est normal de voir des petits propriétaires qui, non contents de travailler comme des
mules, se font racheter leurs lopins pour une bou-
chée de pain par les latifundiaires ? Réponse : non ;
on ne va pas accepter, sans réagir, la progression, à la
faveur de la coca, du grand capital dans la campagne
colombienne.

— Donc ?

— Donc, on taxe. On prélève un impôt sur les latifundiaires. Et, accessoirement, on empêche que les
énormes flux de richesse générés par le commerce de
la pâte à coca aillent finir dans les paradis fiscaux.
D'ailleurs, je vais vous dire encore une chose... »

Il se penche par-dessus la table, le visage très près

de moi, comme s'il allait me confier un terrible secret.

« Vous savez ce qui embête le plus les Américains ? C'est que la coca est une ressource naturelle.
C'est qu'elle fait partie du patrimoine national. Et
c'est que, dans un marché mondial où toutes les matières premières, aux prises avec la loi d'airain de
l'échange inégal, baissent inexorablement, c'est la
seule dont le cours tienne. Ils disent "plan Colombie". C'est "plan anti-Colombie" qu'ils pensent. Mais
pardonnez-moi. C'est l'heure. Le Haut-Commissaire
m'attend. Voulez-vous que je vous présente ? »

Dehors, sous le soleil, le bras droit en écharpe, se
tient en effet le Haut-Commissaire pour la paix,
Camilo Gomez, l'un des hommes les plus menacés
de Colombie, celui dont la tête vaut certainement le
plus cher aux yeux de Ivan Rios et les siens. Avec lui,
l'œil torve, le sourire voyou, mais en grande et hypocrite conversation, il y a le vieux Joachim Gomez,
membre de la direction politique des Farc, mais, en
réalité, l'un des plus gros trafiquants de drogue du
pays. « Ce bras, monsieur le Haut-Commissaire ? —
Rien, cher Joachim, rien, une mauvaise chute — Bon,
vous me rassurez ; des fois qu'on nous mette ça sur
le dos et que la presse écrive, demain, que vous vous
êtes battu avec les Farc, ah ! ah ! ah ! »

Je rentre à San Vincente, puis Bogota, dans un état
de vraie perplexité. Des marxistes sans doute. Ces
gens sont, sans aucun doute, des marxistes, des léni-
nistes. Mais il y a quelque chose dans ce marxisme-
léninisme qui, malgré son irréprochable rhétorique,
ne ressemble à rien de ce que j'ai pu entendre ou voir

111

ailleurs. Je connaissais le communisme tendance rê-
veurs montant à l'assaut du ciel et cassant en deux
l'Histoire du monde. J'ai connu, dans le Berlin-Est
des années 1980, des docteurs de la loi staliniens
pour qui l'idéologie n'était qu'un knout, pour dresser
le bétail humain. Voici le communisme trafiquant. Le
communisme à visage gangster. Voici un impeccable
communisme ; voici, avec Cuba, le dernier communisme d'Amérique latine et, en tout cas, le plus puissant puisque le seul à disposer de ce quasi-Etat qu'est
la « zone libre » de San Vincente del Caguan ; et il
n'est plus qu'une mafia (44).

Carlos Castaño, alias « El Rambo », est l'autre acteur majeur de cette guerre de Colombie. A la tête,
lui aussi, d'une véritable armée composée, soit de
bataillons disciplinés, soit d'escadrons de la mort, il
tient, dans les Etats d'Uraba, Sucre, Magdalena, An-
tiochia, Cesar, Cordoba, Cauca, Tolima, des zones
immenses où on lui impute des crimes effroyables. Il
est difficile à rencontrer. Jusqu'à une date récente, il
ne donnait ses rares interviews que de dos ou le visage caché et passait, à Bogota, pour l'homme invisible du pays. Je n'ai pas dit que j'étais journaliste. A
travers des canaux divers – notamment un haut
fonctionnaire de l'Etat colombien dont j'ai découvert, à cette occasion, qu'il était en contact étroit avec
lui – je me suis présenté comme un « philosophe-
français-travaillant-sur-les-racines-de-la-violence-en-
Colombie ». Et c'est ainsi que, au bout de plusieurs

jours de tractations, j'ai reçu un coup de téléphone me fixant rendez-vous pour le lendemain, à Monteria, capitale du Cordoba, l'Etat même où a eu lieu le massacre de Quebrada Naïn.

Monteria, donc. Une Toyota. Un chauffeur quasi muet. Un type à casquette et grosse chemise à carreaux jaunes qui, pendant tout le trajet, quelque question que je lui pose, ne me répondra que par un sonore « si senor » ou « no senor ». Un troisième homme, à l'arrière, qui ne desserrera pas les lèvres. Et trois heures de mauvaise piste, dans la direction de Tierra Alta, à travers un paysage de pâturages, de petits lacs et de hameaux où nous ne croisons plus, très vite, que des vaches, des cavaliers au galop, des mules traînant des cargaisons de bambous et, parfois, lorsque nous nous arrêtons, un homme à talkie-walkie qui surgit des fourrés et vient respectueusement saluer l'homme à la chemise jaune. Finca Milenio... Finca El Tesoro... Les villages, successivement, de Canalete, Carabatta, Santa Catilina... Nous sommes au cœur de la zone des *finqueros*, les grands propriétaires qui furent, dans les années 1980, à l'origine de ces Autodefensas de Cordoba y Uraba que l'on appelle, maintenant, les paramilitaires et qui furent l'embryon de l'armée de Castaño. Et nous sommes surtout, si mes déductions sont bonnes, à la limite du sud de Cordoba et de l'Uraba, là où passe la ligne de front avec les Farc.

El Tomate encore. Le bourg d'El Tomate avec son stade de foot écrasé de chaleur, ses billards et sa *gallera* pour combats de coqs. Et là, soudain, un grand portail de bois ; un autre ; un autre encore ; j'en compte sept; les sept portes de l'enfer? dis-je. L'homme à la casquette rit; pour la première fois depuis que nous sommes partis, il se détend et rit; des tentes ; des cabanes couleur kaki; des troncs d'arbre repeints, eux aussi, couleur de camouflage; un garage de 4x4 et de jeeps; une pancarte géante : « la mistica del combate integral »; un toit de chaume où sont rassemblés, autour d'un écran de télévision, une trentaine d'hommes coiffés de chapeaux type ranger; d'autres soldats qui vont, viennent; des Blancs; quelques Blacks; un intense trafic d'armes que l'on transporte d'une tente à l'autre; et, en plein milieu de ce camp immense, au seuil de la plus grande tente, entouré d'hommes en uniforme et en armes, un petit homme nerveux, maigre, qui me scrute : Carlos Castaño.

« Entrez, monsieur le Professeur. »

Nulle ironie dans la voix. Une considération, plutôt, pour ce qu'il pense être une autorité universitaire venue lui rendre visite dans sa jungle.

« Je suis un paysan. Tous, ici, nous sommes des paysans. »

Il m'a désigné, d'un geste modeste et comme en s'excusant, les commandants qui ont pris place, comme nous, autour de la table.

« Autant vous le dire tout de suite. Ce qui m'intéresse moi, ce pour quoi je me suis dressé, il y a vingt ans, contre les Farc, c'est la justice. Je suis un homme de justice. »

Il parle vite. Très vite. Sans me laisser le temps de poser de question. Il a, dans la voix, une juvénilité, une fièvre, qui tranchent avec l'uniforme, les

114

galons, la casquette crânement posée au sommet de la tête.

«Dis-lui, Pablo, que je suis un homme de justice!»

Pablo, à côté de moi, le dit. Il pose son chapeau de brousse sur la table et confirme que Monsieur Castaño est, en effet, un homme de justice.

«La drogue, par exemple...»

C'est lui qui, tout de suite, aborde la question de la drogue.

«Je ne veux pas faire de mal à ce pays. Ça me fait du mal de lui faire du mal. Mais qu'est-ce que j'y peux si ce conflit est lié à la drogue et si on n'y comprend rien quand on ne pense pas, tout le temps, à la drogue?»

Les commandants, à nouveau, opinent.

«Mais attention! Là où la question de la justice se pose, c'est que, nous, on n'est pas dans le trafic; je vous interdis de dire qu'on est dans le trafic; on est juste derrière les paysans qui cultivent; quand une terre est stérile et qu'on ne peut y cultiver que ça, qu'est-ce qu'on va faire? est-ce qu'on va interdire aux paysans de gagner leur vie?»

Je lui fais observer qu'il parle comme Rios, comme les Farc.

«Non. Je vous interdis aussi de dire ça. Car la différence c'est que nous, avec les bénéfices de la drogue, on fait le Bien. Le Bien. Par où êtes-vous venu? Par la route de Tierra Alta? Mais c'est nous, la route de Tierra Alta! C'est avec l'argent de la drogue que nous avons fait cette bonne route!»

Carlos Castaño s'échauffe. S'emporte presque. Il a

115

de la sueur qui lui perle sur le visage. Il fait de grands gestes. Roule de gros yeux. Il déploie une énergie considérable pour que je comprenne bien qu'il est responsable de cette route et qu'il est un homme de justice.

« Est ce que je me fais comprendre ?

— Oui, bien sûr.

— Tu crees que entiende ?

— Oui, chef, il a l'air de comprendre. »

La vérité c'est que je lui trouve un air de plus en plus étrange. Cette nervosité haletante. Cette véhémence. Ces reniflements, dont il ponctue ses phrases et dont je ne m'étais pas tout de suite avisé. Ces douleurs aux oreilles. A la tête. Cette façon de taper du poing sur la table, puis de se passer fébrilement la main sur le visage comme pour chasser une grande lassitude, ou une idée insupportable.

« Ça me rend fou, l'injustice... Fou... Je vous donne un autre exemple. L'ELN. Les pourparlers avec l'ELN. Cette idée de leur donner, eux aussi, une zone. Comment Pastrana, le Président Pastrana, peut-il envisager des pourparlers avec l'ELN qui est une organisation de séquestrateurs, de tortionnaires, de tueurs ? »

Je lui fais remarquer que son organisation me semble pratiquer, elle aussi, les attentats aveugles contre les civils et, notamment, cette semaine encore, contre les syndicalistes. Il sursaute.

« Des attentats aveugles, nous ? Jamais ! Il y a toujours une raison. Les syndicalistes, par exemple. Ils empêchent les gens de travailler ! C'est pour ça que nous les tuons. »

116

Le chef des Indiens de l'Alto Sinu, dans ce cas ? Qui empêchait-il de travailler, le petit chef indien descendu à Tierra Alta ?

« Le barrage ! Il empêchait le fonctionnement du barrage ! »

Le maire, alors, de Tierra Alta ? On m'a dit, à Tierra Alta, sur la route de Quebrada Naïn, que, juste avant les élections, les Autodefensas ont fait assassiner le maire.

« C'est autre chose, les maires. C'est notre travail de porter au pouvoir les représentants du peuple. Quand il y en a un, dans le Cordoba, qui s'obstine à vouloir se présenter alors qu'on n'en veut pas, on le menace, c'est vrai – on lui lance des avertissements, c'est normal. »

Oui. Mais lui, ce maire-là ? On ne l'a pas seulement averti. On l'a tué...

« Il avait volé 2 millions à la ville. Et puis, il en accusait d'autres, il faisait porter à d'autres la responsabilité de ses vols. La corruption, plus le mensonge ! C'était trop ! Il fallait être implacable. Et d'ailleurs... »

Il prend son temps. Reprend son souffle. Puis, d'une voix stridente, presque une voix de femme, et comme s'il tenait là l'irrécusable preuve de la culpabilité du maire :

« D'ailleurs, c'est bien simple : il portait un gilet pare-balles ! »

La conversation va durer deux heures sur ce ton. Castaño parle si vite maintenant, d'une voix si éraillée, que je suis de plus en plus souvent obligé de me pencher vers mon voisin pour me faire répéter ce qu'il a dit.

117

Le Président Pastrana qu'il respecte, mais qui ne le respecte pas – et cela le désespère... Castro qui a castré son peuple – et cette image le fait rire d'un rire de démon... Tous ces militaires, chassés de l'armée, qui, comme les généraux Mantilla et Del Rio, se ruent dans les Autodefensas – mais attention! une condition! il y met une condition, car ce serait une autre raison, sinon, de devenir fou : qu'ils n'aient pas été chassés pour corruption. L'injustice encore... L'injustice toujours... La litanie des injustices, manquements, dysfonctionnements de l'Etat : il est là, lui, Castaño, pour se substituer à l'Etat défaillant – il est son bras armé, son serviteur fidèle et mal aimé... Et puis Quebrada Naïn enfin, le crime de Quebrada Naïn et, au-delà, tous les crimes que l'on prête à ses séides et qui ne lui arrachent ni un mot de compassion ni un regret : tout au plus convient-il que son armée a peut-être grossi un peu vite et que le massacre dont je lui parle « manquait (sic) de professionnalisme » ; mais d'une chose, il ne démord pas : qu'un homme, une femme, aient, ne serait-ce qu'un vague lien avec la guérilla, et ils deviennent, non plus des civils, mais des guérilleros habillés en civil et méritent à ce titre d'être torturés, égorgés, de se faire coudre une poule vivante dans le ventre à la place d'un fœtus...

Carlos Castaño a de plus en plus chaud. Il est de plus en plus fébrile. Cette odeur de suppositoire qui envahit la tente. Cette façon de sursauter maintenant, quand il entend un bruit : « qu'est-ce que c'est ? – Rien, Jefe, juste le générateur qui se remet en marche ». Cette façon de hurler, toutes les cinq minutes :

« un tinto, Pepe, un café ! », et un soldat, terrorisé, le lui apporte, et il se remet à parler sur le même rythme frénétique. Un dernier quart d'heure encore pour crier, pêle-mêle, qu'il admire Nixon et Mitterrand... qu'il est partisan du plan Colombie... qu'il en a marre des gens qui se réclament des Autodefensas mais n'en sont pas... qu'il se fie à mon objectivité... qu'il est un défenseur de l'ordre et de la loi... qu'il en a marre, aussi, qu'on lui colle sur le dos tous les crimes de la guerre sale – vous croyez peut-être que ces encornés de l'armée sont des anges ?... qu'il n'est pas, ni ne sera jamais, Pinochet... il est juste un paysan, il me l'a dit en commençant... tout ce qu'il veut c'est faire régner la justice et l'ordre en ce monde...

Et puis il se tait. Il se lève, et se tait. Titube un peu. Se retient à la table. Me regarde d'un œil si étrangement fixe que je me demande s'il n'est pas tout simplement camé. Se reprend. M'offre un gros cartable de skaï noir, bourré de discours et de vidéos. Ses lieutenants sont autour de lui. Il sort, en chancelant, sous le soleil de plein midi. Un psychopathe face à des mafieux. Une histoire pleine de bruit et de fureur racontée, soit par des bandits, soit par ce guignol assassin. Une part de moi se dit qu'il en a toujours été ainsi, et que les observateurs les plus sagaces n'ont jamais été dupes des gros animaux péremptoires, plastronneurs, bouffis d'importance et de puissance, qui régnaient sur l'enfer de l'histoire « majeure » du temps passé : le grotesque Arturo Ui de Brecht ; le Laval pitoyable de *D'un château l'autre* ; Garcia Marquez et son Caudillo ; la nudité flasque du Himmler de Malaparte dans *Kaputt*... Mais un autre moi-même ne peut se défaire de l'idée qu'il y a là, tout de même, un changement, une dégradation énergétique, une chute, et qu'on n'avait jamais vu une guerre pareillement réduite à cet affrontement de malfrats et de pantins, de clones et de clowns. Degré zéro de la politique. Stade suprême de la bouffonne-rie et stade élémentaire de la violence nue, sans fard, réduite à l'os de sa vérité sanglante (45). Même les monstres se dégonflent quand s'achèvent les âges théologiques (46).

5

LE PHARAON ET LES NUBAS

Il n'y a pas de routes au Sud-Soudan. C'est même l'un des lieux du monde, peut-être avec le Tibet, ou les montagnes du Népal, où l'idée de route a le moins de sens. En sorte que, dans ce pays immense, dans cet espace grand comme une fois et demie la France, il n'y a que trois façons de circuler. A pied, quand on est paysan. En jeep, mais sur de courtes distances, et par des pistes de terre, quand on est militaire. Et, sinon, par des petits avions loués à Lokichokio, la base humanitaire de la frontière du Kenya, et qui, à condition de ne pas sortir des couloirs réservés aux vols de l'ONU, à condition, aussi, d'éviter, en cas d'interception radio, de répondre et d'avoir à s'identifier, parviennent à rallier la plupart des villes de ce Sud animiste et chrétien que les islamistes de Khartoum arabisent de force, et bombardent, depuis presque vingt ans.

C'est par un avion de ce genre que je suis arrivé à Alek, province de Bahr el-Ghazal, littéralement le

« pays des gazelles », qui est, tout près de la frontière avec le Nord, l'une des régions les plus éprouvées par la guerre. Le voyage a duré quatre heures. J'ai été accueilli, sur la piste de brousse, par une joyeuse cohue de soldats sudistes en uniforme ; de civils, en short, la kalachnikov croisée sur la poitrine ; d'enfants nus, au corps enduit de cendre et d'urine mêlées pour, dit-on, éloigner les insectes. J'ai vu, entouré de ses quatre commandants, Deng Alor, gouverneur de la province et ex-ministre des Affaires étrangères de John Garang, le chef sudiste et chrétien. Et puis je suis arrivé dans un beau camp tout neuf, composé d'une douzaine de cases impeccables, d'une clôture de chaume, d'un centre de transmissions, d'un grand espace couvert prévu pour des repas nombreux – mais, chose bizarre, complètement vide.

« Où sommes-nous ? ai-je demandé au jeune garçon qui m'a montré ma case – Dans un camp humanitaire, de la Norvegian Church Aid. – Où sont les Norvégiens, alors ? Les volontaires humanitaires ? – En congé, à Nairobi. – Tous ? – Tous ! » Et demandant à visiter le reste du camp, insistant pour voir, surtout, le petit dispensaire attenant, je découvre qu'il est fermé, visiblement depuis longtemps ; puis, l'ayant fait ouvrir, je trouve un lit, un seul, qui n'a, semble-t-il, jamais servi ; et je vois enfin, à la porte, une femme dinka, portant un bébé dénutri, à laquelle nul ne semble songer à apporter le moindre secours. Un camp fantôme ? Non. Un faux camp. Un camp qui, plus exactement, et enquête faite, a, en effet, été construit, à l'automne 1998, par des hu-

manitaires norvégiens mais pour être, presque aussitôt, offert à l'Armée populaire de libération du Soudan (SPLA) de Deng Alor et de Garang – autrement
dit, qu'on le veuille ou non, et quelque parti que l'on
prenne quant aux origines ou à l'issue de cette
guerre, à l'un des belligérants.

Me revient l'image de ces étals improvisés, sur la
route de Kakuma, au Kenya, où des nomades turka-
nas vendaient des rations alimentaires marquées du
sigle des Nations Unies. Et me revient surtout ma
conversation, le jour même, avec l'homme des visas
de Lokichokio, m'assurant : primo, que ces paquets,
ce sont les guérilleros du SPLA qui les apportent du
Soudan et qui les ont donc, d'une manière ou d'une
autre, subtilisés aux civils qui en étaient les vrais destinataires ; secundo, que Khartoum, voyant cela, sachant que c'est cette aide détournée qui permet au
SPLA de financer ses achats d'armes, en conclut que,
pour arrêter les armes, il faut arrêter les aides et que,
pour arrêter les aides, le plus simple est d'éliminer les
civils qui les reçoivent – soit en les déplaçant, soit
carrément en les tuant. Humanitaires otages. Mobili-
sation des humanitaires dans une logique de guerre
qui les dépasse. Comme si cette guerre, la plus ancienne du monde, qui a déjà fait deux millions de
morts (davantage que la Bosnie, le Kosovo, le
Rwanda réunis), quatre millions et demi de déplacés
(trois Sud-Soudanais sur quatre), avait choisi d'ins-
trumentaliser jusqu'à notre compassion. Comme si,
au Soudan, même le Bien s'était mis au service du
Mal (47).

« Voulez-vous aller à Gogrial, sur la route de

Wau? me demande le commandant Paul Malong, chef du secteur Nord. – Oui, bien entendu. » Et nous voici, tassés dans une Nissan, quatre hommes armés sur la plate-forme arrière, sur l'un de ces chemins de terre, défoncés, bosselés, qui tiennent donc lieu de route. Paysage de savane. Cultures brûlées des deux côtés. Passer à droite ou à gauche, dans la brousse, quand on redoute qu'un tronçon ne soit miné, ou quand il faut contourner un pont cassé. Croiser des hommes en haillons, ou torse nu, à peine des soldats, endormis à côté d'un canon de DCA. En croiser d'autres, si visiblement affamés qu'ils ont du mal à tenir debout mais qui, reconnaissant le commandant, ou sa Nissan, ou peut-être pas, ne reconnaissant rien ni personne, mais flairant l'autorité, donc la ration, se mettent au garde-à-vous. Le trajet est long. Le commandant Malong, pour passer le temps, raconte la prise de la ville : « c'était une vraie grande ville... il a fallu, pour la réduire, dix jours de combats acharnés... le soutien d'artillerie venait d'Alek... un bataillon d'infanterie a coupé la route à des renforts arabes venus du nord... un autre, à l'ouest, avait pour mission d'empêcher la garnison de fuir et de ne pas faire de prisonniers ». Il raconte aussi que Gogrial fut, avant cela, la capitale de Kerubino Kuanyin Bol, « chérubin » si mal nommé, l'un des pires seigneurs de la guerre soudanais, trahissant Garang pour Khartoum, puis Khartoum pour Garang – « même les morts frémissent encore des tortures qu'il leur a infligées ». Au bout d'un moment, enfin, désespérant d'arriver et voyant que nous sommes toujours dans un no man's land de pierres et de ruines vagues, je perds patience et demande : « c'est encore loin, Gogrial » – et il me répond : « vous y êtes ».

J'ai déjà vu des villes fantômes. J'ai vu Kuito, en Angola. Kuneitra, sur le Golan. Vukovar, bien sûr, en Croatie. Mais ça... Cette désolation... Ce désert... Ces petits tas de boue qui furent des maisons... Ces briques dont on a fait des bunkers... Ces feux... Ces tentes... Ces carrés de sorgho, ces lits de camp, là où il y avait les rues... Ces nids à serpents... Ces ordures... Ces odeurs de pourriture, de merde, de charogne mêlées... Ces chiens bizarres, trop gros, qui n'ont plus peur des humains... Cet espace immense... Cette place... Oui, on voit bien, que c'était une place... On voit, d'après les squelettes de bâtiments, en bordure, que ce fut une grande place, abritant des édifices officiels... Or il n'y a plus, sur cette place, qu'un vide immense, où tournoient les chiens et les soldats méfiants... C'était une place vivante, animée, pleine de la bonne vie des villes normales et elle ressemble maintenant au cirque dévasté d'une cité antique, témoin d'une civilisation disparue (48) – sauf que l'on ne sait plus qui est, au juste, le fantôme, de ceux qui ne sont plus là et dont Gogrial est devenue la fosse commune ou de ceux qui rôdent à leur place et ont l'air à peine plus vivants. « Où sont les habitants ? – Morts, ou partis, me répond Marial Cino, le commandant local, à qui son ordonnance vient de porter un message urgent, griffonné sur une feuille de cahier d'écolier et signalant un mouvement de troupes ennemies de l'autre côté de la rivière... » Et puis, il corrige : « sauf eux... » Et il montre un groupe d'enfants aux jambes maigres, aux yeux trop grands

125

pour leurs petits visages, habillés en guenilles militaires et en train de faire des culbutes par-dessus l'affût du T-55 qui commande l'accès à la place.

Retour vers Lokichokio où l'on doit me dire si, oui ou non, j'ai une chance de voir John Garang – et où la rencontre aura lieu. Même avion. Même pilote. Le pilote, peut-être parce qu'il ne connaît pas la zone, prend très à l'est, au lieu de piquer tout de suite vers le sud. A nos pieds, à travers le hublot, le grand désert de la savane soudanaise. Et là, d'abord très espacés, puis plus proches, des points de lumière qui semblent des feux de brousse. Pourquoi ces feux? Est-ce que l'on peut voir de plus près? Le pilote descend. Assez bas. Nous découvrons alors, stupéfaits, que ce n'est pas la brousse qui brûle, mais des huttes. Nous découvrons aussi, invisible à la hauteur où nous étions, mais très distincte maintenant, une colonne de pauvres gens, quelques dizaines, peut-être plus, poussant un peu de bétail, fourbus. Et puis, quelques minutes plus tard, l'avion ayant repris de l'altitude, mais à peine, cet autre spectacle : des hangars ; des camions ; des semi-remorques kaki qui ressemblent à des véhicules militaires ; un terre-plein, sans doute une piste d'hélicoptères ; une route, neuve ; une autre qui pourrait être une piste d'avions bétonnée ; et un espace immense, étrangement quadrillé, qui fait penser à un damier, ou à un sage quadrillage, ou à des casiers d'huîtres ou de riz – un champ pétrolifère en prospection.

Nous sommes tombés en réalité sur le complexe pétrolier, en principe interdit de survol, de la Greater Nile Petroleum Operating Company, le consortium qui regroupe la firme canadienne Talisman Energy, des intérêts chinois et malais ainsi que la compagnie nationale Sudapet. Et nous avons eu, surtout, confirmation de ce que les ONG, Amnesty International, le gouvernement canadien lui-même, soupçonnent depuis des années mais que nient farouchement les compagnies pétrolières et l'Etat. A savoir que le gouvernement « nettoie » systématiquement le terrain, dans un périmètre de 30, 50, parfois 100 kilomètres, autour des puits de pétrole ; que la moindre concession pétrolière signifie des villages harcelés, bombardés, rasés, et des colonnes de pauvres gens chassés de chez eux ; bref, que là où le pétrole jaillit, là où l'or noir est censé apporter bonheur et prospérité, c'est le désert qui croît. Le hasard fait que j'ai dans la poche des déclarations, parues dans la presse kenyane, de Carl Bildt, ancien émissaire de l'ONU dans les Balkans, l'homme qui, le jour du massacre de Srebrenica, parlait encore de paix, à Belgrade, avec Milosevic – il est devenu, ce « diplomate », administrateur de la société pétrolière suédoise Lundin Oil qui opère, elle, plus au sud, près d'Adok et j'ai donc avec moi ses vertueuses protestations : « nous faisons des routes, au Soudan ! des écoles et des routes ! comment ne voyez-vous pas que nous civilisons ce pays ! » Eh bien oui, des routes. Je les ai vues, ces routes. J'ai sans doute vu, aussi, l'une des pistes d'atterrissage où, selon de nombreux témoignages, les bombardiers de la base militaire voisine d'El Obeid viennent faire leur plein de fioul. Et ce spectacle est accablant.

Guerre oubliée ou cachée ? Ignorée ou soigneusement occultée ? Et, dans cette occultation, dans cette guerre de l'ombre et des intérêts clandestins, l'Occident des pétroliers ne porte-t-il pas, pour le coup, une responsabilité écrasante ? Responsabilité pour responsabilité, une suggestion (49). Le Sud-Soudan n'est plus qu'un gigantesque sous-sol, où sont mêlés son pétrole et ses morts. Que l'on pèse sur ce sous-sol, que l'on agisse avec ce pétrole-ci comme on l'a fait avec celui de Saddam Hussein, que l'on se montre aussi déterminé quand il menace des processions de gueux, sans visage et sans nom, fuyant dans la savane incendiée, que lorsqu'il met en péril la paix du monde ou notre prospérité – et peut-être l'autre pompe, la pompe à misère et cadavres, verra-t-elle ralentir, elle aussi, sa terrible cadence.

John Garang est en retard. Cela fait deux heures que je suis là, à Boma, près de la frontière éthiopienne, dans l'enceinte d'un camp de terre et de chaume, très semblable au camp norvégien de l'autre jour. Chaleur. Rafales de vent. Nuages de sable et de poussière. Agitation des soldats, à l'intérieur. Groupe d'enfants, dehors, derrière l'enceinte, qui attendent eux aussi « le chef ». Une table de bois, sous l'arbre, que l'on est venu recouvrir d'un drap de laine à carreaux rouges. Des chaises. Un command car, enfin. Est-ce lui ? Non. Toujours pas. Ce sont des officiers venus en éclaireurs, uniformes vert olive, qui ont tous le même scorpion rouge cousu sur la poitrine. Pourquoi un scorpion ? « C'est l'emblème du bataillon. » Mais encore ? « C'est un bon animal, le scorpion. Même les serpents reculent devant les scorpions ». On entend le chant des grillons. Les coqs. Philip Obang, l'« Ancien » du village, en est à me raconter, pour tuer le temps, les animaux sauvages qu'il faut préserver, les vergers de manguiers, bananiers, citronniers, goyaves, et ce colon anglais du début du siècle qui a enterré sa cave sur la colline voisine et tout le monde, depuis, la cherche. Et puis alléluia, le voici, précédé d'une nuée de nouveaux soldats, plus petit que je ne l'imaginais, plus épais : j'attendais (peut-être le nom, John Garang, qui me plaisait et qui évoquait je ne sais quelle élégance anglaise, déliée) une sorte de guérillero dandy ; au lieu de quoi ce personnage massif, imposant — même uniforme vert olive, très amidonné, que ses officiers.

« Avez-vous fait bon voyage ? »

Je lui raconte que le pilote n'a appris qu'une fois en vol, par radio, notre destination réelle. Je lui dis aussi que nous avons eu du mal, bien plus qu'à Alek, à trouver la petite piste, noyée dans la savane.

« Oui. Ils exagèrent un peu. Ils prennent trop de précautions. Mais que voulez-vous ? Vous êtes dans un pays occupé. Et nos pistes sont systématiquement bombardées... »

Vu de près, lorsqu'il s'anime, le visage est plus intéressant. La barbe blanche, sur une figure encore jeune. La lèvre dédaigneuse. Les dents petites et serrées. L'œil cruel, avec un voile qui, parfois, lui blanchit la pupille.

« Tenez. Commençons par manger un peu. »

On vient d'apporter un énorme plat de méchoui dont il se sert avec appétit.

« Ce qui m'a surpris, dis-je, c'est aussi que, contrairement à ce que j'ai vu hier, autour des champs pétroliers de Majak, il n'y a pas, ici, de villages détruits...

— Ah! Vous êtes allé à Majak... »

L'œil s'est durci. Je sens bien qu'en évoquant Majak, et le pétrole, j'ai touché un point sensible.

« Le Président El Béchir a fait une faute grave. On ne peut pas dire au peuple : "le pétrole c'est la manne tombée du ciel, tous les Soudanais vont devenir riches" et, au bout du compte, ne rien donner. D'autant... »

Il parle un bel anglais, châtié. Mais avec une manière étrange d'attaquer les phrases — comme s'il avait à contenir, chaque fois, une rage sourde. Un soldat lui sert régulièrement à boire. De l'eau.

« D'autant que cela pourrait n'avoir qu'un temps. Imaginez que le robinet s'arrête. A la source, hein... Ou à l'arrivée...

— Vous voulez dire que vous seriez prêt à saboter les puits? Le pipe-line?

— Par exemple, oui. Nous n'en avons pas tout à fait les moyens, aujourd'hui. Mais un jour... Qui sait? »

Je pense au canal de Jonglei, arrêté depuis 1983, quand le SPLA prit en otage les ingénieurs français des Grands Travaux de Marseille — et que j'ai également survolé. Je sais, pour avoir vu, près d'Ayod, cette grande tranchée morte, asséchée, que Garang ne plaisante pas. Et il me semble que les pétroliers devraient savoir, eux aussi, que ce type de menace, dans sa bouche, est à prendre très au sérieux. Il continue.

« Vous avez raison, cela dit, de vous intéresser au pétrole. C'est la clef. Savez-vous, à propos, que c'est ici, tout près, que TotalFina a ses réserves... »

Menace voilée ? Ou façon de dire, au contraire, qu'il a un deal avec les Français — peut-être contre les tribus nuers du South Sudan Liberation Movement (SSLM) qui tiennent une partie de la zone et sont en guerre avec ses Dinkas ? Il sourit.

« Parlons plutôt d'aujourd'hui, reprend-il, en se resservant du méchoui. Vous arrivez à un moment intéressant. L'accord avec Hassan El Tourabi, mon ennemi juré...

— Oui, l'ancien islamiste, maître à penser d'El Bechir. Mais en prison depuis qu'il a signé cet accord avec vous. Etes-vous sûr qu'il représente encore quelque chose à Khartoum ?

— Bien entendu ! »

Il a presque rugi. Comme si je l'avais offensé.

« C'est comme la prise de Kassala, insiste-t-il, l'an dernier, près de Port-Soudan. L'événement le plus important de cette guerre, depuis longtemps.

— Parce que cela montrait votre capacité à frapper très au nord, loin de vos bases ?

— Oui. Et parce que cela disait bien que le Soudan, pour nous, est indivisible. Contrairement à ce que racontent vos journaux, nous ne sommes pas des Sudistes, mais des Soudanais. Nous ne sommes pas pour l'indépendance du Sud, mais pour un Soudan libre, unifié et libéré de la tutelle des islamistes. Regardez. »

131

Il sort de sa poche de poitrine, celle où on lui a cousu, au lieu du scorpion, « CDR. Dr. John Garang de Mabior », un papier bien plié où sont imprimés toute une série de cercles et ovales – et, des uns aux autres, des flèches. Le visage s'est adouci. Presque ingénu, tout à coup. Emouvant.

« Ce sont les quatre schémas possibles des relations entre le Nord et le Sud. C'est le schéma n° 2, celui de la Confédération, qui a ma préférence. »

Tous les officiers présents, comme moi, les yeux écarquillés, se penchent sur les graphiques... Le chef guérillero, cet homme qui, depuis presque vingt ans, ne connaît d'autre loi que celle des armées, en train de raconter que sa vie, son destin, son combat, sont réductibles à ces schémas enfantins...

« Et qu'est-ce qui fait, lui dis-je, qu'El Bechir choisira votre solution ?

— Le peuple. »

La réponse est venue très vite, d'une voix changée elle aussi – candide, un peu flûtée. Et suit un long développement sur les ferments de révolte qui, d'après lui, travaillent le peuple de Khartoum : « le régime ne tient qu'à un fil... une intifada gigantesque se prépare... agonie du régime... crépuscule sur l'islamisme politique... » Croit-il, vraiment, ce qu'il dit ? Croit-il, réellement, que le SPLA, son parti, soit au bord de provoquer cette insurrection générale et de gagner ? Comme tout à l'heure, quand il semblait hypnotisé par son accord avec Tourabi, je suis frappé par son air de crédulité : l'effet, peut-être, de cette vie étrange, coupée de tout et de tous, dans le maquis ; vingt ans de clandestinité, la guérilla comme un métier et un destin – et le jugement politique qui, à force, doit perdre ses repères.

« Ne croyez pas que je rêve, dit-il, comme s'il lisait dans mes pensées. Ni que je sois coupé des réalités. Nous avons des agents à Khartoum. Et j'ai des rapports précis. Très précis. »

C'est lui qui, maintenant, semble perdu dans ses pensées. Silencieux. Les yeux fixes et blancs. Son Soudan, vraiment ? Ce grand Soudan unifié et laïc dont la seule idée suffirait à le plonger dans cet état de mélancolie songeuse ?

« Ah ! les enfants », sursaute-t-il...

Les enfants sont entrés dans le camp – petite chorale, venue lui faire fête, bouquets de fleurs à la main.

« C'est normal, dit-il. Ils sont contents. C'est la première fois que je viens ici, depuis cinq ans. »

Puis, sans transition, les enfants toujours là, en train de chanter leurs psaumes – et lui les couvant du regard, très « art d'être grand-père » :

« Non, je ne rêve pas. Je suis un esprit rationnel. Un stratège. Mes livres de chevet c'est Clausewitz. Sun Tzu. Mao. *La Guerre du Péloponnèse*, de Thucydide. De Gaulle, à cause de la Résistance française. »

Et puis, du coq à l'âne, cette confidence.

« Vous savez la vraie différence entre El Bechir et moi ? La Bible. Il devrait la lire, n'est-ce pas. Il devrait lui être aussi fidèle que je le suis puisque nous sommes, moi le chrétien, lui le musulman, également fils de la Bible. Eh bien non. Car s'il lisait Genèse II, 8, ou le premier livre de Josué, il saurait que la civilisation koush existe depuis la nuit des temps et que

133

son Soudan né de l'islam n'a donc tout simplement pas de sens. »

Et voilà le vieux guérillero, tel le Kurtz de *Cœur des ténèbres* qui, à force de « camper seul dans sa forêt », avait furieusement « besoin d'un auditoire » – voilà le chien de guerre et de brousse qui, devant ses officiers et sa sentinelle bouche bée, devant les enfants toujours là et toujours psalmodiant, s'engage dans des récits follement érudits sur – pêle-mêle – le Nil Bleu ; le Nil Blanc ; les quatre rivières du jardin d'Eden ; l'histoire, dans le Livre des Chroniques, II, 14 (il hésite sur le verset...), de Zerah envahissant le royaume de Juda avec une armée d'un million de Soudanais ; le royaume de Méroé ; les premiers royaumes africains, en 2500 avant notre ère ; les Pharaons noirs de la XXV⁰ dynastie ; le christianisme nubien du IV⁰ siècle ; les royaumes Darfour et Fung ; le royaume chrétien de Soba ; toutes histoires, légendes, généalogies fabuleuses et grandioses censées plaider pour ce Soudan aux identités mêlées qui semble son idée fixe.

Je pense, en l'écoutant, à tous ces hommes « à idée fixe » que j'ai croisés dans ma vie. Je pense à Massoud (50). A Izetbegovic et sa Bosnie. A Otelo de Carvalho, à Lisbonne, au moment de la « révolution des œillets ». A Mujibur Rahman, et à son Bengale libre (52). Je pense à ces grands déraisonnables dont la vie semble aimantée par une chimère lointaine. Garang n'est certes pas de leur espèce. Il est aussi cet être rude, cruel, que j'ai senti à la première minute. Et je connais les crimes qui lui sont imputés – les enfants-soldats ; la famine comme arme ; la ville de Nyal, dans le Western Upper Nile, en zone nuer, rasée par le SPLA; j'en passe. Mais en même temps... Je ne peux m'empêcher, en même temps, d'admirer cet entêtement, cette fidélité à une étoile fixe. Bête de guerre, sans doute. Tacticien sans états d'âme ni scrupules, peut-être. Mais aussi ce résistant, dont la longue obstination force le respect.

Des Nubas, je ne savais pour ainsi dire rien avant d'atterrir à Kawdah. Les photos de Leni Riefenstahl, bien sûr. La réputation flatteuse – douteuse? – de compter, avec les Dogons, au nombre des spécimens humains les plus réussis. Quelques évocations litté-raires. Un goût têtu de l'insoumission dont les An-glo-Egyptiens eurent à souffrir au XIXᵉ siècle. Que leur nom même, Nuba, viendrait, à en croire un vieux *National Geographic Magazine*, de l'égyptien *noub*, qui signifie « or » – peuple d'or? or des peuples? Et puis le fait, bien sûr, que les monts Nubas d'aujourd'hui sont plus inaccessibles que jamais puisque, à leur isolement traditionnel, s'ajoute la guerre totale, donc le blocus total, décrétés par Khartoum il y a dix-huit ans.

C'est donc avec la seule autorisation de John Ga-rang que je m'y suis rendu.

Son état-major avait prévenu, par radio, Abdel Aziz Adam al-Halu, commandant de la cinquième division du SPLA et chef militaire, à ce titre, de la résistance des monts Nubas.

J'avais, de mon côté, à Lokichokio, repris un petit

135

avion (53) : quatre heures environ, jusqu'aux collines vert émeraude – la légende veut qu'il y en ait quatre-vingt-dix-neuf – posées, comme de gros mamelons, sur la savane.

Et là, dans ce paysage lunaire et embrouillé, dont il n'existe pas de carte précise, j'ai eu la grande chance d'être accompagné par le médecin franco-polonais Zygmunt Ostrowski, ami de longue date des Nubas, patron de l'association humanitaire ADE, qui venait, quelques semaines plus tôt, d'effectuer le même voyage et qui se rappelait l'emplacement de la piste.

Les pilotes, quand ils atterrissent à Kawdah, savent qu'ils n'ont pas plus de vingt minutes pour décharger, éventuellement recharger et, surtout, remettre dans les réservoirs les deux bidons de 200 litres de fuel apportés depuis Lokichokio – après quoi les Antonov soudanais basés à El Obeid, et alertés en temps réel de la mission, décollent et viennent bombarder la piste.

Les habitants eux-mêmes, les centaines d'enfants et de soldats venus, comme à Alek, mais au son, cette fois, d'une ronde nuba traditionnelle, nous accueillir, nous faire fête et, aussi, récupérer les provisions de sucre et d'huile offertes par l'ADE, savent que c'est là, dans la plaine, et, pire encore, près d'une piste, qu'ils sont les plus vulnérables.

Aussi le principe est-il de ne jamais s'attarder et, après s'être entendu avec le pilote pour qu'il revienne vous chercher, de s'en aller très vite vers un autre village, plus haut, dans la montagne : deux heures de marche, paysage de hautes herbes et d'acacias, cahutes de glaise, brousse brûlée, cratères d'obus profonds de plusieurs mètres — et, chemin faisant, des impressions, des témoignages, qui ne font que confirmer les appréhensions les plus alarmistes.

Le blocus. L'encerclement quasi total dont m'avait parlé Ostrowski et que dénoncent les rares ONG qui, comme la sienne, continuent de maintenir un lien symbolique avec les monts Nubas. Je peux témoigner que, là où je suis passé, on ne trouve pas un médecin à moins de huit heures de marche. Pas un médicament. Pas un moulin, pas une pompe — la guerre a tout détruit. Je peux témoigner qu'on y trouve de moins en moins de vrais outils — sinon ceux que l'on bricole dans la ferraille fondue des débris d'obus. Et puis ces champs entiers, dans les plaines, que les paysans brûlent eux-mêmes de peur que l'armée ne puisse, en les investissant, venir à couvert jusqu'aux villages. On survit, chez les Nubas, en mangeant des écorces et des racines. On y rencontre des hameaux où, en saison sèche, on en est réduit à creuser le sable, à mains nues, pour trouver de l'eau (55).

Les bombes. L'avion d'une ONG italienne a été bombardé, le 16 avril, quelques jours après notre passage. Le matin même de notre arrivée, à Kawdah, un char venait de bombarder, à tir tendu, la petite école du village. Et l'on entendait, tout au long de la journée, encore que de manière intermittente, le bruit du canon qui tirait sur la colline voisine. Témoignage d'un habitant, l'instituteur, qui maintiendra, dit-il, son école — sous un arbre, en plein vent, mais il la maintiendra : « vingt bombes, certains jours ; ils volent très bas ; ils savent que nous n'avons, pour riposter, que de mauvais canons de récupération ; alors ils volent bas, d'un vol bien tranquille, bien régulier, on dirait des rondes de mouches et ils lâchent jusqu'à vingt bombes par jour, et les enfants ont si peur ! »

La déportation, enfin (57). Le déplacement forcé de dizaines de milliers de Nubas vers des prétendus « camps de la paix » installés au pied des montagnes, autour, notamment, de Kadugli, ou même tout près, à Aggam, dans la partie de la province déjà conquise par l'armée. C'est Abdel Aziz, cette fois, qui parle. C'est lui, le chef des Nubas, qui, assis, comme Garang, sous son arbre, son bâton de marche posé à côté de lui, raconte le calvaire de ces gens qui, las d'être canonnés, las de manger des sauterelles et des racines bouillies, las aussi de voir leurs enfants mourir de maladies nouvelles ou, au contraire, oubliées et que l'on ne sait plus guérir, finissent par descendre dans les plaines et se réfugier dans ces camps qui ne sont, en réalité, que des centres de tri pour les marchands d'esclaves. Il y avait un million de Nubas. Il en resterait trois cent mille. Que sont devenus les autres ? Morts ? Disparus ? Ou proie des négriers du Kordofan qui les ont vendus aux familles arabes de Khartoum ?

Alors la question c'est, bien entendu : pourquoi ? Oui : pourquoi de si grands malheurs sur la tête d'un si petit peuple ? Abdel Aziz réfléchit, bons yeux intelligents et doux, allure si peu militaire malgré la vareuse et le revolver à la ceinture. « Le pétrole. Peut-être sommes-nous sur la route du pétrole. » Puis, se ravisant : « et, en même temps, non ; est-ce qu'on extermine un peuple, est-ce qu'on l'étouffe

138

ainsi, doucement, sans témoins, parce qu'il se trouve
sur la route du pétrole ? » Et voici alors la voix des
Nubas libres, celui qui, dans quelques jours, à la mort
de Yussif Kuwa Makki, va devenir aussi leur chef
politique, qui, sous son arbre toujours, ses officiers
autour de lui, sur un ton où, comme chez Garang
encore, alternent la précision du stratège et le lyrisme
biblique, essaie d'autres hypothèses mieux ajustées à
ce qu'il appelle « l'âme de son peuple ».

Le goût de la liberté des Nubas, commence-t-il.
Leur tradition d'insoumission et de révolte. Nous
sommes un petit peuple, certes. Mais un peuple à la
nuque raide. N'est-ce pas nous qui, finalement, nous
sommes soulevés les premiers et avons donné
l'exemple ? Est-ce qu'on peut, quand on est El
Bechir, tolérer pareille insolence ? Est-ce qu'on peut,
quand on veut imposer la charia à tout le pays, accepter que cohabitent, ici, toutes les confessions − ani-
mistes, chrétiens mais, aussi, des musulmans qui ne
veulent pas de cet islam de rage et de vengeance ? Et
puis le « cas » nuba... Ce cas unique au monde... Savez-vous que la langue que l'on parle dans ce village
est différente de celle que l'on parle dans le village
voisin ? Savez-vous qu'il y a cinquante langues chez
les Nubas, cinquante vraies langues, issues de dix
groupes différents et qu'il n'est pas rare de voir quelques centaines d'hommes et de femmes maintenir
vivante une langue que l'on cessera de parler quelques centaines de mètres plus loin ? C'est étrange,
certes. Mais c'est l'étrangeté nuba. C'est la très
grande singularité de mon peuple. Encore qu'il y ait
plus singulier encore − et plus insupportable pour les

fanatiques de la guerre sainte et de la pureté perdue : loin que cette multiplicité de langues provoque, dans notre société, la dispersion tribale, l'émiettement des intelligences et des corps, elle a l'effet inverse et produit une communauté paradoxale, une appartenance forte et fière, une conscience nuba...

Aziz, en même temps qu'il parlait, a commencé de feuilleter, comme s'il lui était familier, l'exemplaire du livre de Riefenstahl que nous lui avons apporté. Par quel miracle, cette familiarité ? Par quel mystère de transmission ? Et se peut-il qu'il y ait ici, dans ce pays coupé de tout, des hommes qui n'ont pas bu d'eau potable depuis des mois, pas vu un médecin depuis des années, pas lu un livre ni tenu un journal depuis bien plus longtemps encore, se peut-il qu'il y ait des hommes, un homme en tout cas, qui sachent néanmoins, d'un obscur mais indiscutable savoir, que, là-bas, très loin, dans un coin perdu du monde qui s'appelle l'Allemagne ou l'Europe, vit une grande artiste à laquelle ils doivent un peu de leur immortalité ?

« Regardez ce qu'ils ont fait de nous, murmure Aziz, en feuilletant le livre. Regardez. » Ce sont les photos qu'il montre, bien sûr. Ce sont les Nubas de légende, bien cadrés, de la cinéaste. Et ce sont les autres qu'il veut que je regarde, les vrais Nubas, les siens, avec leurs visages émaciés, leurs haillons, qui lui semblent sans doute, à cet instant, l'ombre de ces ombres. Mais ses officiers ayant eu le même réflexe que moi et étant, comme chez Garang, dans la scène des graphiques, venus très près de nous, donc très près des photos, pour pouvoir, eux aussi, les admirer, les enfants s'approchant aussi et se glissant, très excités, entre les commandants, l'instituteur faisant de même, et de même encore le paysan qui était monté sur l'aile de l'avion pour aider le pilote à recharger son fuel et qui glousse de surprise et de joie à la vue de ces frères aînés, nus et scarifiés, je regarde très exactement ce qu'Aziz souhaitait que je regarde : ensemble, presque surimprimées, les ombres et les ombres des ombres. Mais j'y vois l'inverse, il me semble, de ce qu'il m'invitait à voir. Non pas la dégénérescence des icônes. Mais, miracle de l'art ou de la vie, je ne sais, une fidélité têtue à ce que les clichés avaient de plus beau et dont ils n'avaient déjà fait, j'en suis sûr, qu'enregistrer la vibration : une force venue du fond des âges ; un courage indomptable qui, aujourd'hui comme hier, émane de ces visages cendrés ; misérables, abandonnés, fretin pour toutes les chancelleries, grands oubliés de cette guerre oubliée, des hommes dont la grandeur tragique nous oblige d'autant plus que leur disparition ne déréglerait en rien l'économie du monde.

RÉFLEXIONS SUR LA GUERRE, LE MAL ET LA FIN DE L'HISTOIRE

Après Le Monde, *question de forme*

Donc, ces récits. Ces impressions de voyage, ces notations, qui me paraissent déjà si lointaines et que, peut-être pour cela, parce que je les sens qui s'effacent, parce qu'elles étaient si vives et qu'elles me semblent tout à coup si froides, presque étrangères, j'ai voulu fixer dans un livre. Pour le texte qui les suit, pour cette longue «postface» écrite, pour l'essentiel, après coup, j'avais le choix. Un mode d'emploi (il était une fois... comment je suis parti... comment j'ai écrit certains de ces textes... comment, pourquoi, un écrivain se lance dans pareille aventure... logique de l'engagement... principes du journalisme d'idées...). Des thèses (voici ce que ces reportages m'ont appris... voici ce dont, grâce à eux, j'ai le sentiment de m'être dépris... voici, à la façon de Walter Benjamin, des thèses sur les concepts d'Histoire, Fin de l'Histoire, retour de l'Histoire... voici ce qu'ils me permettent de dire de la guerre et de la paix...). Des pensées, des images mises à distance, quelques-uns des souvenirs qui m'obsèdent, qui font que je ne suis pas tout à fait le même après et avant *Les Damnés* et que j'aurais, de la sorte, tenté de « mettre en forme » (la « réflexion » prise au mot... la connotation « sartrienne » jouée jusqu'au bout...). Un journal (chronique du reportage... chronique de l'après-reportage... envers de l'histoire... coulisse...). Je n'ai, en fait, pas pu trancher (s'est assez vite imposée une forme décousue, discontinue, sans autre principe, au fond, qu'une pure « règle du jeu » : un texte d'après le texte, issu du premier, proliférant à partir de son noyau ou dans ses marges, et dont les chapitres ressembleront à de longues notes, appelées comme telles dans le récit et soumises à sa seule logique – notes, oui, ou gloses, ou paperoles, ou marginalia, ou commentaires, ou palimpsestes, ou ellipses, je ne sais, mais j'aime cette idée d'un épilogue suivant pas à pas le texte qu'il prolonge ; j'aime, pour parodier le programme célèbre, cette image d'un album épars mais non privé d'architecture ; j'aime la liberté réglée que cette convention permet ; « un livre ne commence ni ne finit, tout au plus fait-il semblant »...).

2

Noms de pays

(« Huambo... Huambo... il n'avait que
ce nom à la bouche, Huambo... »)

Waterloo... Le Chemin des Dames... Dresde...
Valmy... Stalingrad... Le propre des lieux-dits de la
géographie guerrière c'est qu'ils ont une réputation
qui les précède et qu'à la façon du « Parme » ou du
« Balbec » dont le Narrateur de la *Recherche* raconte
qu'ils avaient fini, dans son imagination d'enfant, par
être « plus réels » que les « lieux de la terre » qu'ils
désignaient, leurs noms l'emportent sur la chose, ils
finissent par s'y substituer et l'on est toujours un peu
déçu, quand on y arrive, par la modestie des lieux
réels dont on avait, finalement, trop rêvé. Ici c'est le
contraire. Les noms ne disent rien. Ils ne portent, ne
rappellent, ne suggèrent absolument rien. Ils sont,
pour rester dans le registre proustien, comme cet
« obscur Roussainville », ou cet « assommant Mésé-
glise », dont il faut, à la fin du livre, tout le talent de
narration de Gilberte, pour concevoir qu'ils soient
l'autre nom de cette fameuse « cote 307 » dont les
communiqués d'état-major parlaient pendant l'année
1917 et qu'ils puissent, à ce titre, être entrés « dans la
gloire » au même titre qu'« Austerlitz ou Valmy ».

147

Ainsi de « Huambo ». Sauf pour ceux qui croisèrent Dominique de Roux entre 1974 et 1976 et l'entendirent se gargariser, et du mot, et des images d'enfer auxquelles il était, pour lui, associé, le nom de Huambo ne dit rien, n'évoque rien et n'annonce en rien, en tout cas, l'horreur de ce qui s'y est produit — ce n'est que lorsque l'on y arrive, lorsque l'on sort du nom et que l'on entre dans le lieu, que l'épouvante vous saisit. Les guerres oubliées ? Des guerres sans noms, innommées. Les Damnés de la guerre ? Là où les noms, même s'ils existent, ne disent rien des choses. Le premier but, alors ? La tâche du voyageur ? Dire ces noms de lieux. Les entendre, les faire parler. Créer, non des poncifs, mais, littéralement, des lieux communs. Faire que l'on dise « Huambo » et qu'aussitôt se lève, absente à tous les mémoriaux, l'image de l'abomination.

3

Esthétique de la guerre

Il y a une tradition littéraire, en France, pour dire la « beauté » de la guerre. C'est le « Dieu que la guerre est jolie » d'Apollinaire. C'est Cocteau et la « féerie » d'une guerre vue comme un ballet, un théâtre. C'est Proust encore et les considérations éblouies qu'il met, au cœur du *Temps retrouvé*, dans la bouche de Saint-Loup, de Charlus, mais aussi du Narrateur lui-

même retrouvant, dans les ciels de Paris, la nuit,
pendant les raids, une qualité de beauté qu'il avait
oubliée depuis les jours de tempête de son enfance à
Balbec : l'appel déchirant des sirènes ; les aéroplanes
montant, comme des fusées, rejoindre les étoiles ;
cette pâle poussière d'astres, ces fragiles voies lactées
que suivent des projecteurs semblables à des jets
d'eau lumineux ; la ville dans le ciel ; le ciel comme
une verrière ; les aviateurs ; Wagner ; Pompéi ; le
bouge de Jupien au risque d'être enseveli sous quelque Vésuve allemand ; l'apocalypse au Ritz et chez
Ciro's ; et, jusque dans le spectacle des mondains
jetés, lors d'une alerte, en chemise, dans la rue, la
réminiscence d'un tableau du Greco...

Cette tradition, autant le dire tout de suite, n'est
pas vraiment la mienne. Ou, plus exactement, elle a
pu l'être. J'ai pu être sensible – mon départ pour le
Bangla-Desh, il y a trente ans... puis, le temps, fin des
années 1970, de mes premiers reportages... – à cette
esthétisation de la guerre vue comme une aventure
ou un spectacle. Si tel est le cas, j'en suis guéri. Si le
voyage à Huambo, Kuito, les lieux-dits de la planète
morte des guerres oubliées, ces capitales maudites du
calvaire contemporain, n'avait eu qu'une fonction
dans ma vie, ce serait d'avoir fini de me rendre méfiant à l'endroit de ce romantisme de la guerre et de
ses effets. Quelle « beauté » dans un paysage urbain
détruit ? Fascinante, vraiment, cette ville que l'on
dirait rentrée sous terre, enfoncée, sous le poids d'un
invisible pilon ? Où est la féerie dans ce groupe de
femmes en haillons, grelottant de fièvre malgré la
chaleur ? Et ces odeurs de fièvre et de merde à

l'hôpital de Kuito ? Et la morgue, avec ses cadavres aux traits crispés, terriblement tourmentés, si différents des cadavres apaisés de la morgue de Sarajevo ? Et Sarajevo, d'ailleurs ? A Sarajevo déjà, sur les hauteurs, cette caserne serbe de Lukavica où, avec Hertzog, Douste-Blazy et Deniau, nous fûmes bloqués la première nuit de notre premier voyage ? les Bosniaques, en contrebas, bombardaient... les militaires serbes, ainsi que les casques bleus, étaient descendus s'abriter dans les caves... et comme nous n'étions ni serbes ni onusiens, on nous avait plantés là, enfermés dans notre voiture, au milieu de l'allée centrale, avec le tonnerre continu des obus au-dessus de nos têtes, les tirs de mitrailleuses, les sirènes, les projecteurs qui semblaient actionnés par un machiniste virtuose, des gerbes de fusées éclairantes qui explosaient haut dans le ciel et se croisaient... nuit proustienne, s'il en est ! images et nuit apollinariennes ! et pourtant, soyons franc, la plus grande peur de ma vie !

J'en suis là. J'en suis à cette peur et cette horreur. Et, en fait de littérature, je me sens plus ému aujourd'hui par une autre tradition, moins chic, moins poétique, mais plus proche, il me semble, de ce qu'est la réalité des guerres : *Le Feu* de Barbusse ; Vercel et son *Conan* ; les chapitres guerriers des *Thibault* ; Céline, bien sûr ; le dernier Malraux ; celui qui, dans *Les Noyers de l'Altenburg*, renverse la mythologie « virile » des amoureux de la guerre en se moquant de ces « intellectuels » qui « sont comme les femmes » car « les soldats les font rêver » ; le grand Malraux qui, contre les esthètes de la guerre, contre ceux qui aiment la guerre sans la faire, ose l'autre théorème, qui fut, quelques années plus tôt, le théorème vécu des antifascistes combattants et qui recommande, au contraire, de faire la guerre sans l'aimer ; *La Route des Flandres* de Simon ; *Les Nus et les Morts* de Mailer ; l'exaspération de Gide quand, en août 14, il voit surgir, déguisé en soldat, très agité, mimant avec talent les terribles tueries de Mulhouse, un Cocteau à qui le « coup de fouet des événements » avait donné étrangement « bonne mine »[1] ; tous ceux qui, face au troupeau des mutilés et piétinés qui forment les armées, ont compris, en un mot, que la guerre n'est pas belle mais hideuse et que l'esthétisation de la guerre est toujours très périlleuse.

4

Philosophie de la ville en ruine

(« ... dont les plus beaux édifices sont réduits, comme l'hôtel Kuito, l'Evêché, ou l'immeuble de la Gabiconta, à leur squelette de béton... »)

Face à Kuito détruite, face à la catastrophe qu'est une ville réduite à presque néant, deux points de vue à nouveau, deux théories de la ruine, entre lesquelles

---

1. André Gide, *Journal (1889-1939)*, Gallimard, Pléiade, 1951, p. 473.

l'histoire de la philosophie, donc l'histoire politique, oscille depuis deux siècles.

Hegel, bien entendu – le Hegel de la *Philosophie du droit*, celui qui explique qu'il y a un « élément moral de la guerre » et que, loin d'être le « mal absolu » que l'on croit, celle-ci a pour fonction de maintenir « la santé morale des peuples » : l'Histoire est un champ de ruines, dit-il ; dans ce terrible champ de ruines, « résonnent » les « lamentations sans nom des individus » ; mais si le premier réflexe de l'individu en larmes est de se laisser aller à cette « douleur profonde, inconsolable », si sa pente naturelle est celle d'un chagrin « que rien ne sait apaiser », la tâche de l'historien, du philosophe, de l'homme raisonnable, du dialecticien, est de dépasser ce « premier bilan négatif », de « s'élever » au-dessus de ces réflexions « sentimentales » et « pathétiques » et, alors, il apparaîtra que ce spectacle de misère n'était qu'une ruse, une illusion, le moyen mis au service du « véritable résultat de l'Histoire universelle », c'est-à-dire de la « réalisation » d'un « Esprit du monde » qui passe sur les corps et les emporte – « patience ! patience ! toute cette désolation, cette souffrance, finiront bien, un jour, par s'éclairer ! [1] »

Et puis l'autre théorie, celle de ces autres penseurs que, dans mon *Siècle de Sartre*, parce qu'ils refusaient l'idée que Hegel fût un Messie profane annonçant la Fin de l'Histoire, je m'étais amusé à baptiser les

---

1. Hegel, *La Raison dans l'Histoire. Introduction à la philosophie de l'histoire*, 10/18, 1968, p. 103. Cité, comme les textes de Walter Benjamin, par Michael Löwy, *Walter Benjamin, Avertissement d'incendie*, PUF, 2001, pp. 75-76.

« Juifs-de-Hegel » et dont le prototype était le premier Sartre justement, ou Kierkegaard, ou encore le Walter Benjamin des *Thèses sur le concept d'Histoire* de 1940 (sa dernière œuvre, la plus brûlante, écrite à la veille du suicide). La question posée par les « Juifs-de-Hegel » et, en particulier, par Benjamin est celle-ci : et si la ruine était « l'état même des choses modernes » ? et si la modernité était cet état particulier du monde où « toute production » est destinée à être « immédiatement en ruine » ? et s'il fallait revenir, face aux scènes de ruine de la vie moderne, à une « attitude semblable à celle du XVIIᵉ siècle devant l'Antiquité » qui n'était jamais vue que comme accumulation définitive de ruines ? et si la ruine, autrement dit, était le premier, mais aussi le dernier mot du monde où nous entrons : la ruine comme telle ; une ruine qui ne promet ni ne cache rien ; une ruine froide, sans recours, où le soleil ne brille que comme un astre mort (Benjamin dit, reprenant un mot de Nietzsche : un astre qui, soudain, brillerait « sans atmosphère »...) ? une ruine sans théodicée ? sans lendemain ? une ruine, désastre absolu ?

Je transpose à Kuito. Ruine et ruine. Métaphysique contre métaphysique. L'optimisme indécent de ceux qui, à ces hommes et femmes qui survivent dans des entonnoirs de terre, à cette vie infime que la guerre a daigné épargner et qui continue de saigner à s'en vider les veines, trouveront toujours le moyen de dire : « cessez de vous plaindre ; séchez vos larmes ; il vous suffirait de changer de point de vue, de vous dresser au-dessus de vos toits de tôle et de papier bitumé, il vous suffirait de vous projeter en pen-

sée jusque dans les temps futurs, et vous compren-
driez que tout cela, cette ruine, cette désolation
qu'est devenue votre ville, ce paysage de fin du
monde, ces morts autour de vous, ces vivants presque aussi morts que les morts, cette vie d'animaux
traqués ou d'insectes aux abois, ce malheur, est un
stade obligé de l'Histoire, une étape fâcheuse mais
provisoire de la mondialisation – presque un décor ».
Et, en face, le pessimisme, d'apparence désespéré,
mais, en réalité, bien plus mobilisateur, de ceux qui,
s'en tenant à la ruine et la tenant pour ce qu'elle est,
refusant de voir dans les ruines plus que des ruines et
dans cette vie putride, cet univers de débandade et de
curées, le souffle d'on ne sait quelle nouvelle genèse,
ont au moins le mérite de ne pas ajouter l'injure à la
détresse, la négation du malheur au malheur lui-
même – ces pessimistes, oui, qui épargnent aux
damnés l'ultime outrage de s'entendre dire que c'est
la très grande souffrance qui permet les très belles
rédemptions et que c'est quand on le broie que
l'homme dégage son odeur : pur scandale de ces ruines ; leur insurmontable horreur ; le fait qu'il n'y a
nulle part, jamais, de point de vue qui permette de
voir dans ce cloaque l'Annonciation d'on ne sait quel
ordre du monde, marché mondial, etc., entamant
secrètement sa métamorphose et sa course.

Benjamin contre Hegel. La colère sèche, l'indignation, contre les consolations de la dialectique. On a
toujours raison de partir des ruines, et de s'y tenir.

5

La nostalgie de la guerre?

(« C'est trop tard, me dit le patron de
l'hôtel, vieux Portugais blanchi, à la voix
rauque de cancéreux et à la barbiche de
mousquetaire... »)

Cette idée que la guerre n'est plus ce qu'elle était...
Ce bon temps de la « vraie guerre », auquel la modernité aurait mis fin... Deux façons, là encore, de
l'entendre. Deux « lamentos » distincts, et dont je me
rends compte que je n'ai peut-être rien fait d'autre,
ici mais aussi ailleurs, de guerre en guerre, depuis
trente ans, que de tenter de les dissocier.

Le lamento esthétisant. Et, donc, celui de la complaisance. Il était une fois des guerres d'hommes.
Des écoles de courage et de vertu virile. Il était une
fois des vraies bonnes guerres héroïques, basées sur
le contact physique, dont la technique a sonné le glas,
et c'est tellement dommage...

C'est ce que dit Montherlant, dans *La Relève du
matin* et, surtout, *Le Songe*, cet hymne au « saint ordre mâle » des vraies vertus martiales – c'est-ce que
dit Alban de Bricoule, son héros, dans l'épisode fa-

155

meux [1] où, ivre de volupté, il recueille dans un ultime « embrassement charnel » le jeune et bel Allemand qu'il vient de tuer, face à face, corps à corps, dans une tranchée abandonnée.

C'est ce que ne cesse de dire Jünger depuis *Orages d'acier* jusqu'à ses entretiens tardifs avec Frédéric de Towarnicki [2] : « notre temps est celui des batailles de matériel » ; nous sommes à l'ère, hélas, de « la technique » et la guerre, hypertechnicisée, est devenue une « opération abstraite » ; oh ! l'indignité de ces batailles où, comme aux Eparges, je me suis battu des mois « sans voir un seul de mes adversaires » ! ah, le merveilleux « frisson » qui traverse le guerrier, sa « joie sauvage et délirante », quand, « de sa cachette », il voit « l'ennemi » paraître à « distance rapprochée », à « découvert [3] » ! gare à cet instant, alors ! gare à la « tentation de jeter ses armes et de bondir sur lui comme sur un mortel mirage qui s'est trop longtemps soustrait aux sens » ! c'est l'« instant du danger suprême » ! c'est un moment d'extase pure « où l'on oublie le couvert et où l'on se fait tuer comme en pleine ivresse [4] » !

C'est l'obsession de Drieu, dans *La Comédie de Charleroi*, puis dans *Socialisme fasciste* : honte à la guerre mauvaise, qui a « vaincu les hommes » ; honte à la « guerre moderne », cette guerre « de fer et non de

---

1. Henry de Montherland, *Le Songe*, Grasset, 1942, pp. 111-112.

2. Frédéric de Towarnicki, *Ernt Jünger, récits d'un passeur du siècle*, Editions du Rocher, 2000, p. 78.

3. Ernst Jünger, *Orages d'acier*, Plon, 1960, p. 36.

4. *Feuer und Blut, Werke*, Klett, tome 1, p. 481.

muscles, de science et non d'art », d'« industrie », de
« commerce », de « bureaux », de « journaux », cette
guerre « de généraux et non de chefs, de ministres,
de chefs syndicalistes, d'empereurs, de socialistes, de
démocrates, de royalistes, d'industriels, de banquiers,
de vieillards, de femmes, de garçonnets » ; honte à
cette guerre « de fer et de gaz », faite « par tout le
monde, sauf par ceux qui la faisaient » ; honte à la
guerre « de civilisation avancée » ; honte à sa
« ferraille savante et perverse » ; honte à ces guerres
nouvelles où se battre c'est être « couché, vautré,
aplati » alors que la guerre, autrefois, « c'étaient des
hommes debout » ; honte à cette époque maudite qui,
en remplaçant les hommes par des machines, a tout
sali, tout souillé, tout déshonoré, jusqu'à la sainteté
de la guerre ; et vive les guerres d'antan, les guerres
selon « Joinville ou Monluc » – vive les belles
grandes guerres homosexuelles où, comme chez
Montherlant, il s'agit moins de se battre que de
s'« enlacer » et de s'« étreindre » [1].

Et c'est un thème que l'on retrouve enfin, jusque
aujourd'hui, dans ce qui reste de littérature guerrière ;
c'est le cœur de ce qui s'est dit, notamment, au moment de ces deux guerres « savantes », et ultra-
« technicisées », que furent les guerres du Koweït
puis du Kosovo : guerres de loin, se lamentaient les
stratèges en chambre... guerres sans contact, renché-
rissaient les saddamites et milosevistes... guerres où,
pour la première fois, des guerriers font l'économie

---

1. Pierre Drieu La Rochelle, *La Comédie de Charleroi*, Gallimard, 1934, pp. 61 et 190.

du thumos, du courage, de l'empoignade virile, des vertus guerrières traditionnelles... honte, oui, à ces guerres sans risque où la sophistication de la machinerie permettait, comme en Irak, de faire mille fois moins de morts chez soi que chez l'adversaire ou, comme au Kosovo, de lâcher ses bombes d'assez haut pour se mettre hors d'atteinte des systèmes de défense ennemis et ne prendre donc aucun risque... et gloire, chez les mêmes, c'est-à-dire chez les nostalgiques du corps à corps et de ses vraies étreintes, à la riposte de ceux qui, dès la tombée du soir, à Belgrade, organisaient leurs concerts de rock en plein air : « frappez ! frappez ! nous nous sommes mis une cible sur le cœur ! nous attendons ! » chantaient ces Braves et on les applaudissait sans voir que c'était un formidable hommage qu'ils rendaient à la retenue des aviations alliées...

Je ne sais pas ce qui « vaut » mieux, dans l'absolu, des guerres de loin ou de près. Je ne tranche pas la question de ce qui est « moralement » préférable, des guerres où l'on se touche, et de celles où l'on s'évite. Sortant de guerres où l'on tue à l'arme blanche autant qu'au canon, ayant eu l'occasion d'observer les dégâts faits par des combats qui ne cessent d'osciller entre l'extrême distance et l'extrême proximité, je ne suis même pas capable de dire lesquels sont les plus meurtriers (à tout prendre, s'il fallait absolument choisir, il me semble qu'une bonne devise provisoire serait le : « je ne hais pas mon ennemi, je n'aime pas qui je défends » de Keats – plutôt la distance autrement dit, la réduction des enthousiasmes et des passions ; mais qui sait ?). C'est d'histoire des idées que

je parle ici. C'est à la circulation des images, au recyclage des fantasmes et des imaginaires, que je m'intéresse pour le moment. Et la seule chose que je dis
c'est que l'essentiel du camp « pacifiste », au moment
du Koweït et du Kosovo, s'était mis à l'heure de
Drieu, de Montherlant et de leur grand carrousel
homosexuel et phallique.

Et puis il y a l'autre façon.

Il y a l'autre nostalgie, qui est celle du vieux mousquetaire angolais de Porto Amboim, et qui dit le regret, non de la virilité, mais du sens.

Il y a le souvenir de ce temps où les guerres, si hi-
deuses, haïssables, meurtrières fussent-elles, avaient,
tout de même, des enjeux.

C'est le : « il était une fois la guerre révolutionnaire, avec son cortège de héros, de martyrs » ; ou
le : « il était une fois les guerres politiques, simplement politiques, du type de cette première guerre
d'Angola » ; ou encore : « il était une fois les justes
guerres antifascistes ; il était une fois les guerres de
résistance qui, par la guerre, résistaient au pire-que-
la-guerre ».

Ce sont, littérature pour littérature, ces autres écrivains qui, au milieu des années 30, puis dans les
sombres temps de l'insubordination antinazie,
parvinrent à penser ensemble, calmement, la laideur
absolue de la guerre et l'obligation, néanmoins, de la
faire : il y a le Aragon de 1942 ; le Bataille et le Breton
de *Contre-Attaque* ; les interventionnistes en Espagne ;
Orwell et son *Hommage à la Catalogne* ; Malraux
encore ; il y a toute cette autre pensée de la guerre,

159

non pas virile, exaltante, source de grandeur ou d'accomplissement de soi, mais tout simplement nécessaire car l'alternative à cette guerre ce ne serait pas la paix mais l'enfer...

Qu'il y ait, dans cette seconde pensée de la guerre, d'autres distinguos à opérer, que ce ne soit pas la même chose de prôner la guerre contre le nazisme et la guerre contre l'impérialisme, qu'il faille tenir en haute suspicion un concept – « guerre politique » – qui contraindrait à penser ensemble, dans la même catégorie, le geste du démocrate n'aspirant qu'à vaincre un totalitarisme (nazi, stalinien, islamiste-fondamentaliste...) et celui du nihiliste vouant la terre sèche de la vieille Europe à l'incendie purificateur de la guerre révolutionnaire (le jeune Aragon, tous les gauchismes...), j'en suis le premier convaincu. Et il est clair aussi que le partage n'est, de toute façon, jamais si tranché et qu'il y aurait toute une analyse à faire des relations secrètes, des points de contact inavoués, des passerelles, entre les deux types de nostalgie et, donc, les deux « familles » : le cas Hemingway, à cheval sur les deux tentations ; le cas de *Farewell to Arms*, le maître livre du genre, dont on oublie que la première édition française fut préfacée par Drieu, spécialiste de l'époque des affaires militaires à la NRF, et dont nul n'a jamais très bien su dire si c'est aux « armes » ou aux *arms*, aux « bras », à la possibilité de l'« embrassement » et de l'« étreinte », à la guerre, donc, au sens de Montherlant, qu'il adresse son adieu (de même, le héros de *Au-delà du fleuve et sous les arbres*, le vieil officier mélancolique, amoureux de sa « contessa », qui, comme par hasard, s'appelle

« Cantwell », celui qui « ne peut plus bien »...) ; ou bien encore le cas de Malraux, l'évolution d'André Malraux lui-même, pour ne pas dire son ambivalence – il y a un Malraux, celui du fragment des *Noyers* déjà cité, mais aussi celui qui, dans *L'Espoir*, fait dire à Scali qu'il faut distinguer les « combattants » (qu'il aime) des « guerriers » (dont il se méfie), à Shade que la guerre est une horreur et qu'il convient de la haïr comme il hait son propre visage défiguré, à Garcia que, s'« il y a des guerres justes », par exemple la guerre antifranquiste, il n'y a jamais eu « d'armée juste », incarnation du Beau, du Vrai et du Bien, bref, il y a un Malraux qui ne cesse de montrer la face abjecte de cette guerre qu'il n'est légitime de faire qu'à la condition de s'assurer qu'on la hait bien de toute son âme ; mais il y en a un autre, celui des *Conquérants*, de *La Voie royale*, et aussi de certaines autres pages des *Noyers*, parfois les mêmes, qui croit, comme Montherlant, comme Drieu, comme Jünger, que la guerre est le lieu par excellence de l'accomplissement d'un destin d'homme.

Mais enfin, ces réserves faites, je ne vois rien d'absurde ni de condamnable dans cette seconde version de la nostalgie. Je ne crains aucunement de dire qu'il m'est arrivé, comme l'hôtelier de Porto Amboim, d'avoir la nostalgie de cette nostalgie. Peut-être pas en Angola. Ni, davantage, au Burundi, en Colombie, au Sud-Soudan, au Sri Lanka. Mais il y a huit ans, en Bosnie, où c'est bien ce défaut de nostalgie, cette incapacité à regretter, donc à penser, la vieille notion de guerre antifasciste, bref, la forclusion de l'idée même de guerre juste, qui fut responsable de la non-intervention de l'Occident et, donc, de l'éternisation du siège de Sarajevo et de son cortège de civils assassinés. Les choses ont-elles changé avec l'époque des « attentats-suicides » ? Et fallait-il que l'Occident soit frappé au cœur pour qu'il retrouve ses esprits, ainsi que la capacité à défendre ses propres valeurs ? On verra bien. La seule chose que l'on puisse dire, pour l'heure, c'est que la disparition du sens n'est pas une idée, mais un fait ; et que, de ce fait, de ce nihilisme actif et vécu, nous sommes d'ores et déjà en train de payer le prix.

6

De l'insensé

Mais c'est aussi une idée. L'évanouissement du sens est un fait mais c'est, tout de même, une idée. Et cette idée, cette pensée d'une guerre capable, sans les moindres sens ni raison, sans enjeux, de produire des dévastations infinies, il n'est pas sûr non plus qu'elle soit très facile à concevoir. Antihégélienne ? Oui, bien sûr, antihégélienne. Anti tout ce que l'hégélianisme nous a enseigné de l'économie du Mal en ce monde. Mais ce serait trop simple si elle n'était qu'antihégélienne. Elle est aussi *antikantienne* (pour autant que *Idée d'une histoire universelle d'un point de vue cosmopolitique* forme, dès 1784, donc bien avant Hegel, l'hypothèse, sinon d'une « ruse », du moins d'un

« dessein » secret qui agirait dans le dos des hommes, doterait d'une signification rationnelle la « contingence désolante », le cours apparemment « absurde » et « aberrant » de leurs actions et empêcherait leurs « faits et gestes » d'être ce « tissu de folie, de vanité puérile, souvent aussi de méchanceté puérile et de soif de destruction » qu'ils paraissent être au prime abord : « il n'y a pas de science de l'individuel », insiste Kant après Aristote ; pas de science du singulier ; moyennant quoi il en appelle à un « nouveau Kepler » susceptible d'« expliquer les lois universelles de l'évolution historique de l'humanité », autrement dit de donner un sens à ce qui, de prime abord, n'en avait pas [1]). Elle est *antileibnizienne* (pour autant que tout l'effort de *La Monadologie* est de poser : 1. l'impossibilité pour un phénomène, si petit, si local, si singulier et apparemment erratique soit-il, de ne pas trouver sa justification dans l'universelle harmonie ; 2. l'inexistence en ce monde d'un élément, d'un événement, d'un déchirement, qui, pourvu que l'on soumette la partie au tout et que l'on prenne le point de vue de ce tout, ne prouve, non seulement la rationalité de la vie, mais sa suprême bonté ; 3. la courte vue, à l'inverse, de ceux qui, plaidant pour la radicalité du Mal, ou constatant la pure béance des souffrances humaines, sont comme ces naïfs qui, voyant une ville « de différents côtés », croient voir « différents univers » là où il n'y a « que les perspectives

---

1. « Idée d'une histoire universelle d'un point de vue cosmopolitique », in *La Philosophie de l'Histoire*, Aubier, 1947, rééd Gonthier, coll. Médiations, p.27.

d'un seul »[1] et prouvent seulement par là leur incapacité à être pleinement libres, à goûter les plaisirs de
la langue universelle et à adopter son point de vue).
Elle est *antichrétienne* enfin (le coup de force du christianisme ne fut-il pas, déjà, de résoudre cette affaire
de Mal radical ? le cœur de la Révélation christique
n'est-il pas dans l'idée qu'il n'est pas de malheur, de
misère, de souffrance, donc de guerre, qui ne tourne,
si l'on veut bien y prendre garde, ad majorem Dei
gloriam ? n'est-ce pas la fonction même de la Providence de venir dire aux humbles, aux petits, à
l'humanité martyrisée, désolée : « la bonté divine
veille, elle parle aux hommes à travers l'Histoire, il
faut savoir attendre, oui, attendre encore, et espérer » ? l'espérance n'a-t-elle pas été donnée aux
hommes pour qu'ils aient, en un mot, celui de saint
Irénée, la force d'attendre ce moment de « pédagogie
divine » où se dira ce que l'on sait depuis toujours et
qui n'a pas besoin, comme chez Hegel, de se décou-
vrir dans le travail, le labeur, de la dialectique : que
l'on ne souffre jamais en vain car « c'est en fils que
Dieu nous traite » ?) C'est une idée qui va à l'encontre
de l'essentiel de la tradition philosophique, théologique, politique de l'Occident. C'est une perspective
qui prend à revers toute la sédimentation de croyan-
ces, convictions, évidences, réflexes qui, à force,
constituent le « sens commun ». Et c'est pourquoi
elle est à l'extrême limite du pensable – c'est pourquoi nous avons tant de peine à nous figurer cette
idée d'une guerre *pour rien*.

---

1. *La Monadologie*, § 57.

7

Autobiographie : ce que
je vais faire dans cette galère

(« Est-ce pour cela que je suis venu
jusqu'ici ? Pour ce spectacle de mort en
sursis, tout ce chemin ? »)

Militantisme, d'accord. Humanisme de l'autre
homme. Attirer l'attention du monde sur les guerres,
les détresses, dont on ne parle jamais. Toutes ces
raisons, vertueuses, que les intellectuels se donnent
de faire ce qu'ils font et qui, dans mon cas comme
dans celui de mes aînés, ont, bien évidemment, leur
part de vérité. Mais les autres ? Le reste des vraies
raisons ? Celles que l'on préfère garder pour soi et
que, même à soi, on hésite parfois à avouer ?
L'aventure. Il faudrait dire, si je voulais tout dire, le
goût de l'aventure. L'expérimentation de soi. Le
goût, comme disait Foucault, de se changer, de penser autrement qu'on ne pense, de vivre autrement
qu'on ne croyait devoir vivre. L'amour des identités
diverses. Etre celui-ci et celui-là. N'être pas, surtout
pas, celui dont on vous assigne, ici, là, l'identité. Pas
de romantisme, non. Je ne crois pas que ce soit un
retour de romantisme, esthétisme, etc. Mais Mi-

165

chaux : on veut trop être quelqu'un. Ou : on veut
trop être fidèle à soi, son misérable « être soi » –
comment le briser ? comment se trahir ? comment,
périodiquement, et même si l'on sait bien que c'est,
presque toujours, une illusion, tordre le cou à sa majesté le soi. La liberté, donc. Celle-ci : être plusieurs,
tout et rien, multiple et personne – devoir sacré
d'infidélité. Mais cette autre forme aussi, rêve ancien,
que je n'ai trouvée qu'ici, dans ces situations de
guerre, ces reportages, et que le jeu de la vérité, joué
jusqu'au bout, devrait obliger à dire : vivre à ma façon, selon ma cadence, mes règles ; leur morale, la
mienne ; leurs principes, les miens. Des émotions
nouvelles. Des sentiments nouveaux. Un autre régime, soudain, pour le moteur mental c'est-à-dire,
souvent, physiologique. Ces « situations limites »
dont Sartre dit que, arrachant le sujet à lui-même,
elles lui révèlent sa part de contingence. Ces situations que Bataille appelle, lui, « situations paroxystiques » et qui, parce qu'elles « débordent » le sujet,
parce qu'elles le détachent de lui-même et de son
inertie, l'initient à une algèbre neuve des sensations.
D'accord, Bataille dit : situations ludiques, érotiques,
révolutionnaires, mystiques. Mais pourquoi pas
guerrières, tant que l'on y est ? Pourquoi pas la guerre
à la place du jeu, de la mystique, de la révolution ? Et
pourquoi pas un dispositif qui, au lieu, comme chez
lui, Bataille, de relier l'homme à une organicité perdue, le ramènerait à l'extrême de lui-même, à sa
pointe – singularité radicale, déliée de tout conti-
nuum, ab-solue ? C'est cela. Sartre dans Bataille.
L'effet-Sartre dans des situations-Bataille. Le sujet

166

absolu sartrien au lieu de la fusion orgiastique de l'auteur du *Bleu du ciel*. Et des sensations, donc. Des perceptions inédites. Il y a des écrivains qui se servent du roman pour explorer des possibilités inconnues de l'existence. Je fais, moi, des reportages. Peut-être parce que je tiens, comme Sartre encore, le reportage pour le genre littéraire par excellence. Peut-être parce que les romans d'aujourd'hui sont tous, de toute façon, en train de devenir des reportages. Le fait, quoi qu'il en soit, est là. C'est dans le réel, pas dans la fiction, que je vais, depuis longtemps, chercher mes perceptions inédites. Il y a les « grandes » perceptions, bien sûr. Les perceptions majeures. Il y a la traversée de l'enfer. L'expérience du Diable et du Néant. Je me suis toujours dit qu'un écrivain devait, une fois au moins, avoir fait l'expérience, en soi, du diabolique, du néant. Je me suis toujours dit que le fameux « l'Histoire est un cauchemar dont j'essaie de m'éveiller » avait sûrement un sens précis, concret, et qu'il serait bon de savoir lequel. Eh bien voilà. C'est fait. Une saison dans l'envers, l'enfer, de l'Histoire contemporaine. Quelques mois passés à tester *la* grande hypothèse interdite : un monde créé, non par Dieu, mais par le Diable – Dieu réduit, comme dans la Kabbale de Luria, à quelques étincelles de sainteté. Mais il y a aussi des petites, toutes petites, perceptions. Je suis quelqu'un qui, par exemple, ne « voit » pas dans la vie courante. C'est aux proches que je demande de me raconter le temps qu'il a fait dans la journée. C'est eux qui, bien souvent, me disent la couleur d'un paysage qui me plaît ou d'un son qui m'a ému. Là, reportage oblige, je vois. J'entends.

C'est comme si mon corps était en alerte. Mes radars en batterie. C'est comme si toutes mes capacités de perception étaient, soudain, opérationnelles. Des couleurs. Des bruits. L'odeur fade du sang qu'amène le vent dans les caféiers de Tenga. On dit toujours « l'odeur fade du sang ». Mais je ne savais pas qu'une fadeur pût être si forte, si âpre, si violente. Toutes les nuances de la nuit. Toutes les couleurs possibles d'un matin. Il n'y a pas deux matins, ni deux soirs, qui se ressemblent — et c'est, en Afrique, à Sri Lanka, en Bosnie, dans les longues veilles de mes reportages depuis trente ans, que je m'en suis avisé. Des lueurs d'aube en pleine ténèbre. La lune qui surgit entre deux nuages et inonde le campement, sur les hauteurs de Donji Vakuf, où la troupe bosniaque préparait en secret son assaut. Des jours lents à se lever, presque noirs, comme à Maglaj, quelques semaines plus tôt — et là, au contraire, c'est l'aubaine, je me surprends, moi aussi, comme les soldats, à bénir ce supplément d'ombre propice au mouvement. Des murmures inconnus. Des hurlements mystérieux. Je ne croyais pas, là non plus, qu'il y eût tant de façons possibles de hurler, tant de tonalités distinctes du cri — bref ou prolongé ; plaintif ou enragé ; coupé net, telle une gorge tranchée ; allongé, comme un reproche muet ; ululant ; glapissant ; barrissant ; hennissant comme un cri de cheval blessé ; montant vers le ciel ; plongeant vers les abîmes ; hurler pour faire peur ; hurler parce qu'on a peur ; hurler, puis gémir, comme au jugement dernier ; l'alphabet des émotions, la gamme des sentiments, lisibles dans la couleur d'un hurlement. Des moments de grâce, aussi. Le moindre plaisir – pas le plaisir de la guerre, bien sûr! les tout petits plaisirs, plutôt, que la guerre n'a pas volés! les menus plaisirs de vivre gagnés sur et contre la guerre! un rayon de soleil... un coin d'ombre... un souffle d'air dans la canicule... l'odeur de pin fraîchement coupé dans une casemate bosniaque... la pause après une longue marche... une gorgée d'eau tiède... une douche... des vrais draps dans un vrai lit quand je repasse à Luanda... un téléphone qui fonctionne et qui permet d'entendre la voix des siens... – le moindre plaisir, dis-je, qui prend des allures de miracle. Des rires. Des peurs. Des gouffres de tristesse. L'extrême surprise, quand les obus tombent très près et que la peur est à son comble, de n'entendre plus que le bruit du sang qui cogne contre les tempes. Le calme, en revanche, un calme presque céleste, l'apanage des saints, quand le bombardement s'arrête – « paix magnifique et terrible, le vrai goût du passage du temps » (Debord). La tête qui explose à nouveau, les poumons qui brûlent, les gouttes de sueur glacée qui, en plein soleil, brûlent les yeux, quand, les tirs ayant repris, il faut, à Grondj, cavaler dans la tranchée, puis descendre très vite, le long de la ligne de crête, avec les mortiers serbes qui vous suivent à la trace. Fait-il très chaud ou très froid en enfer? Les Evangiles disent : très chaud. Isaïe dit : géhenne de feu. Milton, Blake, le Fénelon du *Voyage de Télémaque*, parlent de fleuves de flammes, de lacs volcaniques, de cloaques bouillants, de chaudières dont les anges soulèvent les couvercles pour voir les contorsions des damnés. Mais Pythagore, d'après Ovide, prétend que le Styx est glacé. Il y a des tas de

169

théologiens du Moyen Age qui, troublés par ce feu qui brûle sans détruire et conserve la chair des victimes comme le sel une saumure, peuplent le royaume des morts de fontaines de larmes glacées, de tourbillons de neige, de déserts de glace, de lacs gelés. Dante lui-même dit froid, très froid – le fond de l'air, en enfer, est redoutablement frais. Et quant à Baudelaire... C'est dans les tranchées bosniaques que je me suis avisé, pour la première fois, que je savais par cœur des poèmes de Baudelaire. Et c'est ici, en Angola, que, douze ans après mes *Derniers Jours de Charles Baudelaire,* me sont revenus quelques-uns de leurs vers « diaboliques ». Autre fonctionnement de la mémoire. Souvenirs enfouis qui remontent. Souvenirs immédiats que l'émotion submerge, efface presque aussitôt. Un son inattendu, un bruit de tambourin dans un quartier sud de Bujumbura, le froissement d'un vieux bidon rouillé sur lequel j'ai marché par mégarde, le bruit gras de mes pieds dans la boue de la tranchée de Bubanza, et c'est toute une brassée de souvenirs, parfaitement incongrus, qui se mettent à vibrer. La peur, également. L'effet de la peur sur la mémoire. J'ai peur, oui, j'ai si intensément peur, à Tenga, Burundi, au moment de la fusillade, puis sur la route du retour, avec le soldat blessé qui agonise près de moi, que, sous l'effet de cette peur, dans la bouffée de vie mauvaise qu'elle m'insuffle, ce sont d'autres fragments de mémoire, sans rapport avec la situation, obscènes, parasites, qui s'engouffrent dans mon esprit : une caresse, un soupir, un coucher de soleil mexicain, la chevelure de A. dans la lumière d'un paysage méditerranéen, un mot d'elle, un geste familier mais dont je comprends, pour la première fois, qu'il lui appartenait en propre, un paysage de neige, une tasse de thé, un coucher de soleil sur la baie de Positano, une chasse au trésor dans l'enfance, un plan de film dont j'ignorais qu'il m'eût marqué à ce degré. L'affolement du temps. La mise en ébullition de ses repères. Parfois ce sont des jours étales, plombés, où il ne se passe rien et où les minutes comptent double – « l'univers hideux », et ses « instants trop lourds ». Parfois, c'est le contraire : un temps qui va très vite ; des minutes divisées par deux ; des idées décousues, incontrôlables, qui s'agitent comme des insectes fous. Les livres, bien sûr. Continuer de lire, mais autrement. Se souvenir à jamais du passage de *La Mort de Virgile* que je lisais, le premier soir, jusqu'à l'extinction des feux, dans la maison d'hôte de Massoud, dans le Panchir. Savoir immédiatement – d'un savoir très étrange, un peu magique, mais sûr – que sont en train de se graver, d'une encre indélébile, les moindres détails de cette édition de *Kaputt* reprise pour la énième fois, à Huambo, dans le petit hôtel de l'ancienne place general Norton-de-Matos, en face du palais du gouvernement, où j'ai trouvé une chambre : le sens, bien sûr ; les mots ; l'attaque du chapitre 3 (« ce matin-là, j'étais allé avec Svartström voir délivrer les chevaux de leur prison de glace ; un soleil verdâtre, dans le pâle ciel bleu, brillait, etc. ») ; mais la typographie même du livre ; la disposition de ses chapitres ; un numéro de téléphone griffonné en haut d'une page et que je me rappellerai toujours ; une tache d'encre rouge, en haut d'une autre, qui a bavé sur les

171

« grandes bandes de Juifs fuyant par les rues ». Réapprendre à se taire. A rire bas, par saccades discrètes. A attendre. A courir. A respirer. A courir encore. Le corps, cloué au sol, qui, dans les situations de péril, prétend commander à l'âme. Elle voudrait bien donner le change, l'âme. Elle ne demanderait qu'à faire face. Mais c'est le corps qui résiste. C'est lui qui se cramponne au seul désir de survivre et qui, parfois, calcule de travers, fait mal la liaison. Ainsi, à Maglaj, où il fallut courir, à découvert, à travers un verger, pour aller d'une tranchée à l'autre : l'âme est résolue à s'élancer ; elle sait qu'il faut aller vite et atteindre sans tarder la deuxième tranchée ; elle n'ignore pas que tout se joue à quelques secondes et qu'il y a peut-être, en face, les yeux d'un artilleur qui commencent à viser ; mais ce sont les genoux qui ne suivent pas, qui vivent de leur vie autonome et qui, croyant bien faire, me bloquent à mi-chemin, dans le verger, à quatre pattes. Car autre sentiment d'exister. Autre expérience de soi. Ni l'âme, à vrai dire. Ni à proprement parler le corps. Mais la bête. Ma bête inapprivoisée mais intime. Cet animal qui se loge en moi, plus inséparable que mon ombre et qui, ce matin-là, prend le dessus. Un autre jeu de la mort et de la vie. Une vie qui, tout à coup, ne m'est plus tout à fait donnée. Une part de moi que je découvre et dont je me dis que je pourrais, sans trop de peine, me défaire. Cette expérience, encore. Ne l'ont, dit-on, que les mourants. Mais il me semble l'avoir approchée, moi, à deux reprises. Une fois à Jessore, au Bangla-Desh, jour de la prise de la ville, quand un soldat pakistanais, ceinturé de grenades, m'a mis au mur.

Une autre fois, vingt ans après, sur les hauteurs de Sarajevo, la première nuit, dans cette fameuse caserne serbe de Lukavica, pilonnée par les Bosniaques, où j'ai également cru que ma dernière heure était arrivée. Cette expérience, donc, de revoir en accéléré, ou d'embrasser d'un unique regard, le film de son existence. Un sentiment de révolte, chaque fois. Un effroi, et une révolte, à l'idée du néant possible. D'ailleurs non. Pas le néant. Ce n'est pas assez, le néant. Je n'aurais ressenti, si cela n'avait été que le néant, ni cet effroi, ni cette révolte. Les vrais secrets qui se dévoilent. Les vérités que l'on se cachait à soi-même et qui, soudain, affleurent. La mort toujours. La mort au cœur de la vie. La mort, non comme la vérité, ou la limite, de la vie mais comme son noyau dur. Le goût de jouer avec cette mort. Le goût de la déjouer. Le goût, disait Perken, le héros de *La Voie royale*, de jouer non pas avec, mais *contre*, sa propre mort et peut-être, ainsi, de la conjurer. Portrait de l'aventurier en joueur. Du joueur en trompe-la-mort. De l'art de tricher avec sa mort, d'entrer dans son jeu, d'en triompher. Je me vois un peu, alors, comme ces gros avions-cargos qui faisaient le pont aérien avec Sarajevo et qui, lorsque les radars leur signalaient qu'ils avaient les DCA serbes braquées sur eux, produisaient un leurre, une image fictive d'eux-mêmes, qu'ils envoyaient flotter plus loin, dans la nuée, histoire de tromper les tireurs et de détourner leur attention. Le syndrome du scaphandrier. Le fameux thème sartrien des semelles de plomb qui vous font descendre de votre empyrée philosophique et vous ramènent dans le nu de la condition humaine et

de la vie. J'ai assez pointé chez les autres cette attirance du plomb, c'est-à-dire de la mauvaise conscience, j'ai assez dit la dimension d'expiation et de
pénitence qu'a presque toujours eu l'engagement des
intellectuels, je me suis suffisamment moqué de cette
façon de ne concevoir l'engagement que comme un
« shoot » de réalité dans une âme qui, à tort ou à raison, s'en croit sevrée (Nizan et la tentation d'Aden,
le « monde réel » d'Aragon, tous ces clercs aux mains
trop blanches venant, au fil des années 30, puis 50, se
mettre à l'école de la vie pour expier leur péché na-
tif...), j'ai trop dit cette nostalgie du concret chez les
autres, dans les âges anciens, pour ne pas la soupçonner chez moi, aujourd'hui, à l'âge (internet, clo-
nage, virtualité déchaînée) où le réel, non content de
se dérober, est en train d'exploser, de s'éclipser. Le
goût du chaos. L'extrême curiosité de l'Occidental
avancé face à ces images de désordre et de désastre.
La Destruction fut ma Béatrice. Non camper, mais
écrire, sur les ruines. Sauver les corps bien sûr. Mais
aussi, comment le nier ? observer comment ça fonctionne un corps souffrant, mourant, aux limites extrêmes de la vie – obscénité du grand reportage,
ignominie du grand voyage, entomologie sauvage,
vivisection passionnée. La nostalgie de l'ascétisme.
J'ai des amis qui vont, dans les guerres, nourrir leur
goût de l'épique, du lyrisme. Moi non. Pas l'épique.
Pas le lyrisme. D'abord parce que j'ai toujours pensé,
à tort ou à raison, sûrement à tort, mais je l'ai pensé,
que j'avais, sans cela, sans reportages, ma dose de
lyrisme intime (vie intérieure, etc.). Ensuite, surtout,
parce que je ne crois décidément pas que la guerre

soit un lieu pour le lyrique et pour l'épique. Mais l'ascétisme, en revanche, oui. Le goût d'une vie dépouillée de ce qui d'habitude la meuble et, peut-être, l'encombre : habitudes, conventions, urbanité, argent, toute cette part de la vie qui fait la vie du nanti – et qui, soudain, vole en éclats – restent un corps fragile, trois chemises, le vieil exemplaire de *Kaputt*, quelques rêves. De tout cela, de cet autre tas de secrets, de cette jouissance étrange que j'éprouve lorsque je fais l'ascète, des ombres qui, à cet instant, me hantent et dont j'ai sans doute envie de me rendre digne, je ne veux pas parler davantage – peut-être parce que je n'y vois, pour l'heure, pas plus clair. Voilà.

8

Pourquoi je ne m'aime pas aimant Drieu
(Note conjointe)

Gare à Drieu. Gare, quand on commence à parler de « jouer avec sa propre mort et peut-être, ainsi, de la conjurer », à la familiarité avec Drieu. Perken ? Oui, d'accord, Perken. Mais aussi, avant Perken, *La Comédie de Charleroi* où il est dit : « à quoi sert de vivre si on ne se sert pas de sa vie pour la choquer contre la mort, comme un briquet » ; puis : « si le mort n'est pas au cœur de la vie comme un dur noyau, la vie, quel fruit mou et bientôt blet ». Et, quand je dis

« avant » Perken, je l'entends à la lettre – antériorité, autorité, influence directe : Drieu répondra bien à Malraux dans *Gilles*; toute la fin de *Gilles*, le voyage final en Espagne, l'avion qui capote sur la plage, le personnage même de Walter, celui de Manuel, ce phalangiste que rejoint Walter, seront bien une riposte à *L'Espoir*; pourquoi *La Voie royale* ne répondrait-elle pas à *La Comédie de Charleroi*? ne savons-nous pas que, entre ces deux-là, l'ascendant s'est exercé dans les deux sens, indifféremment? et comment être certain, quand on croit admirer Malraux, de ne pas se laisser refiler, en douce, telle une mauvaise came, une dose de *Charleroi*?

Dieu sait si je n'aime pas Drieu. Je n'aime pas son fascisme. Je n'aime pas sa littérature. Et, quant au regard qu'il porte sur la guerre, c'est Montherlant en pire : entre mille exemples, dans *La Comédie de Charleroi* toujours, quelques pages avant le « à quoi sert de vivre si on ne se sert pas de sa vie, etc. », l'« illumination » du chef proto-fasciste se « levant d'entre les morts » et d'« entre les larves », découvrant « le bouillonnement de son sang jeune et chaud » et sentant jaillir en lui un homme, un vrai, c'est-à-dire « un homme qui donne et qui prend dans la même éjaculation [1] ». Tout cela, oui, me déplaît. Me dégoûte même un peu. Et je crois, honnêtement, ne ressentir aucune espèce de fascination pour l'auteur de *L'Homme à cheval* et de *Rêveuse Bourgeoisie* – rien de

---

1. Cité in Maurice Rieuneau, *Guerre et révolution dans le roman français, de 1919 à 1939*, Slatkine Reprints, Genève, 2000, p. 542.

comparable, par exemple, avec l'émoi de Debray évoquant, dans *Les Masques*, ce côté « valise vide », cette « haine de soi », ce « goût de l'isolement », ce « remords des communions manquées », cette « curiosité de la mort », cette « impuissance à vivre le bonheur », qui sont la « part nocturne » de Drieu et qui font de celui-ci le plus « fraternel », des « monstres sacrés » de l'entre-deux-guerres [1]. Mais en même temps...

Oui, en même temps, si je suis honnête avec moi-même, si je choisis de tout dire, jusqu'au bout, comment ne me souviendrais-je pas de ces jours d'été, il y a trente ans, quelques mois après que j'eus interprété le rôle de Paul Denis dans l'*Aurélien* de Michel Favart et Françoise Verny? Villa rose sur la côte napolitaine. Cascade de roches descendant à la plage. La mer, à mes pieds, qui eut le temps, en deux jours et une nuit, de passer par tout l'arc de ses couleurs, bleu clair, bleu nuit, rosée, presque noire. Et, chez l'aragonien total que j'étais alors, l'éblouissement à la lecture de ce très étrange brouillon d'*Aurélien* qu'était le *Gilles* de 1939 – réplique à *L'Espoir*, certes, mais aussi, avec la même évidence, brouillon d'*Aurélien*...

Eblouissement, d'ailleurs, n'est pas le mot. On n'est jamais ébloui par Drieu. On est ému. Curieux. Séduit par une grâce triste. Surpris. Souvent accablé. Parfois attendri, ou apitoyé, ou bizarrement mélancolique. Et c'est tout cela, je crois, que je ressentis à la lecture de *Gilles*. Toute cette gamme de sentiments.

---

1. Régis Debray, *Les Masques*, Gallimard, Folio, 1992, p. 166.

Plus — et c'est l'essentiel — cette stupeur face à l'hallucinante parenté avec l'autre livre, le chef-d'œuvre, celui que je tenais, à l'époque, et pas seulement parce que je l'avais interprété, ni parce qu'il m'avait été l'occasion de rencontrer Aragon lui-même, pour l'un des livres de ma vie : deux corps pour une même âme ; deux signatures pour un même roman ; l'esquisse et l'œuvre achevée, *Solal* et *Belle du seigneur*, *Jean Santeuil* et la *Recherche*, portés, non plus par un, mais par deux écrivains distincts ; et, pour le second, pour ce brouillonneur de génie, pour l'inventeur de l'imaginaire à qui l'autre allait donner sa forme aboutie, une sympathie réelle, un peu trouble, dont je suis prêt à parier qu'elle était de même nature que cette autre sympathie, tellement énigmatique et sur laquelle je devais, bien plus tard, dans *Les Aventures de la liberté*, essayer de me pencher, qu'éprouvèrent, souvent jusqu'à la fin, alors qu'il avait achevé de se déshonorer, les Nizan, les Malraux, les d'Astier de La Vigerie, à l'endroit de ce frère ennemi, bientôt maudit, mais qui avait, à leurs yeux, l'inquiétante étrangeté des miroirs.

Bref. Retour de mémoire, je suppose. Cheminement obscur des scènes primitives. Et, à l'arrivée, c'est-à-dire aujourd'hui, cette considération sur mon goût d'« une vie dépouillée de tout ce qui, d'habitude, la meuble », cette page sur le vieil exemplaire de *Kaputt* inlassablement lu, relu et annoté, où je suis bien forcé d'entendre l'écho de cette autre page et, à travers cette page, de tout ce que je ne veux, en principe, plus entendre : « il y a en moi un goût terrible de me priver de tout, de quitter tout ; c'est ça qui me plaît dans la guerre ; je n'ai jamais été si heureux – en étant atrocement malheureux – que ces hivers où je n'avais pour toute fortune au monde qu'un Pascal de cinquante centimes, un couteau, une montre, deux ou trois mouchoirs et que je ne recevais pas de let-tres [1] ».

9
_____

Des guerres athées ?

Il y a eu le temps où l'on se battait pour Dieu (croisades, guerres de religion traditionnelles, grands affrontements d'Idées prophétisés par Hobbes...). Il y a eu le temps, ensuite, des guerres idolâtres, où l'on s'est mis à se battre pour des ersatz de Dieu (guerres de nations, de races, de classes, de mémoires en con-currence et folie – autant de tenant-lieu d'un divin recyclé dans des formes profanes). Voici, en Angola, ou au Burundi, le temps où l'ersatz lui-même semble mort – voici venue cette dernière étape de l'intermi-nable mort de Dieu que Nietzsche, dans un fragment du *Gai Savoir* intitulé, justement, « L'Insensé », appe-lait le moment de la « décomposition » des dieux : crépuscule des idoles, effacement des dernières tra-ces de divin, achèvement du nihilisme, nouvelle humanité « errant comme par un néant infini », nou-

_____

1. Pierre Drieu La Rochelle, *Gilles*, Gallimard, 1942, p. 48.

veau temps historique ou, peut-être, post-historique
où règnent le « froid », la « nuit », le « souffle du vide
sur notre face » et où apparaissent des guerres où
l'on ne croit même plus aux grands signifiants païens
d'autrefois (ce que j'appelle les guerres « insensées »
et qu'un nietzschéen conséquent appellerait les guerres « athées »).

Après cela ? Après cette « dernière » étape ? Peut-
être une dernière dernière. Peut-être une der des
ders, mais une vraie, combinant en une synthèse
nouvelle les traits propres aux trois genres et les do-
tant, du fait même de la combinaison, d'une énergie
inouïe. Les guerres serbes, par exemple : elles étaient
des guerres du premier genre quand tel nervi se
voyait baptisé « fils de Jésus-Christ », au début de la
Bosnie, par des évêques orthodoxes extrémistes ; du
second genre quand on se battait, au Kosovo, pour
une terre, un arpent de mémoire, quelques vieux
monastères, un tas de pierres censées incarner le reli-
quaire de la vraie foi ; du troisième genre, dans la
brutalité irrationnelle, démente, des massacres et de
la purification ethnique. Ou bien les guerres au nom
de l'islam : premier genre quand elles invoquent,
quoique en les dénaturant, les impératifs et la loi du
djihad ; deuxième genre dans leur fascination païenne,
idolâtre, du martyre ; et ce sont, encore, des guerres
du troisième genre, poussant à leurs conséquences
les plus extrêmes les lois du nihilisme, quand elles
prennent la forme de l'attentat-suicide — irrationalité,
pur vertige, goût de la mort pour la mort, chute sans
fin, monde à l'envers, aucun sens à l'horizon.

10

De l'insensé, encore

Les choses, en même temps, sont-elles si simples ?
Suis-je si sûr, par exemple, que les guerres du passé aient eu tellement plus de « sens » que n'en ont les
guerres d'aujourd'hui ? Qu'en disent Barbusse et
Dorgelès ? Qu'en dit Céline ? Le *Voyage* n'est-il pas,
justement, l'un des livres du XXᵉ siècle qui décrit le
mieux la guerre comme un délire, une folie, un chaos
de passions jetées les unes contre les autres, une
« absurdité » (Bardamu : « la guerre c'était tout ce
qu'on ne comprenait pas »...) ? Et Dada ? Et les sur-
réalistes ? Et Vaché ? Cravan ? Breton ? Et le premier
Aragon, hurlant contre une guerre dont la première
caractéristique est qu'elle n'avait, déjà, pas de sens ?
Et quid, même, des guerres héroïques façon Malraux ? qu'en est-il de ces guerres politiques et révolutionnaires dont il est entendu qu'elles sont habitées
par de grandes et nobles valeurs mais qui, si elles
nous étaient contées du point de vue, non de Tchen,
mais du coolie, apparaîtraient comme aussi dénuées
de sens, absurdes, que les guerres d'Angola et du
Burundi ?
Est-il absolument sûr, à l'inverse, que les guerres
d'aujourd'hui aient si peu de sens que je le dis ? Ne
puis-je envisager l'hypothèse qu'elles obéissent, en
secret, à une manière de rationalité, d'ordre ? Ne

dois-je pas, à titre au moins provisoire, pour un instant, *pour voir*, essayer de prendre au sérieux ce que nous disent de leur guerre certains de ces « insensés » ? L'hindouiste fanatique qui voue sa vie à casser du bouddhiste... Le Dinka sud-soudanais arc-bouté à sa guerre contre les Nuers... Le civil tutsi convaincu qu'il résiste à une entreprise génocidaire programmée, de longue date, par les Hutus... Le Hutu qui a le sentiment, inverse, de lutter contre une discrimination et une oppression séculairement voulues par les Tutsis... Est-il totalement certain que ces discours n'aient aucun sens ? N'est-il réellement pas concevable qu'ils touchent, par un point ou un autre, à la vérité de ces guerres ? Et faut-il, sous prétexte qu'il ne nous dit rien, ou qu'il se dit dans une langue qui ne nous est pas familière, nier que ce sens existe ?

Car que veut dire encore : « pas de sens » ? Cela doit-il s'entendre à nos yeux ou à ceux des intéressés ? N'appelons-nous pas « absence de sens » un sens qui n'a juste pas de sens pour nous ? Ces guerres qui n'ont « plus de sens » ne sont-elles pas des guerres dont le sens, soit nous est inintelligible, soit ne nous concerne pas ? Ne suis-je pas en train de qualifier d'insensées des guerres dont le sens a pour seul tort de ne pas s'inscrire dans le grand jeu de l'historico-mondial ? Et si c'était la dernière ruse de l'hégélianisme ? Le dernier piège de l'occidentalo-centrisme ? Et s'il suffisait, pour le coup, de changer de point de vue, de prendre celui du responsable angolais, de Savimbi, du combattant tutsi, du chef d'unité tigre rencontré à Batticaloa, bref, du Tchen ou du sous-Tchen local, pour voir ce désordre de gestes, ce remue-ménage d'ombres et de forces aberrantes, se mettre soudain en place, telles les pièces d'un puzzle?

Qui, d'ailleurs, décide de l'historico-mondial? Qui est juge de ce qui s'y inscrit ou non? Et si les témoins n'en savaient pas plus long, sur la question, que les acteurs? Ni les acteurs que les témoins? Ni les témoins futurs que les témoins contemporains? Et si l'on n'était jamais certain de voir, sur le moment, ce qui importe à l'historico-mondial et ce qui ne lui importe pas? On pourrait citer des guerres qui furent chargées de sens aux yeux de ceux qui les faisaient et qui n'en ont plus aucun dans les annales du monde. On pourrait dire, à l'inverse, que les soldats de Priam ne savaient pas qu'ils écrivaient l'*Iliade*; ni ceux de la guerre du Péloponnèse qu'ils marquaient les frontières de l'empire athénien et du monde grec; ni les Poilus de 1914, plongés dans ces tueries inouïes, si terriblement inutiles, dont la propagande avait tenté de leur faire croire qu'elles faisaient avancer la cause de la France, de l'Europe et du Droit – ils étaient à cent lieues de se douter, ces Poilus, qu'ils étaient les fossoyeurs d'une civilisation en même temps que les accoucheurs du nouveau siècle. Alors, qui sait si, de ces guerres oubliées d'Angola, Sri Lanka, Burundi, on ne viendra pas dire un jour qu'elles conspiraient, elles aussi, à leur insu et au nôtre, pour le pire ou le meilleur, à enterrer un monde et à en faire advenir un autre?

Et puis qu'est-ce qu'un sens qui n'aurait pas de sens historico-mondial? Quand je dis : « un sens qui nous est inintelligible mais ne le serait pas aux yeux des intéressés », ou : « un sens qui n'a pas de sens pour nous, mais en a un pour le Tchen local », qui sont, au juste, les intéressés ? qui est le Tchen local ? aux yeux de qui, précisément, ce sens va-t-il faire sens ? et n'y aurait-il pas lieu, là encore, de distinguer ? Cette guerre d'Angola, par exemple. Je veux bien qu'elle ait, pour les chefs des deux armées rivales, pour les responsables du Mpla comme pour les compagnons de Savimbi, un sens dont l'Occident se fiche et qui éclaire, cependant, leur guerre. Mais le combattant lui-même ? Le guérillero de base ? Les creuseurs ? Les esclaves du diamant ? Ceux que j'appelle les « damnés » et qui sont les seuls dont, après tout, le destin importe ? Ne se fichent-ils pas, eux aussi, de ce sens ? Ne sont-ils pas, au moins autant que moi, convaincus d'avoir affaire à une guerre dont la signification s'est perdue et dont l'issue, quelle qu'elle soit, ne changera rien à leur destin ? Et ne suis-je donc pas fondé, en mon nom mais aussi au leur, à dire que cette guerre est insensée ?

Autre question. Où est le maximum de morts ? Dans les guerres « à sens » ou « sans sens » ? Dans celles où l'on sait pourquoi l'on tue ou dans celles où on ne le sait pas ? Et qui faut-il redouter le plus, du barbare savant ou ignorant, de celui qu'arme une idéologie ou de celui qui ne croit à rien ? Au temps de *La Barbarie à visage humain*, je disais, comme Camus : l'idéologie est un multiplicateur de massacres ; on tue d'autant plus, et en d'autant plus grand nombre, qu'on le fait dans la bonne conscience de hâter, ce faisant, l'avènement du Bien — communisme, fascisme, angélismes exterminateurs de toutes sortes, ivresse logique des assassins. Puis, retour de cette série de voyages, je ne sais plus, j'hésite et, sous le choc de ce que j'ai vu, j'aurais presque tendance à dire : non ; c'est le contraire ; le pire ce sont les massacres aveugles ; le plus redoutable ce sont les exterminations que rien ne déclenche mais que rien, du coup, n'est capable d'arrêter ; gare à ceux pour qui le fait de tuer un homme n'a pas plus de sens ni d'importance que de trancher une tête de chou ! gare au démon, non de l'Absolu, mais du Néant ! Et puis changement de cap, à nouveau, après le choc des bombardements terroristes sur Manhattan : des combattants de l'islam ; un massacre, non plus aveugle, mais éclairé par la terrible lumière d'une foi mortifère ; et, à l'arrivée, victimes de ce qu'il faut bien appeler une idéologie, une croyance, un fanatisme religieux, une vision de l'Histoire et de son sens, des milliers de morts en quelques secondes, un acharnement meurtrier sans précédent depuis longtemps, le record du monde horaire du massacre de civils dans une grande ville, une menace d'apocalypse – comment continuer d'être sûr, après cela, que les guerres les plus dévastatrices sont celles dont les protagonistes n'ont, au fond, rien dans la tête ?

Autre question encore. Faut-il regretter le temps des guerres « à sens » ? souhaiter que les guerres d'aujourd'hui « retrouvent » leur sens perdu ? le monde irait-il mieux, moins bien, indifféremment, si les guerres avaient, comme jadis, ce sens qui les justifiait ? Une part de moi, celle qui a la nostalgie des guerres de résistance et des guerres antifascistes, a tendance à dire : oui, bien sûr ; rien n'est plus navrant que la guerre aveugle et insensée ; la civilisation c'est quand les hommes, tant qu'à faire, savent à peu près pourquoi ils se combattent ; d'autant que, dans une guerre qui a du sens, quand les gens savent à peu près quel est leur but de guerre et quel est celui de leur adversaire, le temps de la raison, de la négociation, de la transaction finit toujours par succéder à celui de la violence ; et d'autant (autre argument) que les guerres sensées sont aussi celles qui, par principe, sont les plus accessibles à la médiation, à l'intervention – ce sont les seules sur lesquelles des tiers, des arbitres, des observateurs engagés, peuvent espérer avoir quelque prise... Une autre part hésite. L'autre part de moi, celle qui soupçonne les guerres à sens d'être les plus sanglantes, celle qui tient la « machine à sens » pour une machine de servitude et le fait de donner un sens à ce qui n'en a pas, c'est-à-dire à la souffrance des hommes, pour un des tours les plus sournois par quoi le Diabolique nous tient, celle qui sait, en un mot, qu'on n'envoie jamais mieux les pauvres gens au casse-pipe qu'en leur racontant qu'ils participent d'une grande aventure ou travaillent à se sauver, cette part-là, donc, répond : « non ; le pire c'était le sens » ; le pire c'est, comme disait Blanchot, « que le désastre prenne sens au lieu de prendre corps[1] » ; le pire, le plus terrible, c'est d'habiller de sens le pur insensé de la guerre ; pas question de regretter, non, le « temps maudit du sens ».

---

1. *L'Ecriture du désastre*, 1980, Gallimard, p. 71.

11

De l'insensé, toujours
(Note conjointe)

Il faut encore préciser.

Et sans doute faut-il, surtout, distinguer entre les situations.

J'en vois cinq, en fait – cinq cas de figure distincts, autant que de guerres « insensées », autant que de voyages : et peut-être cette taxinomie non dite ne fut-elle pas indifférente, non plus, au choix des lieux de reportages.

Il y a les guerres qui ont eu un sens, un vrai grand sens politique, et dont tout indique qu'elles l'ont perdu, que tout le monde a oublié pourquoi, au juste, on s'y combat – il y a les guerres qui, en fait, ont loyalement tenu leur rôle dans le grand spectacle de la guerre froide et qui, la guerre froide s'étant achevée, les grands acteurs planétaires ayant plié bagage et abandonné le terrain, ont vu leur charge politique s'éteindre comme une chandelle soufflée : c'est la guerre d'Angola, telle que la pleure le vieux mousquetaire de Porto Amboim.

Il y a les guerres qui ont eu un sens, un vrai grand sens politique, et qui, à la façon de la guerre d'Angola, et pour les mêmes raisons, paraissent l'avoir perdu. Mais, dans leur cas, c'est une ruse. Une manœuvre. C'est un tour de passe-passe dialectique

187

destiné à dissimuler le nouveau sens qui a surgi sur les décombres du sens ancien et que ce non-sens apparent, opérant comme un leurre, a l'heureuse vertu de voiler. C'est le cas du Sud-Soudan, déserté, c'est vrai, par les protagonistes du vieil affrontement Est-Ouest – mais c'est pour mieux laisser la place à l'autre guerre, secrète, occultée, mais ô combien chargée de sens, et même d'intérêts, qu'est la guerre pour l'appropriation des ressources pétrolières.

Il y a les guerres qui affichent un sens au contraire, qui en font même des tonnes dans l'étalage du sens et de ses enjeux, et où les deux camps rivalisent d'ardeur pour bien faire ronfler les mots de la grande cause censée les opposer. Sauf que ce sens n'en est plus un. Ces mots n'ont plus de sens. C'est juste un moyen commode de cacher l'énorme trou que fait le non-sens dans le monde et dans la guerre. C'est devenu un truc pour faire oublier que cette guerre n'a plus d'autre finalité que la lutte pour le pouvoir, l'appropriation des biens et des richesses, le triomphe d'une mafia, le trafic. C'est le cas de la guerre de Colombie. C'est le cas de cette guerre d'apparence ultra-politique, où des « marxistes » feignent de s'opposer à des « antimarxistes », des « révolutionnaires » à des « contre-révolutionnaires », des héritiers du « Che » à des « paramilitaires » de droite. Mais tout cela est une blague. Un leurre magistral et sanglant. C'est l'autre ruse du Diable. Son autre façon de montrer patte blanche et de laisser croire qu'il n'existe pas. Non plus, comme au Soudan : « voyez comme tout cela n'a pas de sens, fixez votre regard sur le spectacle du chaos, c'est la meilleure façon de ne pas voir la réalité nouvelle des implacables trafics pétroliers ». Mais, mensonge très exactement symétrique : « voyez cette débauche de sens, admirez cette farandole de discours où il n'est question que de faire la guerre pour changer le monde, ou pour combattre ceux qui veulent le changer, ou pour défendre de nobles idées » – et la vérité c'est que rien de tout cela n'a plus de sens, que tous ces sens ont perdu leur sens, qu'on vit, à Bogota, à l'heure du « zéro sens », ou du « degré zéro du sens » et que l'apparence du sens n'est plus là que pour faire un écran de fumée bien-pensant face à la sordide réalité des affrontements de mafias.

Il y a les guerres, quatrièmement, qui ont eu un sens ; qui, contrairement à la guerre d'Angola, l'ont toujours ; qui, contrairement à celle du Soudan, ne font rien pour cacher ce sens, en faire un sens secret, un archi-sens ; il y a des guerres dont le sens avoué est vraiment un sens et non, comme en Colombie, une illusion de sens, un sens qui a perdu son sens, une chimère ; sauf que ce vrai sens est un sens pour les uns mais ne l'est pas pour les autres ; c'est un sens qui ne touche en rien, notamment, à ce qui fait sens en Occident ; et c'est en ce sens, par abus de sens en quelque sorte, parce que le sens qui les anime est un sens seulement local et que leur dénouement, s'il advient, n'aura pas plus d'effet sur les affaires du monde que n'en avait leur perpétuation, que ces guerres-là, ce quatrième type de guerre, sont des guerres insensées. C'est le cas de Sri Lanka. C'est cet affrontement entre bouddhistes et hindouistes dont je disais, à l'instant, qu'il n'apparaît dénué de sens

189

qu'aux yeux de l'Occidental judéo-chrétien pour qui l'altérité s'arrête à la frontière de l'Islam.

Et puis il devrait y avoir, en principe, un dernier cas. Il devrait, pour que le tableau soit complet, y avoir des guerres qui n'aient vraiment, pour le coup, aucune espèce de sens — ni local ni mondial, ni aux yeux de ceux-ci ni aux yeux de ceux-là, ni prises depuis le point de vue de Tchen ni depuis celui du coolie : des guerres dont personne, vraiment, ne sait pourquoi elles durent ; des guerres ayant définitivement donné congé à toute espèce de sens, qu'il soit secret, crypté, avoué, mensonger ; des guerres où c'est l'idée même de sens, presque son souvenir, dont le sens même a fini par se perdre et qui méritent donc, elles, de plein droit le qualificatif de guerres insensées. C'est le cas de la guerre du Burundi. La plus insensée des guerres insensées. La plus oubliée des guerres oubliées. Les damnés entre les damnés.

12

Les mots de la guerre

(« ... des armées de soldats perdus dont le véritable objectif est moins de gagner que de survivre et de tuer... »)

Marre, chaque fois qu'il est question de guerre, d'entendre parler de courage, d'héroïsme, de dépassement de soi à travers l'action militaire, de fraternité des combattants, de force d'âme, d'honneur. Marre de ce lexique de boy-scouts, sans rapport avec la réalité de ces guerres où l'on s'affronte par populations interposées et où ce sont les civils, c'est-à-dire les femmes, les enfants, les hommes malades et désarmés, qui paient le prix des combats. Mon lexique, alors. Mes mots. Le style et l'allure de ces guerres, les passions qu'elles mettent en œuvre, les vrais ressorts qu'elles mobilisent, vus, vécus, dits, à travers cet autre abécédaire.

Attente. On imagine toujours les combattants à l'assaut, au combat ou, au moins, en opérations. Et c'est toujours, du reste, la première chose que demande un reporter de guerre quand, parvenant aux abords d'un théâtre militaire, il arrive au contact d'un gradé : qu'on l'emmène « en opérations ». Mais la première loi de la guerre c'est l'attente. L'état normal, presque naturel, des combattants c'est l'inaction. Le plus clair de leur temps, ils le passent ensevelis dans des tranchées, recroquevillés dans des abris de terre ou des casemates, entassés, abrutis, engourdis par l'immobilité ou le froid, à l'affût d'ordres de mouvement qui ne viennent pas. Loi du moindre effort. Règle tacite, non écrite, mais également respectée par les deux camps, de l'évitement maximal. Se chercher, oui. S'épier. Contourner presque indéfiniment la position de l'adversaire tout en renforçant encore et encore la sienne. Telle est l'allure de la plupart des guerres que j'ai vues. Telles sont les occupations les plus constantes des combattants. Je n'ai jamais compris comment les guerres pouvaient faire tant de morts quand les chocs frontaux y sont finalement si rares. Je n'ai jamais plus admiré un récit de guerre qu'*Hommage à la Catalogne* de George Orwell parce qu'il raconte, justement, cette loi de l'attente et de la patience qui est la loi n° 1 des combattants. Quelle différence avec un Hemingway et sa mythologie de l'engagement frontal, de la charge, du baroud! Comme je le préfère, cet Orwell, au Hemingway si sottement fasciné, par exemple, par le côté «fonceur» de Patton (l'imaginaire militaire de l'auteur de *L'Adieu aux armes* se structurait autour de ces deux grandes figures antagoniques qu'étaient le bouillant Patton d'un côté et le sage, le prudent, l'économe Montgomery, de l'autre, qui attendait, lui, d'être à dix contre un avant de donner le signe de l'attaque – «un Monty, un», soufflait l'auteur de *L'Adieu aux armes*, dans ses mauvais jours, à son serveur préféré du Ritz ou du Harry's Bar et cela voulait dire : «un whisky fortement coupé d'eau ou de soda; dix contre un; insipide»...).

Soumission. Comment les romans de guerre osent-ils parler de dépassement de soi? d'accomplissement? de «prodigieuse atmosphère d'amitié et de jeunesse» (Montherlant, à propos de *La Guerre à vingt ans* de Philippe Barrès)? de communion fraternelle? d'allégresse? comment osent-ils nous dire – Drieu encore, et même Malraux, et Tolstoï dans *Guerre et Paix* – qu'il y a de la «noblesse» dans la guerre? que l'homme y retrouve sa vraie nature? que l'on s'y éduque à la sainteté, à l'épopée («nous exigeons le souffle grandiose du poème épique», s'exclame un personnage grotesque de Céline...)? comment ont-ils le front de célébrer, dans les situations de guerre, des occasions d'émancipation et de liberté? La guerre, c'est la discipline. La sujétion maximale. L'esclavage. C'est l'une des situations où l'homme est le plus soumis à l'homme et a le moins d'issues pour y échapper. Il est empoigné. Réquisitionné. Ballotté par des ordres mécaniques. Objet d'un sadisme sans réplique. Exposé à l'humiliation ou au feu. Numéroté. Broyé. Astreint à la corvée. Pris dans des mouvements collectifs très lents, très obscurs, parfaitement indéchiffrables, qui, au plus naturellement rebelle, ne laissent d'autre choix que de se plier. La guerre c'est la circonstance, par excellence, où joue ce pouvoir de laisser vivre et de faire mourir qui est, selon les bons philosophes, le propre du pouvoir absolu. L'homme de guerre c'est le dernier des hommes, c'est-à-dire l'esclave absolu.

Peur. L'univers de la guerre, ce n'est pas l'audace, la vaillance, le courage, etc., mais la peur. La panique silencieuse et veule. L'animal humain qui se cabre. La chair rebelle, qui se raidit. Les épaules courbées. La tête basse. Le mauvais alcool qu'il faut avaler pour oser, au Burundi, mais aussi en Bosnie, monter au feu. Le combattant voudrait tant qu'on l'oublie. Il aimerait tant pouvoir se fondre dans la boue d'un chemin creux ou de la tranchée. Il n'a qu'une idée : sauver sa peau, resquiller, différer le plus possible le moment de passer à l'attaque, fuir peut-être, déserter comme les régiments du Lunda Norte. Il n'a qu'un rêve : la blessure, la bonne et vraie blessure, l'accident de providence qui le laissera borgne, ou estropié à vie, mais qui, comme les automutilations

193

que s'infligeaient les Vendéens de 1792 réfractaires à la conscription « républicaine », aura, au moins, le mérite de le faire sortir de cet enfer. Il n'a, quand le fuit cette chance d'être blessé, qu'une activité sérieuse : compter les heures, les jours, puis ne même plus les compter, le temps passe si lentement, l'important c'est que l'ordre ne vienne pas, l'essentiel c'est ce temps lourd, visqueux, passé à ne surtout pas livrer bataille, ne pas avoir à mourir – qu'un autre meure à sa place! n'importe quel autre! n'importe quelle lâcheté, oui, n'importe quelles débrouille ou vilenie plutôt qu'avoir soi-même à se battre et mourir! Soumis, et cabré. Prostré, mais resquilleur. L'égoïsme du survivant, ultime ruse de l'esclave, minuscule liberté qui lui reste.

Suicide. On ne parle jamais des suicides de soldats. Ou bien on en parle, mais à mots couverts, comme d'un secret honteux. Secret militaire, m'avait dit le général Pavalic à Sarajevo. Confidentiel défense, m'a dit un responsable angolais que j'interrogeais sur un cas de suicide collectif, dans le Moxico, que m'avait rapporté le responsable d'une agence humanitaire. Où irait-on si l'on savait qu'il y a, dans l'armée angolaise comme, sans doute, dans toutes les armées du monde, des gens qui préfèrent la certitude de mourir tout de suite au risque de mourir un jour? Ultime liberté. Liberté noire, assurément. Liberté négative, désespérée, etc. Mais voilà. Liberté quand même. Dernière et seule ressource de la liberté. Comme ce personnage de Jünger. Oui, Jünger. Dans un petit roman de jeunesse, *Sturm*, publié en feuilleton dans le *Hannoversher Kurier*, et non retenu dans les *Œuvres complètes.* Il n'en peut plus, ce personnage. Il meurt de ne pas mourir. Et, considérant qu'il a tout perdu, déjà tout, il finit par se suicider dans les chiottes de sa caserne. C'est bien le seul personnage de Jünger qui ait jamais réussi à me bouleverser.

Absurde. L'état naturel du troupeau c'est l'attente, la patience, la stupidité végétative. Mais il lui arrive tout de même de bouger. Il lui arrive de faire la guerre au sens où on l'entend d'habitude. Et ce ne sont alors qu'ordres idiots et mal compris, mouvements désordonnés, piétinements confus, fourmillement colossal ou, au contraire, infime : c'est la nuit où l'on ne reconnaît plus l'ami de l'ennemi, le mort du vivant; ce sont des jours plus sombres que des nuits où les unités montantes avancent à l'aveugle, cherchent les chefs des unités déjà au feu, ne les trouvent pas, se trompent; ce sont des attaques qui n'en sont pas; c'est tirer au petit bonheur, n'importe comment, n'importe où – pour tuer ou faire peur? viser l'ennemi ou se rassurer? oh! ces aveugles terribles, tâtonnant avec leurs fusils! ce bataillon bosniaque, au-dessus de Donji Vakuf, qui, la dernière nuit, ne parvenait pas à savoir s'il devait avancer, se replier, tirer, cesser le feu et qui, dans le doute, a passé une demi-heure à bombarder une unité bosniaque avancée! cette unité érythréenne qui, au moment de passer à l'action, s'était aperçue qu'on avait donné l'ordre aux soldats, la veille, pour avancer plus vite, de se délester de leurs munitions – ils montèrent finalement à l'attaque en tenant leurs fusils par le canon, comme des bâtons! ce sont des parodies d'hommes; des pantins; des vivants que l'on confond avec des morts ; des hommes aux gestes lourds qui se traînent sur les fronts.

Animalité. Le devenir animal de l'humanoïde. La saleté. La poussière. L'eau jusqu'au ventre. La tête dans la boue durcie, quand tombent les obus. Le corps putride et qui moisit. La chiasse du premier feu. Les chiottes, pour tout le monde, à ciel ouvert. La vermine. La parole réduite au grognement. La torpeur, la plupart du temps. Des journées passées à dormir, comme dans les tranchées du sud du Burundi, bouche ouverte, en tas. La faim. L'excitation quand arrive l'heure de la gamelle. Combien de morts aujourd'hui, dans le bataillon ? Très bien. Autant de rations en plus, pour les survivants. Au moins évitera-t-on, ce soir, d'avoir à aller, au-delà des lignes, fouiller dans le sac des morts. Les souffles mêlés de la nuit. Les odeurs. La laideur. « Le ciel voilé, mais très haut, immensément haut, où flottent doucement des nuages gris » au-dessus du Prince André, au moment de perdre connaissance : tu parles ! ciel bas, au contraire ! ciel bas même quand il est haut ! quand le Prince André meurt, le ciel, comme pour tous les morts, lui tombe sur la tête – le reste est de la blague. Ce halo de mystère, cette impression de surnaturel, que dégagent, aux yeux de Proust, ceux qui rentrent du front et ont frôlé la mort : je n'ai jamais senti, moi, aux approches des lignes de front qu'évidence de la laideur, odeurs pestilentielles, troupeaux figés ; j'ai vu des Saint-Loup nègres, les yeux fixes, le souffle devenu longue parole – animaux sauvages, parias ou tétanisés.

Voilà, oui, le vrai visage de la guerre. Voilà ce qu'il

196

faudrait pouvoir opposer à tous ceux qui nourrissent le romantisme de la guerre. « Le pire de tout, disait Geoffrey Firmin, le Consul de Malcolm Lowry, c'est de sentir son âme mourir. » Eh bien la guerre c'est, tous les jours, jour de mort pour les âmes.

13

Souvenirs de Bosnie et autres lieux

(« ... je revois les capitaines portugais d'avril, ces rouges... »)

Et, en même temps, ce n'est pas non plus seulement cela. Et je me rends compte qu'il m'est tout de même arrivé, au moins dans mes années bosniaques, d'être témoin de scènes qui ne vont pas exactement dans ce sens. L'attente, certes. La peur. La réduction générale à cette animalité. La vie de tranchée, semblable à toutes les vies de tranchées, qui suce, jusqu'à la dernière goutte, la dignité des hommes. Mais aussi, lorsque j'y repense, des cas de fraternité inopinée. Des héros. Des voyous de Sarajevo devenus en une nuit, tel le capitaine Conan de Vercel, d'admirables défenseurs de la ville. Celo. Le voyou Celo. J'en parle souvent, de ce Celo-Conan. J'aime bien raconter le jour où je l'ai rencontré, avec sa tête de rocker peroxydé, ses flingues, ses gardes du corps à la mine patibulaire, ses poches bourrées de hasch et de Deutsche Marks de contrebande, errant, telle une âme en peine, dans les ruines de la bibliothèque incendiée où il ramassait, au milieu des cendres, les quelques pages volantes qui n'avaient pas brûlé. Et je suis bien conscient de ce que peut avoir de douteux cette fascination pour le forban vigoureux, mais au grand cœur, qui se révèle dans le feu du combat : cet autre personnage de Jünger, dans *Das Wäldchen 125* [1], dont les « tendances aventureuses » ainsi que le « passé » de contrebandier, de criminel, de bagarreur professionnel, ont fait « un mauvais soldat » mais un si « bon guerrier »; ou aussi, en version mièvre, le *Discours du docteur O'Grady* de Maurois : « les gens de police arrêteront plus d'un bandit que, deux ou trois ans plus tôt, son général eût embrassé ». Mais est-ce ma faute, pourtant, si Celo a eu son moment de grâce? si cette guerre a eu pour vertu, l'espace d'un instant, de hisser des hommes tels que lui au-dessus de leur crapulerie? si elle a réussi à faire d'un bandit l'un de ces résistants spontanés grâce à qui la ville n'est pas tombée, le premier jour, entre les mains des Serbes? Le général Morillon s'enfermant dans Srebrenica. Le général serbe Jovan Divjak, choisissant, par amour pour la Bosnie et les valeurs qu'elle incarnait, de rester dans la ville assiégée. Samir Landzo, mon ami Samir Landzo, à la vie à la mort depuis ce jour-là, prenant, dans la descente de Grondj, au-dessus de Sarajevo, le risque de mourir pour me couvrir. Ce vieux réserviste, professeur de physique et

---

1. In *Werke*, Klett, tome 1, p. 374.

chimie au lycée de Zenica, que j'ai vu, à Maglaj, affronter les balles serbes pour aller, entre les lignes,
chercher un ami mort. Cet autre, une sorte de prêtre,
qui prétendait, par bravade, être collectionneur de
derniers mots et allait les chercher, lui aussi, sous la
mitraille. Ce civil qui, à Sarajevo même, devant le
Holiday Inn, s'était précipité au secours du casque
bleu qui venait de se faire sniper, d'une balle dans la
gorge, juste entre le casque et le gilet pare-éclats : le
tueur était toujours là, sûrement ; il pouvait tirer encore et faire un second carton ; mais voilà ; le casque
bleu agonisait ; la tête à demi décollée, nageant dans
une mare de sang déjà noir, il était intransportable ; et
le Bosniaque, donc, ne bougeait pas, il lui tenait ma-
ternellement la tête en attendant les secours. Et cette
unité qui avait reçu d'ordre de se replier mais qui ne
voulait pas le faire tant que son officier n'était pas
mort. Et Izetbegovic. Oui le cas Izetbegovic, ce let-
tré, cet homme de textes et de lois, que j'entends
encore me dire, au temps de *Bosna !*, face caméra : « je
n'étais pas fait pour le rôle ; rien ni personne ne m'y
préparait ; il m'est tombé dessus, ce rôle de De
Gaulle bosniaque que vous me prêtez, comme un
mauvais destin auquel il a fallu que je me conforme ».
L'homme Izetbegovic que j'ai revu ensuite, bien
après la guerre, Sarajevo ayant retrouvé son train de
petite capitale d'un tout petit Etat balkanique : il était
las ; un peu sombre ; il était redevenu, lui aussi, un
petit homme modeste, sans grâce, ou que la grâce,
plus exactement, avait déserté, ne lui laissant que
l'ombre mélancolique du chef de guerre que, contre
toute attente, il avait réussi à devenir ; la guerre l'avait

199

transformé ; elle l'avait hissé au-dessus de lui-même ; la guerre terminée, comme le chef chouan de Balzac conduisant sa vache au marché, il avait retrouvé sa vraie taille et le savait.

Alors ? Animalité ou grandeur ? Horreur ou dignité de la guerre ? Et comment me dégager de cette contradiction, de cette antinomie, Sartre dirait de ce « tourniquet » ? Deux qualités d'homme, d'abord ; deux modalités d'être au monde ; cette aptitude qu'ont certains, plus que d'autres, à vivre deux vies en une. Deux niveaux de vérité, ensuite ; deux formes d'évidence ; l'une et l'autre thèse qui se vérifient selon que l'on envisage la guerre du point de vue de la règle ou de l'exception, de l'ordinaire ou de tels ou tels instants de grâce. Mais, surtout, deux sortes de guerre. Les mêmes deux sortes, à nouveau. Sauf que j'y vois, cette fois, un peu plus clair. Non plus les guerres atroces et celles qui le sont moins : toutes le sont – voir Céline, voir Barbusse, voir mon expérience de l'abomination sans nom du siège de Sarajevo. Non plus celles qui ont un sens et celles qui n'en ont pas : la distinction est floue ; elle n'est ni si solide ni si claire que je le croyais ; voir Céline encore ; voir les apories ci-dessus ; voir l'équivoque de ces guerres qui, selon qu'on les envisage du point de vue de ceux qui les font ou de ceux qui en témoignent, du point de vue des chefs ou des fantassins, des civils ou des soldats, prennent un sens ou le perdent. Pas davantage la politique comme telle : car de quel droit déciderais-je, je l'ai dit, que la guerre du Soudan est moins politique que la guerre de Bosnie ? et la guerre du Sri Lanka, prise du point de vue du petit chef de

Batticaloa, n'est-elle pas aussi chargée d'enjeux que nos grandes guerres occidentales? Non. Le vrai partage, le seul qui compte, c'est celui, simplement, des guerres qui rendent ou non possibles des Conan, des voyous héroïques, des héros tout court, des Izetbegovic – je me demande si la vraie frontière ne passerait pas entre les guerres qui font une place à la grandeur (en gros, les guerres «justes», les guerres «antifascistes») et celles qui ne le font pas...

Je sais qu'il sonne bizarre, ce mot de grandeur. Je sais que les nazis, les fascistes, les Soviétiques de la haute époque, les Cambodgiens, les Cubains, parlaient, eux aussi, de grandeur. Et je sais que cette idée de penser grand pour l'homme, ce rêve d'une humanité sachant s'élever au-dessus d'elle-même et de sa vilenie de principe, cette illusion que l'homme serait quelque chose qui peut et doit être surmonté, je sais que tout cela fut au cœur de tous les projets totalitaires. Mais les totalitaires auraient-ils fait main basse sur le mot? sur l'idée? auraient-ils confisqué jusqu'à l'hypothèse d'une part de noblesse qui, parfois, surgirait du fond de l'horreur? J'appelle guerres oubliées ces guerres où n'est plus nulle part ménagée la moindre passe vers la grandeur. Et j'ai la nostalgie de ces autres guerres – Espagne, Résistance et même Bosnie – où, malgré l'horreur, la boue, l'attente, l'animalité qui sont aussi leur lot, il arrive aux hommes, en effet, de toucher à quelque chose qui les dépasse. Puisse mon pays, l'Europe, se souvenir de ce quelque chose, et de cette nostalgie, si, d'aventure, une nouvelle adversité venait à le menacer.

14

Logique du kamikaze

(« Le problème c'est la tête... »)

J'ai dit : c'en est fini des guerres où l'on savait, quand on mourait, pourquoi on le faisait.

J'ai dit aussi : voici venu le temps de guerres absurdes, insensées, où, contrairement à Guy Môquet marchant au supplice avec, chevillée à l'âme, la certitude de se sacrifier pour une certaine idée de la liberté, le combattant a le sentiment de mourir, et déjà de vivre, pour rien.

Eh bien, ce n'est pas exact.

Car voici la caricature de Guy Môquet.

Voici l'horrible caricature de ces personnages que j'ai, comme tout le monde, tant admirés, dont l'exemple m'a formé et qui, jadis, du temps des guerres à sens et à panache, mouraient au nom d'un idéal et pour lui.

Voici – ce sont ces kamikazes sri lankais – des gens dont je pourrais, à première vue, dire à peu près la même chose que ce que je dis de ces héros : eux aussi savent pourquoi ils vont mourir ; eux aussi se sacrifient à une cause qui les dépasse ; eux aussi ont le sentiment, tandis qu'ils marchent au supplice, de défendre une certaine idée de l'humanité, du monde et même du divin.

Qu'est-ce qu'un kamikaze? La grimace d'un héros. Son envers monstrueux. La contrefaçon dérisoire et hideuse du « caractère héroïque » hégélien, cet homme « pleinement homme », prêt à dépasser ses « instincts purement animaux » pour, en désirant le désir des autres hommes, en s'engageant dans une lutte à mort pour la reconnaissance et le prestige, prendre le risque de mourir pour mieux atteindre ses « buts élevés ».

Qu'est-ce qu'un kamikaze? L'ombre d'un martyr. Sa parodie. La caricature, abjecte évidemment, mais la caricature, des personnages magnifiques qui ont peuplé, depuis l'enfance, mon panthéon antifasciste. Prenez la mort de Kyo, dans *La Condition humaine*. Prenez le dernier profil du révolutionnaire mêlé à la « foule couchée », rejoignant « jusque dans son murmure de plaintes » et son « chevrotement fraternel » cette « assemblée de vaincus » qui vont mourir avec lui. Prenez cet homme qui a le sentiment d'avoir, jusqu'à son dernier souffle, « combattu pour ce qui, de son temps, aura été chargé du sens le plus fort et du plus grand espoir ». Ecoutez-le qui, à l'instant de mourir, s'extasie de se sentir habité, pour la dernière fois, par l'invincible songe qui a donné un sens à sa vie. Qu'importe de mourir? insiste Malraux. Qu'eût valu « une vie pour laquelle il n'eût pas accepté de mourir »? Et quand il répond : « il est facile de mourir quand on ne meurt pas seul », puis : il est bon et beau de mourir quand on sait que l'on devient un « martyr » et que, de votre « légende sanglante », d'autres feront une « légende dorée », on ne peut s'empêcher de penser que l'on n'est pas très loin des mots que le kamikaze sri lankais, au moment d'enfiler sa veste piégée, doit avoir dans la tête.

De l'histoire on dit toujours qu'elle frappe deux fois : une fois en tragédie, une fois en farce.

De l'humanité prête à mourir pour une idée, Sri Lanka m'aura appris qu'elle a, elle aussi, deux visages : celui de Kyo (et du héros), celui du kamikaze (et du salaud).

15

Arendt, Sarajevo : qu'est-ce qu'être damné ?

> (« ... qu'elle n'attend plus qu'une chose de l'existence : un visa pour Londres ou Paris. »)

Je retrouve cette remarque de Hannah Arendt, dans ses *Vies politiques*, expliquant que ce qui, « dans le système hégélien de la révélation de l'esprit du monde », peut arriver de mieux à un individu c'est d'« avoir la chance d'être né au sein du peuple qu'il faut au moment de l'histoire qu'il faut » : grec et non barbare, aux siècles de Solon et Périclès ; romain et non pas grec, au temps d'Auguste et des débuts de la Pax romana ; chrétien et non pas juif, ensuite, quand

l'Europe se christianise et que commencent les po-
gromes ; théorème qui, transposé aujourd'hui, début
du XXIe siècle, à cette heure où l'« Esprit universel »
continue plus que jamais, pour parler comme Hegel
relu et commenté par Arendt, de s'incarner dans les
« principes particuliers » de peuples qui, lui donnant
sa « forme spécifique », sont les « agents privilégiés
de l'Histoire », à cette heure où, de surcroît, les peuples « particuliers » du moment, en gros les peuples
occidentaux, prétendent au privilège supplémentaire
d'être les derniers du genre, le stade ultime de
l'histoire de l'esprit, les seuls dont on soit certain
qu'aucun autre candidat ne viendra, comme ils
l'avaient fait eux-mêmes, les détrôner sur le grand
théâtre de l'histoire mondiale – théorème qui, donc,
devient à peu près : le mieux qui puisse arriver à un
sujet c'est de naître occidental ; le pire, la catastrophe
irrémédiable, la figure même de l'infortune, du tragique, de la damnation, c'est d'être né burundais, angolais, sud-soudanais, colombien ou, comme la petite
Srilaya, sri lankais.

Je me souviens aussi de ce jour, dans un restaurant
de Sarajevo, où l'un de mes amis s'était aperçu, quelques heures avant le départ du gros avion onusien
qui faisait le pont aérien avec la côte croate et où il
devait, en principe, embarquer, qu'il avait égaré son
passeport. Ce n'était pas une telle affaire, quand on
était français, et journaliste, d'égarer son passeport à
Sarajevo. Mais enfin ça compliquait la vie. La bureaucratie des Nations Unies étant ce qu'elle était, ça
empêchait de prendre l'avion prévu et peut-être
même, qui sait ? celui des quelques jours suivants. Le

205

journaliste était fatigué, de surcroît. Il rentrait d'un reportage difficile, hors de Sarajevo, et n'aspirait depuis quelques jours, sans le dire, qu'à quitter l'enfer de cette guerre. Et nous voilà donc, avec nos amis bosniaques, qui nous mettons à chercher, calmement d'abord, puis avec une certaine nervosité, ce maudit passeport perdu : sous les tables du restaurant? au vestiaire? oublié dans un autre café? chez K.? à l'hôtel? volé? n'y avait-il pas, dans Sarajevo assiégé, un trafic de passeports volés et se pourrait-il qu'un valeureux correspondant étranger, ami de la Bosnie s'il en était, en fût la dernière victime? C'est l'époque, je le rappelle, où les amis bosniaques n'avaient, eux, pas de passeport du tout. Ou plus exactement si, ils en avaient, mais c'étaient des passeports inutiles, des passeports pour rien, presque faux – c'était des passeports qui leur interdisaient, eux, de prendre quelque avion que ce soit et les enfermaient, de fait, dans leur propre ville assiégée. En sorte qu'il y avait quelque chose d'à la fois navrant, pathétique et un peu obscène dans le spectacle de cette fièvre chercheuse partagée : parler de corde dans la maison d'un pendu... de papiers dans la maison d'un sans-papiers... les sans-papiers eux-mêmes qui, par un mélange de gentillesse et d'inconscience, comme s'ils oubliaient un instant leur sort de sans-papiers définitifs ou bien qu'ils trouvaient là, qui sait? une occasion de jouer aux Européens normaux qui ont su dans une autre vie (et qui, soudain, se le rappellent) 1. ce que « papiers » veut dire, 2. l'embêtement que c'est, pour un Européen normal, d'égarer les papiers en question, 3. le léger affolement qui le saisit quand, au moment de prendre un avion, il se découvre provisoirement, ô très provisoirement! sans papiers – les vrais sans-papiers, donc, s'associant à la fièvre de la recherche des papiers perdus... Si absurde que cela paraisse, j'ai l'impression, avec le recul, de m'être rarement senti si proche de mes amis bosniaques que pendant ces quelques heures de trouble et de flottement où le désagrément d'un passeport égaré par un compatriote qui aurait pu être moi m'a fait toucher du doigt ce qu'ils voulaient réellement dire quand ils parlaient de Sarajevo comme d'une gigantesque prison dont l'Onu tenait les clefs. Et je crois surtout avoir rarement eu aussi honte que lorsque, au bout de ces deux heures, alors que, tous ensemble, les vrais prisonniers et les faux, les enfermés d'un jour et de toujours, nous avions mis sens dessus dessous le restaurant, Kemal Muftic, demi-sourire énigmatique de celui qui avait tout compris et qui n'était sûrement pas le dernier à prendre la mesure de l'indécence de la situation, a annoncé qu'on avait retrouvé le précieux document et qu'un ami était en chemin qui le rapportait juste à temps pour le départ du vol de « Maybe airlines » : la comédie était finie et finie, aussi, l'illusion brève de ce partage de destin – le journaliste français récupérait son droit de sortie, donc son inestimable privilège, et il abandonnait, pour de bon, les Bosniaques à leur solitude.

Ces deux notations – Arendt, le passeport – pour dire quoi? Que, le temps passant, les expériences s'accumulant, j'ai acquis la conviction que l'inégalité majeure entre les humains, celle qui les sépare de la manière la plus irrémédiable, celle à laquelle le progrès, l'Histoire, la bonne volonté des uns ou des autres, ne peuvent, pour l'heure, à peu près rien, ce n'est ni la fortune, ni le savoir, ni le pouvoir, ni le savoir-pouvoir, ni aucune des autres grâces que dispensent la nature ou le monde, mais cet autre partage qui, dans les situations de détresse extrême, distingue ceux qui ont la chance de pouvoir s'en aller et ceux qui savent qu'ils vont rester. Les alliés des damnés d'un côté ; les amis du Job moderne ; les compagnons d'un jour ou de quelques jours ; les infiltrés ; les mercenaires du Bien ; tous ces bienheureux qui, quelque part qu'ils prennent à la souffrance des autres, quelque ardeur qu'ils mettent à militer, sympathiser, se faire les porte-voix des sans-voix, aller sur le terrain, crapahuter, les suivre dans leurs tranchées, sous leurs bombes, le font tout en sachant qu'il y a cette petite différence qui change tout : ils partiront, eux, quand ils voudront... Et, de l'autre côté, les Bosniaques enfermés, les Burundais rivés à leur nuit, les Angolais dont tout l'horizon semble devoir être, jusqu'à la fin des temps, la fange liquide de ces mines où ils travaillent comme des forçats ou bien ma jeune kamikaze sri lankaise qui se sait pourchassée, traquée, condamnée à mort par la secte qu'elle a désertée et qui, lorsqu'elle m'avoue ne plus attendre de l'existence que ce visa pour Londres ou Paris, veut dire que le plus inestimable de tous les droits serait celui de bouger, de partir — cet imprescriptible droit de s'en aller dont Baudelaire disait qu'il devrait être inscrit, avec celui de se contredire, dans une déclaration des droits de l'homme digne de ce nom mais dont elle sait, elle, qu'il sera sans doute le dernier à lui être concédé.

Ces deux notations – le grave inconvénient d'être né sri lankais, burundais, angolais ; la façon dont Sarajevo fut, quatre ans durant, transformé en un champ de tir, un laboratoire de l'inhumain, une prison à ciel ouvert où quelques-uns d'entre nous se rendaient, parfois, en visite – comme un humble codicille, au fond, à ce *Portrait de l'aventurier* qui fut un de mes livres de jeunesse et sur lequel j'ai tant glosé dans les dernières pages du *Siècle de Sartre*. Deux types d'aventurier. Car deux modalités du partage de souffrance et de destin sur lesquelles, il faut bien le dire, ni Sartre ni Stéphane ne s'attardent. Ceux qui, à la façon des héros des polars que j'emporte toujours avec moi et que je dévore, comme Sartre justement, en reportage, s'entendent dire, au moment de leur infiltration dans le pays, derrière les lignes, ou au cœur du réseau ennemis : « si ça tourne mal, vous vous débrouillez ; vous vous exfiltrez par vos propres moyens ; la Centrale ne vous connaît plus » – syndrome *Mission impossible*, schéma *Rivière sans retour*, héroïsme absolu, mérite suprême, mais qui, aujourd'hui, peut s'en flatter ? Et celui qui, à l'inverse, comme la plupart des reporters de guerre, comme les humanitaires, comme les casques bleus, comme moi, sait, à l'instant de partir, et quelque risque qu'il soit disposé à prendre, quand et comment il reviendra : parachuté, oui, mais avec exfiltration garantie – c'est la limite de sa fraternité.

16

Debray, Kojève et le prix du sang

Je reviens à cette idée de mourir, ou non, « pour une idée ».

Souvent, on dit : une cause pour laquelle des hommes sont capables de mourir est une cause sainte et invincible.

Ou, à l'inverse : une cause à laquelle je ne serais pas prêt à sacrifier ma vie, une révolution, ou une espérance, pour lesquelles je ne serais pas disposé à prendre le risque de mort, n'auraient aucune chance de triompher et, d'ailleurs, ne le mériteraient pas.

Ou encore – thèse de Régis Debray au détour d'une page de *Loués soient nos seigneurs* et, déjà, celle de Kojève dans l'entretien fameux avec Gilles Lapouge pour *La Quinzaine littéraire* qui fut, sauf erreur, sa toute dernière intervention et où, réaffirmant que la fin de l'Histoire « ce n'était pas Napoléon mais Staline », il déclarait se vivre, depuis cinquante ans, comme la propre « conscience de Staline » – Debray donc : si les événements de Mai 68 ne méritent pas le respect, si ce ne fut qu'un psychodrame débonnaire et sans conséquence, c'est que l'on s'y souciait de « jouir sans entraves » alors que le vrai militant est celui qui est prêt à « mourir pour la cause » ; et Kojève : si les révoltés de 68 étaient des gens pas sérieux, si c'étaient de faux rebelles enterrant l'idée de révolution dans le moment même où ils croyaient lui rendre son prestige et ses emblèmes, c'est qu'ils n'avaient ni le goût ni le sens du « Tragique » et que leur était étrangère l'idée, pour l'emporter, de prendre le risque de mourir.

Cette preuve par le martyre, cette idée que c'est dans le sang que gît la vérité d'un monde ou d'un combat, c'est aussi le théorème du kamikaze.

Ce mythe du sang, ce sang comme mythe, ce préjugé selon lequel le sang serait la noblesse même, le véhicule des plus hautes vertus, le marqueur absolu de la vérité et signerait, quand on choisit de le mettre en jeu, le courage ou la grandeur d'un homme, c'est une idée à la fois raciste (Boulainvilliers et la naissance du racisme moderne) et d'une périlleuse actualité (les kamikazes donc, tous les kamikazes, qu'ils soient tamouls, palestiniens ou afghans).

Mieux : cette ivresse du sang versé, cette passion de s'immoler pour qu'advienne, quelle qu'en soit la forme, le royaume de la promesse, cette hémologie, cette hémofolie, ce fut, par-delà les kamikazes d'hier et d'aujourd'hui, l'un des ressorts des fascismes au XXe siècle et ce fut même, à entendre les contemporains, la vraie raison de leur ascendant sur des démocrates frileux, cauteleux, prêts à tout sauf à mourir pour défendre leurs idées (ce fut l'une des obsessions, d'ailleurs, du « Collège de Sociologie » exhortant à forger très vite, pour faire face à la « religion nazie », une contre-religion, voire, chez certains, un « surfascisme », dont le mérite serait de rendre à ceux qui l'ont perdu le sens du Tragique et du sang).

Mais qu'on ne s'y trompe pas !

Ce fut aussi, précisément, le principe qui guida, à la fin, les meilleurs des contemporains en question.

Ce fut le cœur du discours des antimunichois de 1938, puis de tous les antifascistes qui, dans les mois et les années suivants, finirent par se réveiller et estimèrent qu'il y avait pire que la guerre, pire que la mort, et que ce pire c'était l'hitlérisme.

Ce fut la conviction des combattants du ghetto de Varsovie, puis des insurgés de Sobibor tels que les raconte Lanzmann dans son film, quand, à l'avant-dernière étape de leur martyre, ayant le sentiment d'être parvenus au bout de ce qu'il est humainement possible d'endurer, ils mirent leur vie en jeu et préférèrent le risque de mourir à la certitude d'être traités, jusqu'au bout, comme des chiens.

Ce fut, bien avant cela, et bien après, le moteur de tous les révoltés du monde à l'instant où ils décident de dire non à un intolérable qui s'est imposé à eux, jusque-là, sous le visage d'une prétendue nécessité : pas de révolte, non, pas d'insurrection contre les tyrans et les barbares, pas de pari sérieux sur la liberté ou l'égalité, sans ce saut dans l'inconnu d'un salut rêvé – et, pour que ce saut soit possible, sans que soit pris, en conscience, le risque du néant.

Mieux encore, plus inattendu, c'est, à en croire Emmanuel Lévinas, le corrélat du thème de « l'élection », c'est-à-dire de cette « souveraineté morale » qui fait qu'une nation, n'importe quelle nation, et pas seulement, bien entendu, la « nation juive », se conduit comme si « elle devait répondre pour toutes » : l'élection n'est rien d'autre, dit-il dans un très curieux passage de *Difficile Liberté*, que ce risque pris de la responsabilité ontologique; l'élection n'est rien d'autre par conséquent, ce sont ses mots, que « la faculté de mourir pour une idée ».

Bref, le pire et le meilleur.

Les pires salauds et, aussi, l'honneur des hommes.

Cette idée que la preuve d'une idée c'est qu'on est prêt, pour la défendre, à aller au bout de sa propre vie, est le type même de ces idées bifides dont s'emparent tour à tour, dans la longue guerre qui les oppose, les amis de la liberté, les démocrates – et ses ennemis.

La différence alors? Ce qui distingue le goût du sang des uns et des autres? Ce qui sépare le « mourir pour ses idées » de l'auteur d'un attentat-suicide à Jérusalem, et selon le merveilleux écrivain de *Difficile Liberté*? Ce qui fait le partage, en un mot, entre l'exaltation sacrificielle du kamikaze persuadé, grâce à son acte, d'aller tout droit au ciel, à la droite du Seigneur – et le dérèglement raisonné de tous les sens de la survie chez celui qui, tout à coup, décide de ne plus se contenter, justement, d'une simple survie?

Je revois Srilaya, dans notre restaurant d'hôtel.

Je repense à sa dureté, bien sûr. Sa froideur clinique pour évoquer ces anciens camarades dont elle a partagé une partie de l'aventure. Sa façon très concentrée, sourcils froncés, comme un homme, d'allumer sa cigarette. Et puis, soudain, sans crier gare, et comme si elle changeait de sexe selon les moments de la conversation, une nuance de douceur, puis de tendresse et même, j'en jurerais, de coquette-rie dans l'expression ou le geste. Ses paupières rosées. Le frémissement enfantin des lèvres, sur les dents magnifiques, quand elle se défendait de sourire. Le doigt sur les lèvres, mutine, quand, souriant quand même, elle insistait pour ne pas répondre. Des éclairs de malice dans le regard. Ce fond de gaieté, de bonne humeur, dont sa saison en enfer n'est manifestement pas venue à bout. Je la devine joyeuse. Amoureuse. J'essaie de deviner, sous le masque de gravité, et sous la robe légère, l'amoureuse exquise qu'elle aurait pu être, ou qu'elle sera un jour, mais que cette guerre a contrariée. Et puis la fixité de ses yeux pâles, à nouveau, quand un dîneur entrait dans la salle – elle savait que les tueurs étaient à ses trousses, qu'ils la cherchaient et qu'ils finiraient bien, si elle restait à Colombo, par retrouver sa trace.

Je ne sais pas ce que Srilaya est devenue. Peut-être a-t-elle fini par obtenir son visa pour Londres ou Paris. Peut-être pas. Tout ce que je sais, c'est qu'elle voulait vivre. Juste vivre, et non mourir. Elle savait, bien entendu, qu'en quittant sa secte d'assassins, et en témoignant contre elle, elle se mettait en situation, à tout moment, d'être tuée. Mais risque n'est pas certitude. Tous les témoins ne sont pas des martyrs. Il y avait de l'espérance chez Srilaya. Il y avait de la joie. Alors qu'il n'y avait, chez les Tigres, que haine des autres, haine de soi, désespoir, passions tristes : non pas seulement mettre sa vie en jeu et accepter, pour défendre ses idées, de prendre le risque de mourir, mais mourir, vraiment mourir, sans l'ombre d'une hésitation, ni d'un doute, ni d'un regret, ni d'un choix.

L'une risque la mort, mais par amour de la vie ; les

autres ne la risquent pas, ils y courent, parce qu'ils n'aiment en réalité que la mort.

Les uns (c'est toute l'histoire du ghetto de Varsovie et, comme dit encore Lanzmann, de la réappropriation par les Juifs de la violence) n'ont pas le choix : c'est risquer de mourir ou mourir ; préférer la mort possible non plus exactement à l'humiliation, au rabaissement au rang de bête, mais à la mort certaine. Les autres (c'est le fond de la mentalité kamikaze et, comme disait Foucault à propos de la révolution iranienne, l'état d'esprit de ces « foules prêtes à avancer vers la mort dans l'ivresse du sacrifice[1] ») ont le choix : ils pourraient ne pas mourir ; aucune solution finale ne les menace ; ils auraient la possibilité, par exemple, de traiter avec le pouvoir sri lankais ; et c'est donc librement, souverainement, en pleine et absolue conscience, qu'ils font le choix du viva la muerte.

Un antifasciste est quelqu'un qui, en d'autres termes, ne se résout à verser le sang (le sien, celui des autres...) qu'en désespoir de cause et dans l'espoir, ce faisant, de desserrer l'étau qui le condamne à mort — ce mélange de désespoir et d'espoir, du pessimisme le plus noir et d'optimisme méthodique, dont j'ai toujours pensé qu'il formait le cœur des pensées de résistance. Un fanatique, un kamikaze, a le culte de la mort pour la mort, de la douleur pour la douleur, et c'est pleins d'espoir, au contraire, la joie au cœur, dans un état de jubilation qui n'a d'égale que la désolation de leurs victimes, qu'ils marchent vers le mar-

---

1. *Dits et Écrits II, 1976-1988*, Gallimard, Quarto, p. 709.

tyre et désirent leur propre supplice — même mélange, mais à l'envers ; même combinaison de nuit et
de lumière mais à doses symétriques ; un fasciste, un
fondamentaliste, un intégriste, n'est ni, comme on le
croit toujours, « un pessimiste » ; ni, comme je l'ai
parfois dit, « un optimiste » ; c'est un croisement raté
des deux — seule façon, en la circonstance, d'échapper au moralisme.

Je ne dis pas, là non plus, que les deux espèces
soient parfaitement tranchées.

Je ne crois pas qu'elles soient comme deux substances distinctes, incompossibles.

Le cas Guevara, par exemple, et le culte très
étrange qui lui est rendu d'un bout à l'autre de la planète. Guerrier laïque ou christique ? Mort au combat
ou suicidé ? Aimer la révolution au risque d'en mourir ou l'amour de la mort au prétexte de la révolution ?

Ou bien le cas, aussi, de cette révolution iranienne
telle que Foucault l'a vécue, puis racontée dans une
série de textes fameux mais peu connus. L'authen-
ticité du soulèvement d'un côté ; le pari, perdu mais
peu importe, sur une liberté plus grande ; la bonne
transaction, en un mot, d'une presque invivable vie
contre une vie qui le soit moins et qui engage, dans
cet espoir, le principe même de sa survie (Foucault
avait raison, quoi qu'on en dise, et quelle que soit
l'horreur de ce qui allait suivre, d'admirer ces hommes et femmes qui préféraient, disait-il, et chaque
mot compte, « le risque de la mort à la certitude
d'avoir à obéir » ; il a eu raison d'être ému par ce très
bref moment où « devant les gibets et les mitrailleu-

ses, les hommes se soulèvent » et où, « les pouvoirs »
ne « pouvant plus rien », la vie, soudain, « ne
s'échange plus »). Et puis le fanatisme de l'autre côté ;
la haine ; la guerre totale, non pas au Shah, mais déjà
à l'Occident ; et, face à cet Occident honni, l'ivresse,
non de l'espoir, ou de la victoire possible, ou d'une
supériorité morale dont l'affrontement fournirait la
preuve, mais de la démence sacrificielle, du renoncement, du masochisme expiatoire, de la mort donnée et reçue (et c'est, évidemment, la face sombre de
l'événement – c'est-ce qui installe, très vite, le kho-
meynisme dans la lignée des grandes barbaries).

Mais enfin le partage, même s'il n'est pas parfait,
fonctionne.

Il est un assez bon marqueur, en tout cas à mes
yeux, de ces révoltes dont je ne pense plus, comme
jadis, qu'elles aient « toujours raison » de s'opérer.

Et il permet de mieux voir, surtout, ce qu'il en est
du rapport de forces réel entre les uns et les autres –
il permet de mieux comprendre pourquoi il n'est pas
du tout dit que, dans sa lutte contre le démocrate, le
kamikaze ait toujours, nécessairement, l'avantage.

N'ayez pas peur du kamikaze.

Ce qui l'intéresse dans le risque de mort, ce n'est
pas le risque, c'est la mort.

Ce qu'il aime dans la guerre, ce n'est pas « vaincre
ou mourir » mais mourir et ne surtout pas vaincre.

Sa grande affaire, ce n'est pas, comme dit Clausewitz, proportionner des efforts à la force de résistance de l'ennemi, le renverser, le réduire – mais
mourir.

217

17

Autobiographie, deux

(« ... j'étais venu y rencontrer, de retour
du Bangla-Desh et de sa guerre... »)

J'avais un peu plus de vingt ans. J'étais de ceux
qui, à vingt ans, n'auraient jamais laissé dire que
c'était « le plus bel âge de la vie ». Je disais que la
chair était triste. Je prétendais avoir lu tous les livres.
J'ajoutais volontiers, façon Rimbaud, qu'il ne restait
aux « valeureux » que de « fuir, là-bas fuir », pour
échapper à l'ennui de cette Suisse de l'Esprit qu'était
devenue la France. Et, au principe de ce départ, dans
ce projet de « fuir, là-bas fuir » pour aller chercher
ailleurs, au cœur de l'Asie profonde, le souffle de la
grande Histoire, éteinte chez nous, épuisée, se glis-
saient une foule de raisons, pas toutes très avouables
et qui, pour certaines, me semblent même, avec le
recul, carrément navrantes ou dérisoires.

Vieille histoire, en fait. Eternelle vieille histoire
d'adolescence attardée, partant chercher au bout du
monde un remède à son mal-être. Le Bangla-Desh,
dans cette affaire, n'était pas mon premier souci.
C'était un prétexte. Un théâtre. C'était l'occasion
d'une mise en scène égotiste où je ne saurais dire ce

qui l'emportait du romantisme, de la nostalgie de l'action, de la fascination de l'Orient ou même de cet esthétisme guerrier qui, aujourd'hui, me fait horreur. Si j'y suis parti, si j'y suis resté beaucoup plus de temps (septembre 1971-mai 1972) qu'il n'en aurait fallu pour la série de reportages que j'étais censé y écrire et que je n'ai, bien entendu, pas écrits, si je me suis efforcé, dans les maquis d'abord, puis dans Dacca libéré, de partager, tant que faire se pouvait, la vie des Bengalais eux-mêmes, c'est moins, je le crains, pour les aider que pour m'aider moi-même, me sauver, me racheter et expier je ne sais quelle carence de clerc, de bourgeois ou de Français – ce n'est ni tout à fait en journaliste, ni bien entendu en combattant, ni même à la façon de l'intellectuel « engagé » dont le modèle, depuis, m'a requis, mais à la manière de cet aventurier plus léger, plus incertain et, au fond, plus irresponsable, dont Sartre, dans sa préface à Stéphane, s'étonnait qu'il « demandât à des hommes qui n'ont pas choisi leur combat de légitimer une mort qu'il a, lui, souverainement décidée ». Je n'en étais, bien évidemment, pas là. Mais je n'étais ni plus raisonnable ni plus lucide. Et il y avait, dans ce portrait sartrien de l'aventurier, bien des traits qui convenaient à celui que j'étais alors.

Je ne lisais – ma génération ne lisait – guère Sartre en ce temps-là. Mais j'avais lu Byron. J'aimais l'idée de D'Annunzio, planant sur Trieste enchaînée et y lâchant ses poèmes libérateurs. J'avais lu *Les Sept Piliers de la sagesse* et les *Mémoires* de Victor Serge. Je portais aux nues Malraux – celui de *La Condition humaine*, de l'Indochine, de *L'Espoir*, de la guerre d'Espagne, de l'escadrille « España ». Bref, je vivais dans l'ombre, pour ne pas dire sous la tutelle, de ces écrivains mercenaires qui, de Missolonghi aux Brigades internationales en passant par le Palais d'Hiver ou les déserts d'Arabie, avaient pour point commun de s'être battus dans des pays, sous des couleurs, ou pour des causes, qui n'avaient, en bonne logique, aucune raison d'être les leurs. Et il est clair que ce sont ces modèles, ces leçons d'illusion lyrique et d'épopée, ainsi que, soyons franc, l'exemple d'un autre normalien, mon aîné de quelques années, Régis Debray, que j'avais d'abord en tête quand, après avoir entendu Malraux lancer à la télévision, pathétique, convulsé et, en même temps, magnifique, son appel à la constitution d'une « brigade internationale pour le Bengale », je pris, un matin d'octobre, le chemin de mes « Indes rouges ».

Officiellement, j'étais un militant sérieux, matérialiste en diable, pétri de culture marxiste, qui partait à l'avant-garde d'une « juste lutte de libération » avec la ferme intention d'en produire la théorie. Et c'est bien, d'ailleurs, ce que j'ai finalement tenté de faire dans le livre rétrospectivement très curieux, absurdement savant, rempli de notes et de références, et, à mes yeux d'aujourd'hui, devenu presque illisible, que j'ai rapporté de l'aventure et que, sur la recommandation d'Althusser, publia François Maspero : trois cents pages d'analyse serrée sur le fonctionnement des Etats post-coloniaux, le rôle du parti unique comme « arbitre des classes dominantes » ou la nécessité, au Bengale et ailleurs, de « déloger les éléments féodaux enrayant le développement du capitalisme » ; une érudition assez folle sur l'« internationalisme prolétarien » de Abdul Huq et Charu Mazumdar ; des développements terriblement pesants autour des concepts de « colonialisme interne » et de « nationalisation de l'impérialisme » que je considérais, depuis mon premier texte sur le Chiapas, comme mon apport personnel, ma pierre, à l'édifice théorique de l'althussérisme triomphant ; pas de témoignage, autrement dit ; pas de portraits, d'auto-portraits, d'anecdotes, de considérations personnelles ; j'étais bien, de ce point de vue, le fils de mon époque, de son théoricisme frénétique, de sa religion des « structures », des « socles épistémiques » et autres « procès sans sujet » ; je me serais senti déshonoré – et d'un déshonneur qui avait un nom, ô combien infamant : celui d'« idéalisme » ! – à la seule idée de perdre mon temps à de subjectives impressions d'Asie ; je tenais à dire bien haut que n'avait droit de cité, dans la littérature politique telle que je la concevais, que la grande rhétorique abstraite du marxisme-léninisme le plus rigoureux !

Dans la réalité c'était, évidemment, plus compliqué. J'étais, au fond de moi, et malgré les censures, les punitions, que je m'infligeais, plus malrucien qu'althussérien ; plus aventurier que dialecticien ; épris d'action, de panache, de prouesses physiques et politiques, au moins autant que de pensée ; et, même s'il m'aura fallu dix bonnes années pour en convenir, même si je n'ai accepté de l'écrire que dans la préface de 1985 à la réédition du livre, je sais bien, avec le recul, que ces interminables considérations sur le concept chinois de « social-impérialisme », sur la nécessité de « vietnamiser le delta du Gange » ou sur les méfaits politiques et économiques de l'« idéologie communaliste », étaient un alibi, une couverture, en tout cas un jeu de l'esprit – je sais que, toutes proportions gardées (mais savais-je, à l'époque, « garder les proportions »?), j'attendais de ce périple ce que mes autres maîtres, mes maîtres en grand émoi, attendaient de la fraternité, de la grande lueur qui se lève à l'Est ou de la fuite à Aden : un surcroît de lucidité, un supplément d'existence, la transformation en conscience de la plus grande quantité possible d'expérience, une dilatation du moi aux dimensions d'un théâtre inconnu, une façon de se pousser du col, une forme de Salut – toutes choses qui n'avaient rien à voir, je le répète, ni avec les droits de l'homme ni avec la misère du monde. Oh! la déception enfantine et, presque aussitôt, l'obscure fierté quand, arrivé à Calcutta, et me présentant au consulat général de France, je découvris que j'étais apparemment le seul à avoir entendu l'appel de Malraux et qu'il n'y avait pas trace, sur place, de Brigades en formation!

Dois-je préciser que tout cela se passait en 1971, soit un peu plus de trois ans après cet autre émoi, l'« émoi de mai », auquel la rumeur veut que j'aie participé depuis ma chambre, entre un transistor et une carte d'état-major?

Elle est trop belle pour être vraie, cette légende. Et la vérité c'est que je suis de ceux qui, au contraire, ont tout de suite senti l'importance de l'événement ainsi que de cet événement dans l'événement que fut la naissance, à Paris, d'un courant de pensée, le maoïsme, dont la radicalité, la volonté de pureté, le désir de « casser l'Histoire en deux », celui de faire « table rase » du passé et de remodeler l'homme « en ce qu'il avait de plus profond », m'impressionnaient infiniment et me semblaient annonciateurs de temps nouveaux – en témoignent, entre autres, les derniers mots de l'avant-propos de *La Barbarie à visage humain* où je qualifiais ce maoïsme, non sans emphase, de « page majeure de l'histoire de France », une correspondance avec Louis Althusser ou la série d'articles enthousiastes que j'avais, quelques jours avant mon départ pour le Bengale, donnés au *Combat* de Philippe Tesson et qui étaient consacrés aux cent fleurs (*L'Idiot international* de Hallier ; *La Cause du peuple* de la Gauche Prolétarienne ; *Tout*, organe du groupuscule anarcho-maoïsant Vive la Révolution) de la presse « gauchiste » de l'époque.

Mais elle n'est pas non plus complètement fausse, cette légende. Et sa part d'exactitude c'est que je n'ai pas été, pour autant, un acteur majeur du mouvement ; que, quoique estimant à leur juste prix les groupuscules révolutionnaires qui tenaient le haut du pavé d'alors, quoique lié à la fois de pensée et d'amitié avec nombre de figures de cette mouvance maoïste, quoique comprenant assez vite, il me semble, ce qui se jouait vraiment dans cette affaire (en gros : la seule « langue » qu'avaient à leur disposition les hommes et les femmes de ma génération pour donner congé au stalinisme ; un point d'appui que l'on prenait pour, y faisant porter le poids du levier, démanteler tout le système des idéologies « révisionnistes » ; un coin dans la cheville ; un cheval de Troie,

223

un avant-poste, dans le dispositif adverse et qui, de l'intérieur, travaillait à le détruire; un biais, un détour, une ruse de l'Histoire, un chas d'aiguille, où commençait de se faufiler le fil de cet anticommunisme de gauche dont je tiens aujourd'hui que l'élaboration fut l'honneur de ma génération), je n'ai pas été un militant au sens strict du terme; la vérité c'est que j'étais trop individualiste, trop sceptique, trop rebelle à toutes les formes d'embrigadement, trop névrotiquement rétif à toute appartenance dont je ne puisse avoir le sentiment, fût-il chimérique, qu'elle commençait, finissait, trouvait sa logique en moi seul et avec moi, pour être un vrai révolutionnaire. Je ne m'en flatte pas. Je n'en tire pas plus de gloire que de honte particulière. C'est juste ainsi. Il y avait – il y a – une amicale des anciens ceci. Il y avait – il y a – une confrérie des anciens cela. Le fait est que je n'en fus pas. Le fait est que je n'en suis toujours pas. Et le fait que je n'en sois pas n'est peut-être pas sans rapport, par parenthèse, avec la nécessité où je me suis tout de suite trouvé de produire, fabriquer de toutes pièces, à partir de zéro en quelque sorte, ma propre famille d'adoption, mon appartenance – mes adversaires diraient : mon « réseau »...

Alors, ceci est-il lié à cela? Suis-je parti pour le Bangla-Desh parce que je m'en voulais de n'en avoir pas assez fait en Mai? Et, puisque j'ai prononcé le mot, entra-t-il une part d'expiation, de pénitence, dans cette façon d'en rajouter dans l'exigence, de surjouer l'activisme militant, de monter un peu plus haut, en somme, la barre de la radicalité afin de me pardonner moi-même un engagement que je jugeais trop tiède – un peu, mutatis mutandis, le syndrome Sartre qui, tout en ayant eu un comportement sans reproche pendant l'Occupation, tout en ayant fondé « Sous la botte » puis « Socialisme et Liberté », tout en n'ayant jamais cessé, depuis son retour de captivité, de maintenir le lien avec des gens comme Cavaillès, Kahn, Leiris et, plus généralement, l'équipe des *Lettres françaises*, a toujours eu le remords de n'en avoir, malgré tout, pas fait davantage et n'a pas eu assez de sa vie d'intellectuel pour, ensuite, se le faire pardonner ? Peut-être, oui. Peut-être toute cette aventure, le livre que j'en ai tiré, ainsi que, de proche en proche, tout ce qui, dans ma vie, jusqu'à ces *Damnés de la guerre* compris, est sorti de cette scène primitive, sont-ils à lire en regard de ce rendez-vous à demi manqué avec l'événement-68 et, au-delà de l'événement, avec cet après-Mai de toutes les radicalités où les éléments les plus actifs, les plus turbulents, souvent aussi les plus brillants, de ma génération se sont mis, pour ainsi dire, en ordre de mouvement.

Ne me faudrait-il qu'une preuve de ce que j'avance, un seul indice, que ce serait, dans le livre même, dans ces *Indes rouges* où je me reconnais donc si peu, l'importance démesurée que j'accordais au grand schisme qui déchirait, au même moment, la religion communiste internationale et dont le sous-continent indien, avec ses influences russe et chinoise, ses deux partis officiellement en guerre qui vidaient leurs querelles au revolver dans les rues de Calcutta, ses « naxalites » – les maoïstes locaux – que l'on tirait, eux, comme des lapins sur les toits de leurs prisons, me semblait être l'épicentre. Que la question du schisme en tant que tel m'ait passionné, c'est, en effet, une chose. Que ce duel de légitimité entre les communismes soviétique et chinois m'ait paru donner matière à réflexion, que j'aie pu passer des mois et des mois à ramasser dans tout le Bengale, puis à faire traduire, comme s'il s'agissait de documents inestimables, les « pamphlets » à la fois débiles et déments que produisaient les naxalites, cela peut se concevoir. Et c'est d'ailleurs de là, de cette réflexion sur le communisme en général, et le soviétisme en particulier, que sont sorties les rares pages du livre qui me semblent, aujourd'hui, tenir le coup. Mais fallait-il tant d'acrobatie dialectique pour défendre l'indéfendable politique étrangère chinoise ? tant d'énergie rhétorique pour développer le thème, qui était un lieu commun de la littérature mao de l'époque, de l'héroïque « guerre du peuple » sournoisement étouffée par le « social-impérialisme » ? et quant aux naxalites eux-mêmes, quant à ces combattants maoïstes assassinés certes dans les prisons de Calcutta, mais qui s'étaient tout de même distingués, avant cela, par une ligne politique prônant le terrorisme, l'élimination physique des propriétaires terriens, la guerre populaire généralisée ou, dans un style cambodgien avant la lettre, l'« encerclement des villes par les campagnes », m'auraient-ils inspiré une si trouble indulgence si je n'avais, à travers eux, soldé de tout autres dettes ? Ah ! cette sombre logique de la surenchère dont je ne connais que trop les enchaînements et qui m'aura, tout au long de ma vie, fait faire tant de bêtises ! C'est évidemment là que tout se noue. Là que se joue le tout premier acte. Comme si je ne parvenais à m'absoudre moi-même de mes tiédeurs militantes qu'en montant en quelque sorte aux extrêmes et en en rajoutant dans la radicalité, le défi.

Bref. Nizan quittait l'Ecole Normale parce qu'il y voyait « un objet comique et plus souvent odieux, présidé par un petit vieillard patriote, hypocrite et puissant qui respectait les militaires ». Un demi-siècle plus tard, le décor avait tourné. L'objet comique était devenu l'antre d'Althusser. La vieille école, repaire des « chiens de garde » de l'auteur de *Aden Arabie*, était devenue le lieu où, depuis des années, officiait l'immense Jacques Lacan. Et en guise de « militaires » on y croisait surtout d'effrayants jeunes gens que je voyais, les écrits militaires de Mao dans une main, l'épistémologie de Georges Canguilhem dans l'autre, monter, sans moi, à l'assaut d'un ciel qui me semblait, pourtant, éminemment désirable. En sorte que, si je m'en allais, si je prenais le chemin de mon Aden indien, si j'opérais ce premier écart, qui sera suivi par beaucoup d'autres, et qui me fit, pendant près d'un an, déserter, pour le coup, toutes les scènes étudiantes et militantes, c'était moins par dégoût que par dépit ; moins pour quitter la scène que parce que je cherchais désespérément le moyen de m'y inscrire autrement, et pour de bon ; moins pour tourner le dos à une époque dont j'aurais, en mon âme et conscience, désavoué l'esprit, que pour retrouver cet esprit ailleurs, sur un terrain qui fût le mien et où je fusse bien certain, cette fois, de n'être pas trop dérangé par mes contemporains. Orgueil. Ivresse et amour de soi. Je ne suis pas sûr d'avoir tellement de sympathie pour ce personnage que j'étais et qui me semble, vu d'ici, si inutilement compliqué.

Mais ce n'est pas tout. Je me rends bien compte, tandis que j'écris ces lignes et que me reviennent, ombres légères, les images de ce temps-là, que je ne peux pas, non plus, réduire cette histoire à cela. Et, quelque soin que je prenne à éviter les pièges de la complaisance, quelque souci que j'aie de ne pas me donner le beau rôle à trop bon compte, je ne peux pas me contenter de dire que je n'aurais vécu, pendant les six mois de cette aventure bengalaise, que dans la mauvaise conscience de Mai 68 et de la suite.

Car je me souviens aussi d'un autre Mai, et d'une autre Ecole Normale. Je me souviens de ces soirées absurdes où l'on glosait, comme si en dépendait, en même temps que notre destin, celui des prolétaires du monde entier, sur tel ou tel détail de *La Guerre des paysans* ou de *Vive la guerre du peuple*. Je me souviens de ces parodies de veillées d'armes, salle Cavaillès, où nous écoutions dans un pieux silence un jeune dirigeant du « Comité Vietnam de base » de la rue d'Ulm nous expliquer, au tableau noir, les mille et une finesses « philosophiques » de la stratégie de Pham Van Dông. Je me souviens de ces débats plus rudes, presque violents, où l'on s'affrontait sur le sens à donner aux concepts de « coupure », de « rupture », de « renversement », de « retournement », de « révolution », sans que soit précisé que ces coupures n'étaient qu'« épistémologiques » et ces ruptures « dans la théorie ». Je me souviens de subversions qui n'étaient jamais si dures, si pures, si âprement menées et proclamées, que lorsqu'elles concernaient les paysans du Haut Moyen Age, les lointains soldats du Nord-Vietnam ou la « pratique » d'un savant ouvrant, fermant, explorant ou réexplorant un continent de la science. Et je me souviens enfin de ces petits matins d'hiver où Louis Althusser, sur un coup de téléphone bref et délibérément énigmatique, me convoquait rue d'Ulm ; où, avec des airs de conjuré préparant, loin des indiscrets, son grand soir philosophique, il m'entraînait, à peine arrivé, dans la cour intérieure de l'école, juste derrière le bureau-appartement qu'il occupa jusqu'à la mort d'Hélène et où, dans les rares moments de paix que lui laissaient la maladie, les hospitalisations répétées, les trépanations, il recevait ses agrégatifs ; Hélène, parfois, passait une tête par la porte de cuir entrebâillée ; ils échangeaient un drôle de regard complice qui m'a longtemps semblé le signe même de l'amour entre égaux ; et nous restions des heures à marcher là, dans l'allée de graviers, puis autour du « bassin des Ernests » – moi l'écoutant et lui, le front pensif, son fin profil épaissi par une bouche un peu lourde (l'abus des médicaments ?), les mains dans les poches de sa robe de chambre de laine à gros carreaux et l'œil chargé de signes d'intelligence que je devais entendre à demi-mot, m'expliquant, mais sans en dire trop, la place qu'il me réservait dans sa stratégie de conquête, de contrôle, de subversion du pouvoir intellectuel en France !

Il n'y avait plus grand monde, dira-t-on, pour répondre alors à ces appels loufoques. Et les « maos » proprement dits n'étaient plus, depuis belle lurette, althussériens. Soit. Mais enfin ils l'avaient été. Ils avaient reçu l'empreinte. Ils en avaient tous, peu ou prou, gardé cette conception guerrière, quasi militaire, du débat politique et du monde. Et le phénomène était en train, du reste, de prendre des proportions très inquiétantes avec la stratégie dite de « Nouvelle Résistance Populaire » dont j'ai toujours pensé qu'elle était un lointain effet de cet althussérisme hallucinatoire et où la France devenait ni plus ni moins qu'un nouveau pays nazi ; sa bourgeoisie, une nouvelle armée d'occupation ; ses communistes, des collabos ; ses usines, des camps de concentration ; ses ateliers en grève, des « maquis », des « zones libres », des « bases d'appui », des « « régions de partisans » ; et eux, les « maos », un peuple de « maquisards », de « vétérans », de « miliciens », en train de fomenter, dans d'ombre, les conditions de la grande insurrection antifasciste de demain.

Je n'invente rien. Je n'exagère même pas. Car c'est cela, à la lettre, qui se disait. C'est comme cela que, chaque semaine, dans *La Cause du Peuple*, dans *Tout*, ou dans *Les Cahiers de Mai*, s'exprimaient ces révolutionnaires intrépides. Et plus le temps passait, plus le délire s'accentuait — et plus j'avais le sentiment de vivre dans un monde étrange où, à force de tapisser le ciel de songes et de chimères, les meilleurs d'entre nous (les plus brillants, les plus savants mais aussi, il faut bien le dire, ceux qui poussaient le plus loin l'exigence morale) finissaient par s'inventer de fausses guerres menées avec de fausses armes contre des ennemis fantomatiques.

Alors, en un sens, bien sûr, tant mieux. Oui, tant

mieux que ces guerres aient été fausses. Tant mieux que les armes aient été chargées à blanc. Et tant mieux, on l'a cent fois dit, et c'est vrai, que ces « nouveaux résistants » en soient restés au stade du terrorisme imaginaire. Mais, sur le moment, cela me troublait. Cette insistance à singer la guerre, cette comédie de la violence et du défi, ces crucifixions pour rire et ces blagues de potaches transformées en grandes opérations de résistance, finissaient par me sembler obscènes. Et ce qu'il y avait en moi d'esprit de sérieux autant, probablement, que d'authentique tradition antifasciste, se cabrait chaque jour un peu plus face à ce qui m'apparaissait comme une insupportable imposture, mêlée de sacrilège.

Pierre Goldman, à la même époque, nourrissait des sentiments assez semblables, à propos du « psychodrame » de 68. Régis Debray, je le saurais un peu plus tard, après son retour de Camiri, lors de notre première rencontre, au Congrès du parti socialiste de Grenoble, n'était pas non plus très loin de cette ligne. Je connaissais les textes de Georges Bataille, trente ans plus tôt, fustigeant, dans l'« attitude surréaliste », le même « style de provocation outrée », sans conséquence dans le réel. C'est en pensant à cela, autant qu'à Sartre et à Nizan, qu'un matin d'octobre donc, fatigué d'entendre parler d'ennemis invisibles, d'introuvables révolutions et de guerres civiles dont chacun savait qu'elles n'existaient que dans les têtes, je décidai de réagir – en m'en allant, sans délai, à la rencontre de l'Histoire réelle.

Oh! bien sûr, ce ne fut pas la guerre d'Espagne.

Ce ne fut pas la grande guerre antifasciste dont, moi aussi, je rêvais. Je n'eus même pas, me semble-t-il, le sentiment d'évidence que j'aurais vingt ans plus tard, en Bosnie, au moment de choisir le camp bosniaque. Et la vérité m'oblige à dire que je fus assez déçu, sur le coup, par ces batailles obscures, indéchiffrables, où, non content de passer mon temps, tel Fabrice à Waterloo, à chercher et ne point trouver des fronts qui se dérobaient (j'ai appris, depuis, que c'est le lot de toutes les guerres), j'avais les plus grandes peines du monde, entre les chars soviétiques appuyant les Bengalais et la soldatesque pakistanaise dont on me contait les forfaits, à me tenir à mon parti pris.

Mais enfin c'était une guerre. Une vraie guerre. Avec des chars justement. Des stratégies qui se déployaient. Des hommes qui se terraient, certes, qui moisissaient dans leur tranchée, qui s'occupaient à de menues besognes dans un état de stupidité végétative assez semblable à ce que j'ai observé chez mes « damnés » — mais qui, parce qu'ils croyaient, eux, contrairement aux Burundais, Angolais, Sud-Soudanais, à la cause sacrée de l'indépendance de leur pays, se battaient tout de même un peu. C'était une guerre de positions à Jessore, où l'armée pakistanaise se replia sans coup férir — c'était une guerre d'attaque un peu plus bas, dans un village dont le nom m'échappe et où des unités d'élite indiennes donnèrent l'assaut à l'arme blanche. C'était une guerre propre à tel endroit, où l'on voyait les officiers ennemis négocier le cessez-le-feu autour d'une tasse de thé, à l'ombre d'un cocotier — c'était une guerre sale à tel autre où l'on trouvait, disait-on, les corps mutilés, et à demi dévorés par les chiens, de ceux qui n'avaient pas pu s'enfuir à temps. Bref, c'était une guerre totale. C'était la guerre parfaite. C'était la guerre pour de vrai que j'étais venu chercher.

J'avais ma dose, si l'on préfère. Mon shoot de réalité. Et si je devais, avec le recul, faire le compte de ce que m'a apporté, à court et plus long terme, cette première expédition chez les damnés, je dirais — pêle-mêle : toucher pour la première fois du doigt le fond de crime et de cruauté qui est le vrai secret de l'espèce ; comprendre ce que c'est qu'un charnier, quelle odeur ça dégage, et comment la viande humaine décomposée est l'incontournable horizon des guerres contemporaines ; les villes ; sentir, dans les villes, les nuits sans lune, quand arrive la mauvaise rumeur d'une attaque ou d'un bombardement, une humanité entrer en convulsion, chacun pour soi, égoïsme sacré, le hurlement des enfants qu'on piétine et qu'on retrouvera, au petit matin, écrasés dans la poussière ; ce que m'a appris le Bangla-Desh, c'est un peu du dessous des choses, un peu de leur visage caché, un peu de ce fond de carnage, de boucherie originaire, sur quoi s'édifie l'illusion des communautés même réussies ; il n'est pas impossible que ces quelques mois aient été l'origine vécue, l'intuition première, de cette série de livres qui, de *La Barbarie à visage humain* au *Siècle de Sartre*, n'ont finalement rien fait d'autre que de tenter d'isoler cet obscur foyer de Mal qui est au cœur du lien social et que la guerre fait affleurer.

Est-ce à dire que j'aie aimé cela ? Que j'aie pu prendre plaisir à ces scènes abominables ? Et avait-il tant soit peu raison, ce jeune commandant de Moukti

Fouj qui, un soir, tandis qu'il évoquait la mémoire d'un de ses meilleurs partisans, mort quelques jours plus tôt, et que, pour un autre, musulman, on achevait, un peu plus loin, de creuser une petite tombe, me déclara tout à coup : « vous, les journalistes, c'est pour ça que vous êtes là... vous êtes quand même, admettez-le, de sacrés salauds de voyeurs. » Il s'appelait, ce commandant, Akim Mukherjee. Je me rappelle la phrase. Je me rappelle son air. Je revois comme si j'y étais, à la lueur de la lampe tempête posée sur la table entre nous deux, ses dents rougies de bétel, son œil et son sourire féroces, quand il a dit : « sacrés salauds de voyeurs ». Et je pense, surtout, à la tête que j'ai dû faire, à la panique qui m'a saisi et à mon incapacité, soudain, à répondre quoi que ce soit à une remarque, certes banale, mais qui me troublait au-delà du raisonnable.

Car d'un côté, bien sûr, il y avait l'horreur. D'un côté, oui, il y avait la part de sauvagerie, que cette guerre libérait en chacun et qui me terrifiait. Il y avait les villages vides, où ne restaient, quand nous arrivions, que des mendiants ou des fous. Il y avait ces corps morts, mutilés ou brûlés dans leurs jeeps, qui pourrissaient au bord des chemins. Il y a eu cet étudiant fragile et gai, le jour où il a intégré la compagnie d'Akim et qu'on lui a passé sa cartouchière et son fusil – j'ai appris plus tard, longtemps après la guerre, qu'il avait choisi de se suicider plutôt que de participer à un assaut particulièrement dangereux. Il y a eu, plus tard aussi, alors que la guerre était déjà finie, ces deux « biharis » (collaborateurs des Pakistanais) enchaînés, sur la place principale de Dacca, les mains péniblement jointes en un geste de supplication, le regard fou où l'on ne lisait plus que la pauvre demande d'une agonie douce : la fièvre montant, la foule hurlant son désir de vengeance et de sang, ils furent piqués d'abord, puis tués à la baïonnette, devant une poignée de représentants de la presse internationale, notamment photographes, et notamment le jeune correspondant de *Combat*, qui n'attendaient, eux aussi, que cela. Il y a eu, il y a, des images abominables que j'ai bien du mal, aujourd'hui encore, à regarder en face même si je les sens gravées au fond de ma mémoire. Il y a eu, il y a, toutes ces scènes qui suffisent à expliquer mon horreur de la guerre aujourd'hui et qui font que je ne peux, même rétrospectivement, accepter sans protester la phrase du commandant Mukherjee.

Mais, d'un autre côté, comment le nierais-je ? il y avait, chez le très jeune homme que j'étais, une forme de jouissance. Une jubilation vers l'enfer et le Mal. Il y avait une vraie complaisance pour tout ce qui pouvait donner le sentiment d'exister mieux ou davantage — fût-ce le spectacle de la mort des autres ou le risque pris de la mienne. Il y avait des moments de bonheur intense, presque béat, dans les plages de répit laissées par les bombardements, les marches forcées ou le passage des ponts détruits : une tasse de thé bouillant prise un matin, à l'aube, dans l'une des dernières huttes d'un village carbonisé... la plus exquise sieste de ma vie, une fin d'après-midi, sur l'impeccable pelouse anglaise d'un golf de garnison abandonné... un fou rire d'enfants avec Akim, une nuit où sa Chevrolet, lancée à toute allure, avait

manqué verser dans un cratère... le sentiment déli-
cieux, presque incrédule, d'être encore de ce monde,
après une nuit de bombardements qui semblaient, à
chaque coup, ébranler les murs mêmes, les fonda-
tions de l'hôtel... l'image, une autre fois, de cet avion
soviétique, touché en vol, qui sembla s'arrêter, hésiter
et puis chuter doucement, tel un oiseau de papier... ou
bien cette impression de légèreté, nulle part retrouvée
depuis, qui affectait le moindre de mes gestes —
comme si mon corps, ma tête, ma voix même ou mes
idées étaient frappés d'une douce, aérienne, vaporeuse
précarité... De ce type d'émotions, certaines me
parlent encore, disent quelque chose à celui que je
suis devenu et ne sont, d'ailleurs, pas le contraire de
ce que m'ont inspiré mes tribulations chez les
« damnés ». D'autres me semblent odieuses au contraire, insupportables de complaisance, mauvais
Drieu, mauvais Jünger — et c'est ainsi que je mesure
le chemin parcouru depuis trente ans. Tout est là.

18

Le retour de l'Histoire

(« ... une sorte de chaudron... »)

Soit l'Allemagne des années 20. Imaginons-la,
cette Allemagne des années 20, comme un gigantes-

que chaudron. Imaginons, bouillonnant dans le chaudron, une soupe chimique, ou primitive. Imaginons que, dans cette soupe, mijote le bon vieux ragoût idéologique de toujours – nationalisme, socialisme, communisme, etc. Et supposons, dans le chaudron, donc dans la soupe, un mouvement tourbillonnaire qui, brassant les vieux morceaux, choquant les unes contre les autres, avec une force sans pareille, les molécules politiques traditionnelles, les fissurant, les détachant, les faisant craquer à la façon d'une catalyse ou d'un big bang, composerait, à partir de leurs atomes rendus à leur liberté, de tout autres molécules, impossibles avant cela, impensables, imprévisibles. Ainsi naît, au contact du nationalisme et du bolchevisme, le courant « national-bolchevique » des frères Strasser. Ainsi naissent les « révolutionnaires-conservateurs », proches de Raushning, von Salomon, Jünger, qui jouent, eux aussi, de l'ambiguïté et dont nul ne sait, sur l'instant, s'ils sont de gauche ou de droite. Ainsi naissent les sinistres « sections bifteck », rouges dedans, brunes dehors, que forment les communistes infiltrés dans les SA pour lutter contre l'ennemi principal social-démocrate. Ainsi naît, dans un chaos qui n'est que l'expression de l'ignorance des observateurs et de la nôtre, la terrible synthèse nazie. Ainsi naît, dans le fracas d'une chimie devenue folle, un mot, juste un mot, même pas, un *trait d'union*, mais qui suffit à donner à l'histoire son cours et son élan nouveaux : « national-socialisme »...

Soit la Russie des années 80. Ou, mieux, la Serbie de Milosevic. Là non plus, rien n'a changé. Là aussi, du moins en apparence, c'est toujours le même vieux communisme, le même très vieux nationalisme — sauf qu'il y a un élément nouveau, un seul, qui est à la fois minuscule et immense, presque invisible les premiers temps et, pourtant, d'une portée foudroyante en Europe : un trait d'union encore ; juste un trait d'union ; entre ces deux signifiants, « national » et « communisme », qui, pris isolément, ne sont que des resucées du passé et semblent, à la plupart des observateurs, condamnés l'un et l'autre par l'Histoire, un rapprochement bizarre, peut-être une hybridation. Tout le monde parle, à l'époque, de la très officielle « querelle du trait d'union » qui porte, en Tchécoslovaquie, sur la question de savoir si le nom du pays doit s'écrire avec ou sans trait d'union — s'il doit, autrement dit, rester uni ou éclater en deux Etats ; et il faut rien de moins que le talent politique du grand Européen Vaclav Havel pour que la querelle se dénoue sans effusion de sang. Eh bien, il y en a une autre, au même moment. Il y a une autre « querelle du trait d'union », non déclarée celle-là, jamais nommée, portée par cet Européen noir, cet anti-Vaclav Havel, qu'est Slobodan Milosevic. Elle va très au-delà, cette autre querelle, du trait et de l'union. Parce que le trait d'union y est une façon de figurer un télescopage de signifiants — national... communisme... — aussi explosif qu'improbable, parce que l'on dit « trait d'union » et que l'on pense, ou qu'il faudrait penser, mélange, dans le « chaudron » serbe, des discours apparemment antagoniques du nationalisme et du communisme, elle va avoir des conséquences autrement plus radicales et relancer, de fait, tout le débat politique en Europe.

Même chose, alors, à Sri Lanka ? Cette soupe où marinent des bouts de maoïsme, des lambeaux de polpotisme, un zeste de populisme fascisant, une pointe de fascination pour les kamikazes japonais de la Seconde Guerre mondiale, le tout sur fond d'hindouisme militant, est-elle comparable à la soupe où éclata le big bang nazi ? puis le big bang serbe ?

Même chose chez les fondamentalistes musulmans ? Cette autre soupe où barbotent des bouts d'islam dénaturé, des relents de haine fasciste de l'Occident, un zeste de modernité technologique, des lambeaux de marxisme-léninisme mal digéré, une vraie fascination pour tous les kamikazes, japonais ou non, apôtres du sacrifice suprême, le tout sur fond de culte de la mort et du martyre, est-elle comparable, elle aussi, à la soupe nazie ? serbe ? sri lankaise ? n'est-elle pas un autre signe de cette Histoire qui se remet brutalement en mouvement – nouveaux acteurs, nouveaux discours, nouveaux enjeux ?

19

La nuit des enfants-soldats

Que l'enrôlement d'enfants dans ces armées de soldats perdus soit un des grands scandales de ces guerres, qu'il y ait, dans cette façon de jouer de leur inconscience pour les exposer en première ligne et batailler à travers eux, un cynisme révoltant, qu'on ait affaire là, avec ce sacrifice des enfants, à la trans-gression de l'un des interdits majeurs, fondateurs des civilisations (de celles qui, en tout cas, sont nées du sacrifice retourné d'Isaac), tout cela ne fait pas de doute et doit être dénoncé sans relâche. Mais il faut avoir vu, en même temps, ces enfants. Il faut avoir entendu le témoignage de certains d'entre eux. Il faut, comme je l'ai fait, avoir écouté, de longues heu-res, le jeune Dayaparan me raconter comment ces enfants sont, bien souvent, les plus durs, les plus brutaux, les plus déchaînés, les plus enthousiastes, les plus cinglés, des combattants. Il faut, quand il évo-que la façon dont son régiment finissait à l'arme blanche les autres enfants des villages du Wanni dé-sertés par les adultes, avoir vu passer sur son petit visage d'ange cet air de férocité heureuse que l'on ne voit, d'habitude, que chez les assassins les plus en-durcis. Alors, on s'aperçoit que c'est aller vite en be-sogne que de faire de ces enfants-soldats les pures victimes de la perversité des adultes. Il y a, aussi, une perversité des enfants. Il y a, comme chez les gardes rouges chinois, les enfants délateurs du Cambodge, les bataillons de jeunesses hitlériennes ou mussoli-niennes, une méchanceté, une cruauté, une impé-tuosité dans le mal, spécifiques à la divine enfance. N'en déplaise aux bêtifications des nouveaux adultes occidentaux, n'en déplaise à cette nouvelle religion — la seule, au fond, qui tienne et fasse même l'unanimité — selon laquelle l'enfance, en tant que telle, serait pure, sainte, source de vérité, de beauté, de morale, on peut être un enfant et être un monstre. Alors, d'accord pour la cause des enfants suppliciés.

D'accord pour, à l'Onu et ailleurs, lancer des actions en vue de tirer le maximum d'enfants de cet enfer que sont les guerres. Mais pas d'accord pour alimenter à travers ces actions le vieux préjugé de l'enfance innocente et sacrée. Face à Dayaparan et ses semblables, face à ces hordes de Gremlins dévorateurs et terribles, impossible de ne pas songer à Freud et son enfance perverse, polymorphe, désenchantée ; impossible de ne pas se rappeler Baudelaire et sa théorie des enfants possédés, parfois démoniaques, car proches du baptême et, donc, du péché originel ; la ligne Freud-Baudelaire contre la bondieuserie de l'enfance impeccable.

20

Giono au Sri Lanka

(« ... parfois, dans les villages, cinq fois plus de femmes que d'hommes... »)

Hasard du calendrier. Repassant par la France, entre Sri Lanka et le Burundi, je suis pour quelques jours à Grignan, dans le sud de la France, où Raoul Ruiz tourne ses *Ames fortes*. Relecture du livre. Plongées, au-delà du livre, dans d'autres livres de Giono que je ne connaissais que par ouï-dire. Et découverte du *Grand Troupeau*, son grand roman pacifiste, dont je connaissais, pour le coup, à peine l'existence. Ordre ou désordre, demande-t-il? La guerre est-elle facteur d'ordre ou de désorganisation des sociétés? Ordre, bien sûr, si l'on pense à la rigueur des règlements, à la discipline militaire, etc. Mais désordre en revanche, immense et terrible désordre, quand on voit les champs abandonnés, les bêtes livrées à elles-mêmes, la terre en jachère et veuve de ses hommes, les femmes surtout, toutes ces femmes privées d'hommes, veuves elles aussi, ou simplement délaissées — à ma grande stupeur et courte honte, je découvre que, pour lui, Giono, comme pour moi, à Sri Lanka, la procession de femmes, le village déserté par ses hommes et où l'on ne voit plus que des épouses abandonnées et des veuves, est l'image même de la désolation de la guerre. Alors? Nouvelle ruse des langues politiques (Giono, comme un piège)? Nouveau péril littéraire (gare à Giono comme, tout à l'heure, gare à Drieu)? Ou nécessité, simplement, de savoir à nouveau distinguer (dire comme Giono et ne pas dire, pourtant, la même chose que Giono)? C'est cela, oui, bien sûr. Nécessité de travailler, de reprendre, un à un, les mots de Giono. Nécessité de les relire, surtout, en regard de leur vrai contexte — ces autres textes par exemple, que je ne connaissais pas non plus très bien, et qui composent les *Ecrits pacifistes*. Car il est là, le piège. C'est par là que Giono touche au fascisme. Non pas, je le vois bien, l'image du village de femmes comme tel. Mais l'idée, toute différente, d'une communauté organique, ou d'un ordre naturel, mettons celui du village, que la guerre viendrait détruire. Le naturalisme de Giono. Son organicisme. Sa nostalgie d'une harmonie, ou d'une bonne communauté, ou d'une pureté perdue. Sa haine, non pas d'abord de la guerre, mais de la modernité dont elle procède et dont elle est la forme achevée. Je ne crois pas, moi, que la guerre soit la forme achevée de la modernité. Je ne crois donc pas que son plus grand crime soit de dénaturer un ordre cosmique archaïque. Et c'est pourquoi je peux employer les mêmes mots – et dire le contraire de Giono.

21

De la difficulté d'être sujet

(« ... Récit de Yashoda... »)

Cet homme dont la voix flotte à côté du corps. C'est sa voix, sans aucun doute. Je regarde autour de nous, nous sommes seuls, c'est bien sa voix. Sauf qu'elle flotte. Elle semble, soit prise à un autre, soit provenir d'une zone étrange, très basse, qui ne serait plus tout à fait son corps. Parfois, elle change en cours de phrase : voix volante, empruntée. Parfois elle s'amenuise : minuscule filet, pur trait de voix, qui va très vite disparaître. Parfois elle s'étrangle, ou gargouille, comme si elle n'était plus capable d'une parole entière. Voix étrangère.

Cette femme, Yashoda, qui ne cesse, pendant qu'elle raconte son histoire, de se passer la main sur le visage. Le nez. Les cernes, sous les yeux. La bouche. Le menton. Les joues. Le léger duvet sur les pommettes. D'abord, je crois que c'est pour essuyer une larme. Mais non. Il n'y a pas de larme. Le visage est sec. Complètement sec. Et puis la main va toucher les cheveux, la nuque, le cou, les oreilles. C'est comme une peur, en fait. C'est comme si elle voulait s'assurer que tout est toujours là. Tous ses traits, un à un, très doucement, comme si elle redoutait qu'ils ne profitent d'une inattention pour disparaître. Il est tout ce qui lui reste, ce visage. Elle n'a plus de maison. Plus de vie. Très maigre, presque impotente, c'est à peine s'il lui reste des jambes pour marcher ou pour fuir si les Tigres, ou la Navy, s'avisaient de revenir. Imaginez alors que ce petit visage, lui aussi, fasse défaut... Imaginez qu'il lui joue le mauvais tour, à son tour, de s'effacer... Cet effacement des visages qui aura été la hantise du siècle, son horizon secret, et qui aura traversé, de façon si énigmatique, sa peinture, sa littérature, sa philosophie, serais-je venu jusqu'ici pour en voir s'accomplir le programme?

Cette autre, toutes ces autres, qui, à Sri Lanka comme en Angola et, bientôt, au Burundi, semblent n'avoir plus vraiment de regard. C'est si beau, un regard. C'est l'enseigne de l'âme. C'est le lieu du corps, par excellence, où filtre la lumière (celle de l'esprit... celle d'au-delà l'esprit...). C'est l'infini à la portée des visages. Leur part divine. Leur grandeur. Or c'est encore ce qui me frappe – c'est un autre trait de ces «damnés»: des visages sans regard; des regards sans lumière ; des gueules d'oiseaux cassées, des visages tellement brisés qu'ils semblent avoir perdu ce rayonnement obscur, cette dignité surhumaine, qu'offre, d'habitude, un regard. Ils voient, bien sûr, ces gens. Ils ont des yeux pour voir. Mais ce sont des yeux qui, justement, ne font que voir. Ce sont des yeux utiles. Ce sont des yeux pour vivre, survivre. Les vrais yeux, d'habitude, ne se contentent pas de voir, ils regardent, ils aiment, ils désaiment, ils pensent, ils interrogent, ils rêvent. Ces yeux-là ne semblent servir qu'à voir : des yeux sans regard.

Le rire. Dans ces camps de la misère et dans les caravanes de la mort angolaise, à Batticaloa comme à Huambo, Kuito et bientôt Quebrada Naïn ou Gorial, je n'ai vu personne rire. Ni sourire. Jamais. Ou alors des drôles de rire et de sourire, tournés vers le dedans, forcés, nerveux, presque honteux. Les gens, d'habitude, rient dehors. Ils se projettent, par le rire, en direction de l'extérieur. C'est comme si, en riant, ils témoignaient d'eux-mêmes face aux autres et au monde. Ici, c'est le contraire. Des gens qui ramassent leur rire. Des êtres craintifs, repliés, qui se ramassent pour rire et par le rire. Et quelque chose d'infiniment douloureux, inhumain, dans cette façon d'adresser son rire. Le rire, une habitude incertaine ? Une pratique menacée ? Un trait périssable et moins « propre de l'homme » qu'on ne le croit ? La première chose qui s'en va quand s'en va la subjectivité ? Peut-être...

De ces questions et observations, je ne sais trop que faire. Les dire, déjà. Les écrire. Noter cet effacement des rires, des sourires, des regards, tous ces traits qui ont pour fonction, en principe, d'individualiser les sujets. Et, face à cet effacement, face à cette désubjectivation radicale et générale, dans cette nuit des non-sujets, cet enfer où tous les sujets sont gris, dans cette indifférenciation qui offre une assez bonne image, après tout, de ce triomphe du « On », ou du « Das Man », ou de « l'existence sans existant », prophétisés par les philosophes et dont je n'avais jamais très bien compris, jusqu'ici, quels pourraient en être l'allure ou le parfum, dans cet empire du massif et du même, de l'anonyme et du fusionnel, dans ce minuit des âmes qui semble, pour l'éternité, l'heure des damnés, s'obliger tout de même, vaille que vaille, au fusain, en forçant le trait, à épeler des noms, distinguer des destins, repérer des visages et le dire.

Des noms contre la barbarie ? Des visages, contre la damnation de ces guerres ? Y aurait-il, là encore, deux humanités : l'humanité spontanément nommée, celle pour qui avoir un nom et un visage est, non seulement un droit, mais un fait, une évidence — et puis l'autre, celle de la subjectivité barrée et, donc, du visage impossible ? Et, face au scandale de cette répartition des noms et des visages, face au développement inégal, selon les cas et les régions du monde, de cette culture, de ce souci, de ce travail de soi sur soi, qui font l'être sujet et qui se disent dans un visage, face au fait que l'on n'est sujet ni de la même façon ni avec la même intensité selon que l'on est maître ou esclave, dominant ou dominé, gens de peu ou de presque rien, européen ou sri lankais, face à la réalité, en un mot, de ces destitués, ces déchus, ces hommes en trop, à qui il est interdit de donner forme et style à leur vie, le chroniqueur deviendrait-il une sorte de Christ au Mont des Oliviers, ou d'Elohim au jour de la création du monde, ou de nouvel Adam investi du pouvoir magique que donne le langage paradisiaque : « et je leur donnerai un nom impérissable » ? C'est le risque. Et je vois bien l'absurde, le ridicule, l'odieux de la situation. Mais en même temps... Le fait, en même temps, est là... Il y a, en ce monde, moins de visages qu'on ne le croit. Il y a des vies qui ne valent que par un geste, un mot, un moment de grâce, un épisode, ce que j'appelais, à propos de Conan ou du voyou bosniaque Celo, une passe possible vers la grandeur – et il y a des vies qui n'ont même pas cette passe. Il n'y a, aujourd'hui, qu'un problème politique sérieux : le drame de la disparition d'autrui.

Marx [1] : « les opprimés » attendent la remémoration du tort qui leur est fait autant que la réparation et la justice.

Horkheimer [2] : « il est amer d'être méconnu et de mourir dans l'obscurité ; éclairer cette obscurité, tel est l'honneur de la recherche historique. »

Brecht : « l'injure supplémentaire qu'inflige aux vies meurtries des pauvres le fait que leurs souffrances demeurent dans d'obscurité et ne sont pas même retenues dans la mémoire de l'humanité ».

Eh bien, il ne suffit pas de dire « les » vies. Ni « les » pauvres. Ni « les » opprimés, en général. Il ne suffit plus de dire « un homme fait de tous les hom-

---

1. Michael Löwy, *op. cit.*, p. 38.
2. *Ibid.*

mes et qui les vaut tous et que vaut n'importe qui ».
Il faut dire qui. Il faut rendre à chacun, précisément,
son identité, son nom. Il faut une remémoration qui,
pour avoir un sens, pour lutter réellement contre
l'oubli, pour rendre ou tenter de rendre à cette humanité damnée la trace qu'elle a perdue, doit être
concrète, incarnée dans des corps et figurée, donc,
dans des visages. Et il faut savoir enfin que, en ces
matières, personne ne tient lieu de personne : citer
Srilaya ne dispensait pas de citer Yashoda ; et citer
Srilaya et Yashoda, les avoir observées et interrogées,
avoir pieusement recueilli le récit de leur vie à toutes
les deux, n'aurait pas dû me dispenser de citer telle
autre femme, aperçue depuis le dernier pont, à
l'entrée de Batticaloa, debout dans le lagon, de l'eau
jusqu'au ventre, plongeant les mains dans le sable,
comme les chercheurs d'or, sauf qu'elle cherchait,
elle, non de l'or, mais des crevettes – ou telle autre, si
misérable, accompagnée d'un très vieil homme, peut-
être son père, ou son mari, il est en haillons, mais il a
un beau filet qu'il lance très loin dans le lagon – le
dernier pêcheur à l'épervier, me dit-on, car il se fait
tard et la pêche est interdite la nuit.

Ai-je assez fait, alors ? Ai-je suffisamment cité,
nommé, de Srilaya, Yashoda, etc. ? C'est la seule
question. C'est, surtout, mon seul remords. Cet
« etc. », encore. Cet horrible « Srilaya, Yashoda, etc. »
qui me trahit. Si l'histoire est la vengeance des
nations, le journalisme est la revanche des visages. Et
je n'ai, je m'en aperçois, pas raconté assez de visages.

22

Être sartrien à Bujumbura?

(« ... longues files d'hommes et de
femmes marchant sans but, le regard
vide... »)

Ce mot de Sartre qui, pour la doxa, résume sa
philosophie et dont j'ai fait moi-même tant de cas,
cette certitude, répétée sous tant de formes, qu'un
homme n'est pas ce qu'il est mais ce qu'il fait, qu'il
n'a pas de « nature » mais une « existence », cette
définition laborieuse et, au sens propre, poétique
d'une humanité arrachée – et tant mieux ! – à la fatalité de l'être et de l'étance, c'est-à-dire, qu'on le veuille
ou non, de la racine et de la race, cette idée reprise
encore, récemment, par un Premier ministre tonnant
qu'un homme n'est pas ce qu'il cache mais, encore et
toujours, ce qu'il fait – que pèsent toutes ces idées
face à ces hommes, ces femmes, qui ne font rien et
dont la dernière richesse tient, justement, dans leur
« misérable tas de secrets » ? Dit autrement : si l'on
est ce que l'on fait, si être soi c'est produire et se
produire, si le propre d'une singularité n'est pas
d'être mais de se réaliser, si chacun de nous se
résume à la modalité de son être au monde et de son

249

inscription active dans ce monde, si, contrairement à
ce que croient, ou veulent croire, les éternalistes,
nous n'avons pas de substance qui précéderait ce
que, par notre faire, nous devenons, quid de ceux qui
n'ont pas de faire? quid de ceux qui ne font pas,
n'œuvrent pas, bougent à peine? les morts-vivants
du Sud-Soudan, ces corps qui se traînent, ces hommes aux gestes mous, ces ombres qui, parfois, semblent ne plus vivre, déjà, que par quelques points —
les membres gourds, les lèvres bleuies, les yeux ou le
sourire éteints — faut-il conclure que, n'étant bons à
rien, ils ne valent rien? faut-il, au nom d'une idée
philosophique juste, condamner au néant cette moitié, que dis-je, ces trois quarts de l'humanité? Bref,
n'aurions-nous le choix, avec les damnés, qu'entre le
vieux dispositif qui renvoie les sujets à leur nature
mais qui court toujours le risque de verser dans le
racisme — et l'autre dispositif, le bon, celui qui se
refuse à river le sujet à la glu de son destin mais qui le
condamne, du coup, à ne plus rien être du tout et à
être jeté à la poubelle? Poubelle... : le mot du chef de
poste, à Rutana, quand il me parlait du sort que son
unité réservait à d'éventuels prisonniers hutus. Poubelle... : la meilleure façon, dans le Tiers-Monde, sur
fond de misère absolue et de désarroi, de créer des
générations de désespérés.

23

L'espèce humaine

(« ... ce désespoir mutique et exténué... »)

La question posée par les survivants des camps, la grande et terrible question qu'ils avaient peine à ne pas poser quand, après la guerre, dans le réel ou en pensée, il leur arrivait de croiser l'un de leurs anciens persécuteurs : quel rapport entre lui et moi ? entre le bourreau qu'il fut et la chair victimisée à quoi il m'a réduit, quelle parenté ? y a-t-il une relation d'espèce, peut-on encore parler d'« espèce humaine », quand se font face pareils tortionnaire et torturé ?

Presque plus terrible, cette autre question qui m'assaille au contact des damnés de la guerre, c'est-à-dire de ces sujets contrariés, bâillonnés, brisés, dont j'observais, en marge du récit sri lankais, que s'effacent de leurs visages tant de traits qui, chez les peuples heureux, composent une personne : entre eux et moi, quelle relation ? entre leur souffrance et la souffrance d'un nanti, entre leur expérience du monde et celle d'un Français, entre notre idée, par exemple, du mourir et celle d'un paludéen de Kamengué qui rend l'âme comme on crache un caillot, entre nos états d'âme, nos affairements, et une vie dont tout le pauvre sens tient, comme pour Faustin, dans la chasse aux cadavres tutsis décapités, démembrés, énucléés, castrés, quelle « unité »?

Ou encore : quel type de mémoire ont ces hommes? quelles pensées? quels rêves? Jouit-on de la même manière quand on a, en tête, l'image de son père éviscéré? A-t-on le même type d'imagination quand la grande affaire de la journée est d'enjamber la nuit qui vient et d'arriver à la journée suivante? Comment dort-on? Comment fait-on l'amour? Œdipe vous travaille-t-il de la même façon? Davantage? Beaucoup moins? A-t-on la force, encore, de mentir à ses proches? D'être jaloux? De s'ennuyer? S'emporter? Il faut de la force pour s'ennuyer. Il faut une puissance, une vitalité, une foi dans la vie extraordinaires pour être jaloux, dissimuler, s'emporter. Alors que là... Cette humanité exténuée. Cette déshumanisation terrifiante. Est-elle, cette déshumanisation, l'affaire des seuls corps? Ne touche-t-elle pas, aussi, les âmes? La détresse, dans ces extrémités, n'opère-t-elle pas comme des ponctions de vie intérieure et d'âme?

J'écarte, bien entendu, ces questions. Elles me font peur et horreur. Comme me faisait peur, tout à l'heure, l'idée du chroniqueur distribuant noms et visages. Mais elle est là. Elle ne me lâche pas.

24

Qu'est-ce que le courage?

(« ... des rafales d'armes automatiques qui viennent maintenant des deux côtés. »)

« Il n'y a de courage que physique », disait Michel Foucault. Et si c'était l'inverse? Et si le vrai courage, le plus difficile, le plus admirable, était le courage intellectuel, moral? Et si le seul courage qui tienne, celui d'où tous les autres procèdent, était le courage de réfléchir par soi-même, de penser à contre-courant, de vivre ou de se conduire autrement, de regarder le mal en face, de fixer son ennemi dans les yeux et de lui dire la vérité? Et si ce courage-ci, celui dont parle Foucault et qu'il est convenu d'appeler le courage physique, le courage d'aller au-devant d'une embuscade, ou de traverser le Burundi à feu et à sang, ou, à Sarajevo, de braver les tireurs serbes en se promenant sur « Sniper Alley » et en s'attardant aux mauvais carrefours, n'était, au mieux, que l'épilogue de l'autre, son couronnement – au pire, c'est-à-dire le plus souvent, le signe, soit d'une fascination obscure pour le martyre et la mort, soit d'un manque d'imagination quant à l'éventualité de sa propre dis-

253

parition? Ainsi le colonel de Bardamu, dans *Voyage au bout de la nuit,* brave parmi les braves, si courageux, oui, qu'il finit par en mourir : « un monstre, écrit Céline, pire qu'un chien, il n'imaginait pas son trépas ». Ainsi les enfants-soldats du Sri Lanka ou du Burundi : envoyés en première ligne parce que, drogués ou non, ils sont inconscients du danger, dénués d'instinct de conservation, imperméables à la peur — dira-t-on d'eux qu'ils sont « courageux »? Ainsi cette confidence de Malraux à Saint-Exupéry, rapportée dans *La Corde et les souris,* non sans une pointe de coquetterie : mon courage? quel courage? je n'ai cru à la mort dans aucun combat aérien; je n'ai pas cru, à Gramat, que le peloton d'exécution allait tirer sur moi et, s'il avait reçu l'ordre de le faire, j'aurais, jusqu'au feu, cru qu'il ne tirerait pas; je n'ai jamais pensé, même quand les obus tombaient, tout près de moi, que le prochain me toucherait; dans les maladies, chaque fois que l'on m'a anesthésié, je n'ai jamais craint de ne plus me réveiller; je n'ai jamais pu, en un mot, me figurer mon corps mourant. Et ainsi le chroniqueur prenant le risque de la première ligne et de la zone interdite des caféiers de Tenga : inconscient, lui aussi; superstitieux, mais à l'envers; convaincu, sans doute à tort (mais le calcul, une fois de plus, était exact), de la bonne étoile qui le protège; athée de sa propre mort; il dit d'habitude, non sans forfanterie : « athée de l'inconscient » — eh bien il ajoute ici, mais sans doute est-ce la même chose, athée de sa propre mort; pas exactement invulnérable, non; ni hors d'atteinte; mais infoutu de concevoir (toujours le même problème, le même défaut d'imagination, de conscience − plus, en la circonstance, une bonne dose de vanité) un monde continuant sans lui ; quel mérite à être « courageux » ?

25

Hegel et Kojève africains

(« ... le vieux thème, dont je me suis tellement méfié, de la fameuse "Fin de l'Histoire"... »)

J'entends bien que la Fin de l'Histoire est, chez ceux qui s'en réclament, une perspective plutôt heureuse.

Je sais qu'elle désigne, sinon chez Hegel (qui n'en parle guère et qui, à en croire Eric Weil, dans les dernières pages de son *Hegel et l'Etat*, se serait refusé, in fine, à fermer sur l'Etat de droit la prosopopée de l'Histoire universelle), du moins chez Kojève (qui y voit le fond caché de *La Phénoménologie de l'esprit*, la thèse ésotérique et magique que le maître n'aurait pas osé articuler mais qu'il serait parvenu, lui, son apôtre fidèle et averti, à lire entre les lignes et exposer), la résolution des « contradictions », la réconciliation du « vouloir subjectif » et du « vouloir rationnel », la réalisation de la « liberté » sur la terre, la substitution de la « reconnaissance mutuelle et égale » à la vieille relation maître-esclave — toute une série d'événements dont le moins que l'on puisse dire est qu'ils n'ont pas grand-chose à voir avec le tableau de désolation qu'offrent le Burundi, l'Angola, Sri Lanka, le Sud-Soudan, la Colombie : disons, une fois pour toutes, pour simplifier, les trous noirs de la planète.

Je sais que, mettant fin au travail de la dialectique, donc de la négativité, la Fin de l'Histoire en finit aussi avec le manque, le mal et, par voie de conséquence, le mauvais génie de la division, les contradictions internes aux sociétés, les conflits, les différends et aussi, par voie de conséquence, la fatalité des guerres et leur cortège de violences insensées — voir, entre mille, cette page de Hegel consacrée aux « tableaux d'intérieur hollandais suscités par une population qui, après les grandes guerres de l'histoire, voulut célébrer sa sortie de celle-ci en jouissant une seconde fois du spectacle de sa propre condition apaisée et aseptisée » : Hegel dit bien « après » les grandes guerres ; il insiste sur l'« apaisement » propre à la nouvelle « condition » humaine, sortie du temps de ces grandes guerres ; il parle de ce temps de la « post-Histoire » comme d'un interminable « dimanche de la vie » qui « égalise » toutes choses, « éloigne toute idée du mal » et permet d'en finir, sic, avec la fatalité de la guerre ; et hésite-t-il sur la perspective ? lui arrive-t-il, dans *La Philosophie du droit*, de penser qu'il y aura encore des guerres au temps de la Fin de l'Histoire, d'autres types de guerres certes, mais des guerres tout de même ? Kojève rectifie la position. Il suggère que c'est le désir de reconnaissance, la rivalité mimétique des orgueils et des amours de soi, donc le besoin même de bataille et la source, depuis la nuit des temps, de la guerre, qui disparaissent quand disparaît l'Histoire. Le Burundi dans tout cela ? Les trous noirs, dans ce tableau ? Le fait même d'être en guerre n'est-il pas la meilleure preuve que l'Histoire n'est pas finie ?

Et puis je suis bien conscient, enfin, qu'il y aurait une dernière raison qui, si les autres ne suffisaient pas, devrait dissuader de prononcer le mot à propos de ce Burundi isolé, asphyxié, et que l'interruption, la semaine de mon passage, après l'attaque sur l'aéroport, du dernier vol de la Sabena venait de plonger encore un peu plus dans la ténèbre : pas de vraie Fin de l'Histoire, sans procès d'unification planétaire ; quand Hegel et Kojève disent « Fin de l'Histoire », ils parlent d'un devenir-universel du monde, ou d'un devenir-monde de l'universel ou, plus précisément encore, d'un devenir-monde-et-universel de cette catégorie de l'Etre très particulière que la tradition philosophique, de Kant à Husserl, appelle « Europe » et qui est aussi, chez Hegel, la patrie du « type d'homme » le plus « universel », le plus « libre », le mieux affranchi des « principes naturels », bref, un incomparable principe, à soi seul, d'universalité et de liberté. Dans « Fin de l'histoire », autrement dit, chaque mot compte. Histoire autant que Fin. Et c'est bien d'une Histoire qu'il est question, d'une seule et unique Histoire, où tous les peuples de la terre, toutes les provinces, même lointaines, du nouvel empire homogène, sont supposés entrer tour à tour, solennellement, en grande pompe, de mieux en mieux connectés aux capitales de l'empire mondial. Hégélianisme pour hégélianisme, et à tout prendre, ne serait-il pas plus juste, alors, et plus conforme, en tout cas, à la réalité concrète de ce Burundi coupé de tout et, d'abord, de l'Europe, de mobiliser un autre texte : le chapitre « africain » de *La Raison dans l'Histoire,* qui n'a rien à voir avec cette hypothèse de la Fin de l'Histoire et qui soutient même le point de vue inverse puisqu'il y est question, quelques pages avant les considérations sur le « type d'homme » offert par l'universalité européenne, d'une Afrique qui, « aussi loin que remonte l'histoire », serait restée « fermée, sans lien avec le reste du monde » – une Afrique « anhistorique », une Afrique qui « ne fait pas partie du monde historique », une Afrique qui n'a pas à sortir de l'histoire puisqu'elle n'y est jamais entrée ?

N'empêche. J'ai, malgré ces réserves, trois bonnes raisons au moins d'avoir cette idée de Fin de l'Histoire en tête tandis que je remonte, ce matin-là, avant-dernier épisode de mon reportage, de Rutana vers Bujumbura – j'ai trois raisons, aujourd'hui encore, de penser que les textes hégéliens ont quelque chose à nous dire de ces longues processions de femmes, leurs piles de tôles sur la tête, qui marchent vers la Tanzanie en abandonnant leurs maisons aux « complices des assaillants ».

Le négatif, d'abord. La notion de fin du négatif et ce qu'elle signifie dans le texte hégélien. La fin de la division ? Soit. La fin du différend, de la guerre ? D'accord. Mais aussi, avant cela, en amont de ces fins particulières, la fin de ce travail de soi sur soi, et de soi sur la nature, qui est la définition de l'Histoire en marche.

Hegel le dit très clairement dans de très belles pages de la *Phénoménologie* : ce qui caractérise le temps humain, ce qui le distingue du temps figé, ossifié, spatialisé, des choses, c'est ce qu'il appelle le « sérieux », la « douleur », la « patience », le « travail » du négatif. Il le dit, plus nettement encore, et a contrario, dans le fragment « africain » déjà cité de *La Raison dans l'Histoire* : si l'Afrique est hors l'histoire, s'il s'y produit des « suites d'accidents » mais pas de vrais « événements », c'est que l'homme reste figé dans son « immédiateté », c'est-à-dire dans ses « passions », et que, s'il se « distingue » déjà de la nature, il n'a pas encore appris à « s'opposer » à elle. Ce qui caractérise, autrement dit, l'homme dans l'Histoire, l'homme en tant qu'il est Histoire et qu'il la fait, c'est cette « inquiétude », ce goût de « transformer » la nature par la technè, ce « dépassement » de l'être donné en direction du concept et de la raison, qui sont le propre travail de la dialectique. Que ce mouvement s'arrête, suggère Hegel, que les hommes cessent d'être ces esprits qui toujours nient, que le donné leur apparaisse comme un donné définitif et non comme le point de départ d'une élaboration technique, d'un ouvrage, que l'on rompe avec ce principe qui veut que tout donné suppose un rendu et que le propre de l'acte humain, ce qui le rend pleinement humain, c'est d'être un attentat contre la nature et contre le monde — et alors, oui, c'en sera fini de l'Histoire, de la vraie Histoire, l'histoire historiante, et non historiée, pour reprendre les termes de Spinoza.

Or j'observe les Burundais. J'observe leur immobilité muette. J'observe ces petits groupes d'hommes et de femmes qui semblent n'avoir d'autre souci, tout au long de la journée, que de se déplacer très légèrement, sur leur trottoir, pour suivre le trajet de l'ombre que font les toits des maisons. Je vois les maisons abandonnées. Les soldats inoccupés. Les campagnes dépeuplées avec leurs lignes de front mal dessinées, leur terre empoisonnée et hérissée de ronces d'acier, leurs champs en jachère. Je considère cette humanité prostrée, désœuvrée, à bout de souffle. Et je ne crois solliciter ni les faits ni les textes en disant qu'il y a là une assez bonne image de cette positivité pathétique, de ce non-rapport à la nature et au monde, de ce renoncement à l'idée même de se confronter au donné pour le travailler et le métamorphoser, qui marquent, selon les hégéliens, que les délais sont expirés et que l'on commence d'entrer dans le temps de la non-Histoire.

Le temps. Qui dit Fin de l'Histoire dit fin du temps. Qui dit Fin de l'Histoire dit fin de cette double propriété qu'avait le temps, du temps qu'il y avait de l'Histoire, c'est-à-dire, en gros, depuis Augustin, d'être adossé à une mémoire et orienté vers un futur. Quand Hegel dit Fin de l'Histoire, quand Kojève reprend et développe la prophétie « cryptée » du chapitre 6 de la *Phénoménologie*, quand Fukuyama, le troisième apôtre (et, contrairement à ce qui se dit partout, pas forcément le moins pertinent — je n'ai cessé d'écrire, pour ma part, dès le premier jour, et même si je me trouvais en désaccord radical avec lui, que le débat rouvert par l'auteur de *The End of History* était l'un des débats les plus sérieux, les plus féconds, du moment), quand l'hégélianisme de la troisième génération actualise, donc, le propos en présentant la « démocratie » comme « la forme finale de tout gouvernement humain » et « l'Etat libéral » comme la figure « la plus accomplie » de « l'Etat universel homogène », ce qui est en jeu, chaque fois, c'est la fin du procès de « temporalisation » qui dure depuis deux mille ans, qui donne son sens à l'aventure humaine et dont la caractéristique était d'être aimanté à la fois par l'amont et par l'aval, par le passé et par l'avenir – ce qui est en jeu, c'est l'apparition d'un temps étale, figé dans un éternel présent, immobile : « dépassement du temps », dit très précisément Kojève, dans sa double profondeur d'avant et d'après ; nouvelle manière d'« être au temps » fondée sur une pure « succession de maintenant », dit Heidegger commentant Hegel (et lui reprochant, au passage, d'en être resté, avec cette image d'un temps réduit à cette succession discrète, à la vieille problématique aristotélicienne du temps physique, naturel – un temps par étant, autant de temps que de créatures et de maintenant...) ; et quant à Fukuyama, son Etat universel et homogène a pour élément le « no future » des modernes, le « no memory » des postmodernes, cet alignement d'instants juxtaposés, hétérogènes, brillant de l'uniforme et morne éclat de l'histoire dévitalisée, qui scandent le monde de ces nouveaux enfants dont Nietzsche prophétisait qu'ils naîtraient un jour « les cheveux gris ».

Or c'est à peu près, là aussi, ce que je disais dans

l'avant-propos des *Damnés*, quand je parlais de guerres sans mémoire (donc sans passé), sans issue (donc sans futur), figées dans l'instant (donc dans un éternel présent). Et c'est très exactement, surtout, l'expérience du temps dont témoignent, quand on les interroge, les survivants de toutes ces guerres et de la guerre du Burundi en particulier.

Les protagonistes des guerres, d'habitude, capitalisent leurs victoires et même leurs défaites. De cette capitalisation, glorieuse ou douloureuse qu'importe, ils tirent une part de l'énergie qui leur est nécessaire pour continuer de se battre. Et ce double procès (de capitalisation, puis de remobilisation, de recyclage énergétique, de réinjection de la mémoire dans le circuit de l'Histoire qui se fait...) suppose un travail d'inscription dans le temps, d'indexation sur une durée commune, de commémoration, monumentalisation, documentation – il suppose rien de moins que l'écriture d'une Histoire et la constitution d'une tradition (ainsi les Serbes et l'instrumentalisation de la catastrophe nationale que fut, au Kosovo, la défaite contre les Turcs ; ainsi, dans toute l'Europe centrale et orientale, cette ivresse de l'Histoire qui devient le vrai carburant des irrédentismes, des aspirations nationales, des combats politiques et métapolitiques ; et je ne parle là, bien entendu, que des cas pathologiques, laissant exprès de côté la relation vivante des démocraties à leur passé et à leur mémoire). Or, ici, rien de tel. Pas d'archives. Pas de monuments du souvenir. Pas de stèles. A peine une presse. Et, dans les conversations, dans les témoignages oraux que j'ai recueillis, une incroyable indifférence à tout ce qui pourrait permettre de dater les batailles, les péripéties de la guerre, les atrocités, les crimes ou même, à l'inverse, les faits de résistance de la société civile.

« Un jour », disent les rescapés de tel massacre qui fut pourtant perpétré quelques mois, voire quelques semaines, avant mon arrivée... « Cela s'est passé un jour »... Un peu plus, ils diraient : « in illo tempore... en ce temps-là... très très lointain... » Et il faut beaucoup d'efforts, il faut beaucoup d'insistance et de questions, pour les sortir de ce temps mort, de ce temps de nulle part, de cette uchronie, de cette temporalité abstraite et quasi légendaire qui est, visiblement, le temps de la guerre tel qu'ils le vivent et où rien ne ressemble plus au crime de la veille que le crime du lendemain – où ne cesse d'advenir un dernier crime indéfiniment pareil à tous ceux qui l'ont précédé et, de proche en proche, au premier.

Il me dit quelque chose, bien sûr, ce temps insitué ; il dit inévitablement quelque chose à une oreille philosophique car il n'est pas le contraire, n'est-ce pas, du temps de la métaphysique juive et de son calendrier figé ; sauf que si le temps juif était, lui aussi, un temps immobile, si c'était, à bien des égards, un temps anhistorique (Rosenzweig disait une « métahistoire » ; Lévinas, une « anti-Histoire »), cette antiHistoire était, à l'inverse de celle des damnés, sacrée, ritualisée, scandée par des fêtes et donc datée, voire sur-datée.

On pense aussi à Josué arrêtant le mouvement du soleil pour gagner le temps nécessaire à sa victoire ; on pense aux révolutionnaires de Juillet dont Walter

Benjamin rappelle qu'ils tiraient sur les horloges pour être bien certains de suspendre, puis de renverser, le cours d'un temps dont ils avaient compris qu'il serait toujours le temps des maîtres et des seigneurs; mais, là aussi, c'est autre chose; ce temps burundais est un temps, non pas suspendu, mais vide, vraiment vide, sans contenu, mécanique, automatique, répétitif, homogène et c'est, vraiment, le temps du malheur.

On pense encore au temps dit « archaïque »; on pense à ce temps sans dates ni repères que les ethnologues des années 60 prêtaient aux sociétés dites primitives, non encore entrées dans l'Histoire, où les événements n'étaient censés advenir que comme des coups à blanc, sans repères, donc sans écho; mais le Burundi *est* entré dans le temps; il y a eu, à Bujumbura, un temps où le temps avait le parfum des souvenirs, des projets; il y a eu, comme en témoigne toute l'histoire, non seulement de la colonisation, mais des grandes monarchies africaines précoloniales, des événements au sens où l'entend la philosophie de l'histoire occidentale; seulement voilà; il n'y en a plus; c'est comme une exténuation du temps; une fatigue de la datation; c'est une humanité si profondément harassée que le temps lui-même semble y avoir épuisé ses ressources et ses ressorts; un temps figé, oui; une sempiternité définitive; un temps sans dates, sans prises, où n'en finissent pas de s'additionner des horreurs indéfiniment identiques à elles-mêmes; un vrai temps de Fin de l'Histoire.

L'individu enfin. La fin de la forme-individu et peut-être, plus généralement, de ce que l'Occident a voulu appeler « l'homme » et dont nous savons depuis longtemps que, tributaire, dans son accomplissement, de l'avenir de l'individualisme démocratique et de ses illusions, il avait peu de chance de survivre au dépérissement de celui-ci. C'est, pour tous les théoriciens de la Fin de l'Histoire, un autre de ses traits. C'est, au temps de l'Etat universel et homogène, un autre, le troisième, des signes qui disent à l'observateur que l'humanité est entrée dans la dernière étape de son Histoire.

Hegel, quand il pose que la singularité n'est jamais qu'un moment du concept ou de la conscience de soi de l'absolu, quand il caractérise l'« individu » comme une « subjectivité qui réalise le substantiel », une « forme vivante de l'action substantielle de l'esprit du monde », ne sous-entend-il pas qu'avec l'avènement de la substance, c'est lui, l'individu comme tel, qui disparaît ? Kojève ne dit-il pas que si, « à la Fin de l'Histoire », l'homme demeure en tant qu'« être donné », ou « animal en harmonie avec la Nature », ce qui, en revanche, doit s'effacer c'est « l'homme proprement dit », « l'action niant le donné », le « Sujet opposé à l'objet [1] » ? Fukuyama ne va-t-il pas encore plus loin quand, comme Nietzsche, comme Léo Strauss (et on n'insistera jamais assez sur l'empreinte nietzschéenne, non seulement chez Fukuyama, mais chez Kojève lui-même et chez tous les théoriciens, au fond, de la Fin de l'Histoire) il annonce l'avènement du « dernier homme », c'est-à-dire d'un homme

---

1. Alexandre Kojève, *Introduction à la lecture de Hegel,* Gallimard, 1947, pp. 434-435.

que « la reconnaissance universelle et égalitaire, et rien de plus, satisfait totalement [1] » – un homme que le « goût de la sécurité » ainsi que le « calcul économique » ont convaincu de sacrifier la « mécanique de son désir » et, avec cette mécanique, tout un cortège de vertus anciennes (courage, imagination, art, philosophie, idéalisme) désormais éradiquées ou inutiles ; un homme « animalisé » qui, conformément, toujours, à la prophétie nietzschéenne, n'aura plus besoin que d'« un peu de poison ici et là pour faire des rêves agréables, beaucoup de poison à la fin pour mourir agréablement [2] » ?

L'animalisation, justement... Ce devenir animal des humains sur lequel tous les trois, à des titres divers, insistent... Kojève, dans une note canonique de la seconde édition de l'*Introduction à la lecture de Hegel*, ne demande-t-il pas de « tenir pour acquis » que le retour à l'animalité est le signe principal indiquant que l'humanité est entrée dans la post-histoire ? Fukuyama n'insiste-t-il pas sur l'idée que vivre dans la post-histoire c'est vivre comme un chien, vraiment un chien, heureux d'être « nourri », content de « dormir au soleil toute la journée », jamais fâché « que d'autres chiens fassent mieux » ni qu'il soit dans la nature d'une « carrière de chien » de « rester stagnante [3] » ? Eh bien difficile, là encore, de ne pas songer à la déshumanisation de fait dont je n'ai cessé d'être témoin au cours de ces voyages. Difficile, pour

---

1. Francis Fukuyama, *La fin de l'Histoire et le dernier homme*, Flammarion, coll. Champs, 1999, p. 23.
2. *Ainsi parlait Zarathoustra*, Le Livre de Poche, 1963, p. 23.
3. F. Fukuyama, *op. cit.*, p. 351.

un philosophe, de ne pas entendre l'écho de ces textes et de ce qu'ils annoncent quand on croise tous ces
pauvres gens ravalés par la guerre au rang de bêtes en
grand nombre. Difficile, impossible même, de ne pas
entendre l'écho de cet écho quand je repense, aujourd'hui encore, et avec le recul, à la torpeur con-
fuse des soldats du petit poste de Rutana bloqués
dans une casemate puant la charogne ; ou à ces malades de Bubanza, allongés sur le bord de la route,
grelottant de fièvre, les yeux déjà vitreux, qui semblaient n'avoir plus de vivant, et d'humain, que le
geste des mains pour mendier ; ou à ces cadavres
d'enfants, morts depuis plusieurs jours, et jetés,
comme des carcasses de chiens, dans le lit d'un petit
torrent, près de Tenga.

Que la dissolution de la forme sujet traditionnelle
ne soit pas propre au Burundi, que l'Occident prospère et développé ait largement progressé, lui aussi,
sur la voie d'une déshumanisation évidemment plus
douce, que des phénomènes aussi divers que la dé-
chéance du nom du Père, en France, dans la nouvelle
législation sur les noms, la désexualisation de nos
sociétés, l'indifférenciation grandissante des sexes, le
babillage animalier, la zoophilie ambiante, l'alignement d'un « droit des animaux » en gestation sur les
droits de l'homme, témoignent que nous sommes
bien engagés, nous aussi, sur le chemin de ce deve-
nir-animal de la néo-humanité, c'est certain. Mais le
phénomène, comment le nier ? prend des dimensions
autrement plus tragiques quand on en arrive à traiter
des cadavres d'enfants comme des carcasses de
chiens. Et s'il fallait, d'ailleurs, un dernier exemple de

cette animalisation « dure », s'il fallait une dernière preuve de cette liquidation sans pareille de la forme-sujet en tant que telle, à laquelle on assiste au Burundi, je prendrais le traitement, non du vif, mais du mort dans cette guerre.

« Humare humanum est », disait Vico. Inhumer, creuser des tombes, est le propre de l'humain. Et c'est le propre de l'humain parce que c'est un pari sur la présence du mort, donc sur sa singularité, son histoire, le régime de sa filiation, peut-être l'immortalité de l'âme qui fut naguère attachée à son corps inhumé. Or je m'aperçois, en y repensant, qu'il n'est pas si clair que cela, le traitement des morts dans ce pays massivement chrétien qu'est pourtant le Burundi. Des tombes, bien sûr. De grands cimetières sous le ciel blanc, notamment sur la route du Nord, en direction du Rwanda. Mais profanés. Dévastés. Des centaines et des centaines de stèles que des mains barbares ont renversées mais que nul, apparemment, ne prend plus la peine de relever. Et, dans les zones de guerres proprement dites, ces charniers, ces ossuaires, ces petits tas de cadavres frais pourrissant, comme à Tenga, au bord du torrent, sous une vague couverture, à demi dévorés par les fourmis et les hyènes, dont la presse internationale se fait régulièrement l'écho. Parfois, on trouve, comme au Japon, des bouts de vêtements accrochés aux branches des arbres. Parfois, des croix de fortune, faites avec deux bouts de bois et un clou de soulier, mais que la forêt et la pluie ont, au bout de quelques jours, déjà commencé d'avaler. Et ma stupeur, enfin, quand j'ai découvert que Faustin, l'homme des cadavres tutsis recomposés, celui qui sillonne le Burundi à la recherche des têtes, des membres, des corps dépecés des victimes de la barbarie hutue, l'incarnation même, autrement dit, de la piété due aux morts de cette guerre atroce, ne sait apparemment pas où est enterré son propre père. Désert des corps. Désert des âmes. Dernier signe de la Fin de l'Histoire.

De ces remarques, je tire plusieurs conclusions. De cet exercice de phénoménologie historienne, je déduis, sinon des leçons, du moins des hypothèses : deux, en fait – plus une série de questions auxquelles je me garderai bien, en revanche, de répondre pour le moment.

Première hypothèse. De même que Marx et Engels se sont trompés en annonçant que la Révolution mondiale commencerait en Allemagne alors que c'est en Russie que, contre toute attente, elle devait finalement éclater, de même Hegel, Kojève et Fukuyama se sont peut-être trompés en voyant les premiers signes de la Fin de l'Histoire, l'un à Iéna, en 1806, le jour où Napoléon passa sous sa fenêtre ; l'autre à Moscou, cent trente ans plus tard, quand Joseph Staline réalisa le socialisme ; le troisième, un demi-siècle après, au moment de la chute du Mur de Berlin et du triomphe apparemment sans partage du capitalisme libéral.

Car on peut prendre le problème par le bout que l'on voudra. On peut dire : « voici ce que disent les hégéliens ; voici comment ils décrivent l'entrée dans la durée post-historique ; ce qu'ils nous annoncent c'est, à peu de chose près, la situation du Burundi ».

Ou : « voici ce qui se passe au Burundi ; voici le rythme étrange que l'Histoire semble y avoir pris ; c'est très exactement ce qu'annoncent, dans leur improbable prophétie, les saints apôtres de la Fin de l'Histoire ». Ou encore, à la façon de Benjamin dans sa « Thèse VII » déjà citée : « soit le Burundi, l'Angola, les trous noirs, l'enfer ; que doit être l'Histoire pour que cet enfer y soit possible ? quelle idée de l'Histoire dois-je me donner qui corresponde à cet état de fait ? eh bien voilà ; l'épuisement des ressources du négatif, la fatigue de la datation et du temps, la retombée des hommes en animalité – autrement dit la Fin de l'Histoire... »

Dans tous les cas, le résultat est le même. Cette Fin de l'Histoire dont on nous parle depuis deux siècles et par rapport à laquelle tout ce qui compte en philosophie, depuis Fichte et Schelling, n'a cessé de se déterminer, cette Fin de l'Histoire qui, depuis la mort du communisme, anime à nouveau le débat public et dont je me suis tellement défié, eh bien la voici qui commence d'entrer dans les faits – sauf que ce n'est ni à Iéna, ni à Moscou, ni à New York, mais à la périphérie du monde, aux marges de l'empire, dans les « civilisations retardataires des provinces périphériques », qu'elle est en train de se produire.

L'histoire s'est arrêtée au Burundi. Mettons que je sois venu là, au bout du monde, pour voir se renverser la perspective : une Fin de l'Histoire qui, non contente d'être une « Fin de l'histoire dans un seul pays » (ou, au moins, quelques pays, quelques trous noirs, un continent), non contente de rompre avec la « clause d'universalité » qui semblait coextensive à son concept, non contente de nous dire : « on fait toujours comme si la Fin de l'Histoire, comme la Révolution, devait être universelle ou ne pas être ; on tient pour acquis que la Fin de l'histoire doit être le genre humain ou ne rien être ; eh bien non ; peut-être pas ; peut-être faut-il renoncer à cette superstition de "l'Histoire" avec un grand H ; peut-être faut-il admettre qu'il y a, du point de vue de son achèvement, non pas une Histoire, mais deux » — une Fin de l'Histoire qui, donc, va encore au-delà et renverse le partage convenu entre peuples « historiques » et « post-historiques » puisqu'elle qualifie, non les nantis, mais les damnés... Retour de l'Histoire à Moscou (post-communisme et compagnie). Retour de l'Histoire à New York (terrorisme, état de guerre, renouement avec le Tragique). Fin de l'Histoire au Burundi (et d'une manière générale, dans les trous noirs).

Seconde hypothèse. Cette Fin de l'Histoire c'est, à peu de chose près, ce qu'avaient prédit les hégéliens. Ce sont les mêmes signes. Les mêmes traits. C'est la même phénoménologie du temps et de l'espace. Sauf que tout se passe comme si un malin génie avait, au moment de la mise en œuvre, inversé tous les repères — tout se passe comme si un diable avait déréglé l'ensemble d'un dispositif qui n'était supposé promettre, je le répète, que riantes et heureuses perspectives.

La panne du négatif, la fin de la dialectique, le renoncement au labeur technicien et à son inlassable souci de métamorphoser le donné, annonçaient-ils

271

une humanité oisive mais heureuse, presque opu-
lente, qui, en échange de son désir, de sa passion de
la reconnaissance et des rivalités mimétiques qui al-
laient avec, se voyait libérée de ce que Marx appelait
« le royaume de la nécessité » et, donc, de ses besoins ? Elle signifie, ici, une terre en friche et vouée à
la vermine, les récoltes qui pourrissent, la fange dans
les champs, les hommes affamés − elle signifie, non
plus l'oisiveté, mais la misère ; non plus l'opulence,
mais le dénuement ; non plus la satisfaction mais
l'empire absolu du besoin.

La fin de la datation et du temps, l'entrée dans un
temps étale, presque abstrait, fait d'une série
d'instants juxtaposés, figés dans leur « maintenant »,
l'installation de l'humanité post-historique dans un
éternel présent où Kojève dit [1] que les sujets (mais
peut-on encore parler de « sujets » ?) « se reconnais-
sent mutuellement sans réserve », ne se « combattent
plus » et « travaillent aussi peu que possible », tout
cela devait-il donner à l'existence post-historique ce
parfum d'éternité que l'on ne respire, dit-on, que
dans les avenues du paradis ? Ici, dans les trous noirs,
c'est le contraire qui se produit : le temps, parce qu'il
est immobile, est sans mémoire ; parce qu'il est sans
mémoire, il efface en priorité la parole, la plainte, la
souffrance des pauvres gens ; parce qu'il étouffe la
parole des pauvres gens, parce qu'il leur barre l'accès
à la mémoire et au temps, il conforte l'impunité des
autres, c'est-à-dire des assassins ou d'eux-mêmes en
tant qu'ils sont, aussi, des assassins ; et c'est ainsi que

---

1. A. Kojève, *op. cit.*, p. 435.

ce temps sans intermittences est l'avant-goût, non du paradis, mais de l'enfer.

La fin de l'individu enfin, le redevenir animal des sujets étaient-ils synonymes de douceur de vivre ? le « dernier homme » était-il celui qui, comme disait Max Weber commentant Nietzsche, « a inventé le bonheur [1] » ? devait-on au moins « tenir pour admis » (Kojève [2]) que ces hommes ré-animalisés « feront leurs édifices et œuvres d'art comme les oiseaux construisent leurs nids et comme les araignées tissent leurs toiles, qu'ils exécuteront des concerts musicaux à la manière des grenouilles et des cigales, qu'ils joueront comme de jeunes animaux et qu'ils s'abandonneront à leurs amours comme des bêtes adultes » ? Là encore c'est le renversement du programme. Et la même animalité signifie : massacres ; hécatombes ; corps décapités ; visages en bouillie ; cadavres ensanglantés qui font leurs derniers pas ; demi-cadavres qui se cachent, comme les chiens, pour finir de mourir en paix ; des chiens, des vrais, gras de viande humaine, énormes, qui n'ont plus assez de cadavres et qui, sur les lignes de front du Bujumbura rural, comme à Gogrial, au Sud-Soudan, s'attaquent aux vivants.

La Fin de l'Histoire ce n'est pas le bonheur mais l'horreur. Ce n'est pas le premier matin mais le dernier. Ce n'est pas l'euphorie perpétuelle mais les flammes de l'enfer.

---

1. Max Weber, *Essays in Sociology*, Oxford University Press, 1946, p. 143.

2. A. Kojève, *op. cit*, p. 436.

Questions, à partir de là. Et, d'abord, cette première série. Que s'est-il, au juste, passé? Cette Fin de l'Histoire, d'où vient-elle? Quelle en fut la mécanique? L'Histoire, au Burundi, s'est-elle éteinte ou a-t-elle été éteinte? Processus dialectique ou violent? Venu du dedans ou du dehors? Et si venu du dehors, si interruption brutale et programmée, nom du coupable présumé? Le premier nom qui vient à l'esprit c'est, bien entendu, l'Occident. Je n'aime pas trop, d'habitude, incriminer systématiquement l'Occident. Je déteste — je l'ai dit ailleurs, souvent — en faire l'unique et diabolique responsable de tous les maux de la planète. Mais comment, cette fois, se dérober? Comment ne pas se souvenir — comme l'a montré, déjà, Jean-Christophe Rufin dans *L'Empire et les nouveaux barbares* — que ces guerres n'avaient un sens que pour autant que l'Occident le leur donnait? Comment ne pas se rappeler le temps béni du vieux mousquetaire angolais : quand les factions angolaises étaient des partis, quand ces partis étaient des idées, et quand ces partis, ces idées, étaient ce qu'ils étaient parce qu'ils se voyaient enrôlés dans le grand conflit mondial de l'Est et de l'Ouest? Et si le théorème était celui-là, si le sens s'en est allé quand le conflit mondial s'est arrêté, si c'est vraiment lui, l'Occident, qui, victorieux dans sa longue guerre contre le communisme, a retiré ses billes de l'immense périphérie mondiale et a retiré aussi, ce faisant, le sens qu'il donnait à ces guerres, comment ne pas aller au bout de la logique, sauter à la conclusion ultime? La question, en effet, devient : et s'il en allait de l'Histoire comme du Sens? Et si l'Histoire, dans les trous noirs, avait duré, elle aussi, tant que durait la guerre froide et, donc, le communisme ? Et si c'était l'Occident qui, en se retirant, avait emporté l'Histoire dans ses bagages ? Qu'appelait-on Histoire, dans ce cas ? Que devait être l'Histoire pour qu'on puisse l'emporter ainsi, en se retirant, comme un bagage ? Un pur effet de l'Occident ? Une greffe ? Un ersatz ? Les Burundais, Angolais, Sri Lankais, n'auraient-ils jamais été que les supplétifs d'une Histoire qui avait son centre et son initiative ailleurs ? N'étaient-ils, tous ces pays, que des scènes secondaires, des théâtres d'ombres, où ne se serait jamais joué qu'un simulacre de la seule vraie Histoire qui compte, et qui était celle des métropoles ? Le processus, dans ce cas, n'est-il pas plus ancien encore ? La Fin de l'Histoire n'a-t-elle pas commencé avec le commencement du simulacre ? Ne faut-il pas supposer une sorte de première Histoire, ou d'archi-Histoire, du type de celle que j'allais, dans ma jeunesse, sur les pas d'Antonin Artaud, chercher chez les Tarahumaras et dont j'écrivais, dans le sillage de Lévi-Strauss et de son *Tristes Tropiques*, que la modernité l'avait tragiquement dénaturée ? Et la Fin de l'Histoire, dans ce cas, ne coïnciderait-elle pas avec son début ? Ne serait-elle pas l'autre nom de cette Histoire seconde, presque étrangère, que l'Occident apporte dans ses bagages et qu'il remportera le moment venu ?

Autre question. Quoi, à partir de là ? Que se passe-t-il après la Fin de l'Histoire ? Y aura-t-il même un après ? Dans ce nouveau temps sans dates ni repères peut-on même continuer de dire, comme si de rien

n'était, que des choses « passent » ou « se passent » ?
Dit autrement : Fin de l'Histoire jusqu'à quand ?
pour toujours ou pour un temps ? Je sais bien que la
Fin de l'Histoire, en principe, c'est pour toujours.
Mais celle-ci ? Cette Fin de l'Histoire dans un seul
pays ? Cette Fin de l'Histoire dans un monde, non
pas unifié, mais coupé en deux ? Cette Fin de
l'Histoire qui, surtout, a la particularité de n'avoir pas
éliminé le Mal mais de l'avoir conservé telle une
étrange part maudite (triomphe de Céline sur Sartre...
il faudrait ajouter : de Bataille sur Hegel et tous les
hégéliens, Sartre compris) ? Il y avait trois configura-
tions possibles, en vérité, quant aux rapports de
l'Histoire et du Mal. Configuration n° 1 : l'Histoire
comme solution du Mal, le Mal soluble dans
l'Histoire, le mouvement même de l'Histoire comme
agent de la liquidation du Mal et de la promotion du
Bien – c'était le dispositif progressiste. Configuration
n° 2 : le Mal insoluble, l'Histoire impuissante ; le Mal
qui dure, l'Histoire aussi ; cet inéliminable résidu de
manque, de maléfice, de souffrance, qui est la définition même du Tragique et dont aucune Fin de
l'Histoire ne vient à bout – c'est le dispositif théologique. Configuration n° 3 : Fin de l'Histoire et extinction du Mal ; la Fin de l'Histoire comme fin, et de
l'Histoire, et de l'insistance du Mal en ce monde ; le
Mal à ce point soluble dans l'Histoire (configuration
n° 1), l'existence de l'Histoire à ce point liée à celle
du Mal (configuration n° 2), que l'un ne peut
s'effacer sans que l'autre s'efface avec lui – c'était le
dispositif mélancolique kojévien. Eh bien voici un
quatrième dispositif : la Fin de l'Histoire en même

temps que la persévérance du Mal ; le Mal, dans tous ses états, et notamment ceux de la guerre, au cœur battant de l'Histoire achevée ; l'agonie de la dialectique, du progressisme, etc., mais sans agonie, bien au contraire ! de la négativité – c'est le dispositif « trous noirs », ou « damnés de la guerre », tel que je l'ai découvert au fil de ce périple et que j'essaie ici, après coup, de théoriser. Conséquences, alors, de ce dispositif ultime ? Ne faut-il pas, à ce dispositif particulier, supposer un avenir particulier ? Et cette insistance du Mal ne suffit-elle pas à relancer une forme d'Histoire dans la Fin de l'Histoire ? Le cas de Sri Lanka, par exemple. La théorie du chaudron. Ne peut-on imaginer la Fin de l'Histoire, elle aussi, comme un chaudron ? Ou un bouillon de culture ? Ou, à l'inverse, mais le résultat serait le même, une sorte de milieu stérile où s'expérimenteraient des modalités inédites du destin politique ou métapolitique, une unité d'intelligibilité historique propre, ayant son présent, son passé, son futur ? Fin de l'Histoire et ruse de l'Histoire. La Fin de l'Histoire comme relance inattendue de l'Histoire. Penser cet oxymore.

Et puis troisième série de questions, enfin : les rapports avec l'Occident. L'affaire, là, se complique. Car incertitude sur ce qui va se passer dans les trous noirs. Mais incertitude, aussi, sur l'avenir d'un Occident où semblent s'affronter, en ce début de XXIe siècle, deux systèmes de forces parfaitement antagoniques. D'un côté le sentiment que, aiguillonné par la guerre totale que lui a déclarée, depuis quinze ou vingt ans, l'islamisme radical, contraint de faire front, il est en train de retrouver le goût du Tragique, le sens, les tourments et, peut-être aussi, l'ivresse de l'Histoire. Mais, de l'autre, d'autres signes, plus anciens, qui attestaient et attestent encore d'une Histoire épuisée, à bout de souffle, en train de s'acheminer, doucement mais sûrement, vers sa fin : animalisation douce, temps mort des commémorations, fatigue du négatif et de ses procédures – sommes-nous si sûrs que les néo-hégéliens se trompaient quand ils voyaient poindre là les premiers symptômes de l'entrée dans les âges post-historiques ? ne se trouve-t-il pas d'excellents esprits (Baudrillard, Muray...) pour nous expliquer que nous sommes déjà devenus ces animaux post-historiques que prophétisaient Hegel et Kojève ? ne peut-on concevoir alors deux mondes qui, chacun de son côté, l'un en version dure (damnés), l'autre en version douce (nantis), verraient l'Histoire épuiser ses dernières cartouches (fût-ce sous le visage terrifiant du terrorisme, de la haine totale, et de la nécessité de riposter à cette haine) ? mieux : ne faut-il pas se faire à l'idée, en Occident même, de la cohabitation de ces deux types de forces d'apparence, mais d'apparence seulement, antagoniques (Histoire *et* Fin de l'Histoire, les signes de l'une *en même temps* que les signes de l'autre, un monde sommé de faire face au retour de l'Histoire au moment même où il présente tous les stigmates de la sortie de l'Histoire) ? De ces incertitudes croisées, de cette incertitude redoublée et comme au carré, se dégagent, néanmoins, trois grandes hypothèses.

La *séparation*, d'abord. La décorrélation radicale. A

chacun son Histoire ou à chacun sa Fin de l'Histoire, peu importe – mais, entre les deux « fins », ou entre la « fin » et la « relance », plus de communication, de circulation, de passage, d'intérêts croisés. Nous y sommes presque. C'est l'apartheid planétaire. C'est le syndrome : « on ferme la porte, on jette la clef ». C'est l'interruption du vol de la Sabena. Ce sont deux mondes, vraiment deux, dont l'un continue quand l'autre s'exténue, ou qui ont leurs façons concomitantes de s'exténuer, mais qui ont cessé, en tout cas, de se parler et dont les temporalités ont renoncé à se croiser.

La *contamination* ensuite. Le mort qui saisit le vif. Le trou noir absorbant la dernière lumière. L'antimatière, la matière. La Fin de l'Histoire gagnant subrepticement les terres de l'Histoire ou la « fin dure » entraînant la « fin douce » dans sa logique et sa cou e au néant. La périphérie qui, selon un schéma classique (trop classique ?), gagnerait imperceptiblement le centre. Les damnés en avant-garde noire n'ayant guère (comme d'habitude ? comme dans le schéma marxiste, mais retourné ?) qu'un léger temps d'avance sur une Histoire finalement une. Nul ne sait, bien entendu, comment procéderait cette contagion. Elle est aussi mystérieuse, pour l'heure, que le sont toutes les contagions virales. Mais je me souviens de Soljenitsyne, Boukovski, Maximov, mes amis russes des années 1970, voyant un soviétisme atténué gagner les esprits en Europe. Je me souviens, à l'inverse, de l'étrange euphorie qui gagna les esprits, juste après la chute du Mur de Berlin, quand on sentit qu'un vent nouveau soufflait d'Est en Ouest,

279

qu'il était en train de revivifier l'idée que nous nous faisions de la liberté et que tout se passait comme si l'Europe centrale, en s'ébrouant, déversait sur le marché mondial des droits ses tendres stocks de liberté décongelée. Pourquoi pas un mécanisme du même type quoique, toujours, en version noire? Pourquoi ne pas supposer une sorte de radiation maligne qui irait, cette fois, du Sud au Nord? Pourquoi ce Sud en perdition ne nous refilerait-il pas quelques-uns de ses traits? Le tribalisme, par exemple? La défaite de l'Universel? Ou bien, plus simplement, plus concrètement, ce monde à la dérive, ou figé dans sa déréliction, n'a-t-il pas des armes terribles qui sont la drogue en Colombie, le terrorisme au Sri Lanka, les nuisances écologiques au Burundi ou en Angola, l'immigration sauvage? Et le propre de ces armes n'est-il pas d'agir de façon sourde, latente, sans intention maligne déclarée?

Et puis la *confrontation*, enfin. Le choc, la collision, le heurt violent des modèles et des mondes. Et ce, de nouveau, selon deux modalités possibles. Soit un monde désolé qui, au mépris de toutes les lois de la dialectique, trouverait dans sa désolation même une énergie noire, un élan et qui, même à bout de forces, exsangue, mobiliserait cette dernière force pour monter à l'assaut du monde des nantis : Fin de l'Histoire contre Histoire ; Fin de l'Histoire contre Fin de l'Histoire ; guerre des Histoires, des Fins de l'Histoire, des contre-Fins de l'Histoire ; fantasme de nantis, sans doute ; fantasme dominant des nations riches lorsqu'elles tentent, bien en vain, de tendre leur cordon sanitaire entre les damnés et elles ; mais qui sait? est-il inimaginable, vraiment, de voir tant de malheur, d'humiliation, de désespoir, se convertir un jour en ressentiment, en haine, et trouver les moyens techniques de se manifester? n'est-ce pas le fond même, au demeurant, de tout l'actuel débat autour de la mondialisation? Et puis l'autre solution, plus effrayante mais presque plus plausible : l'enrôlement des oubliés et de leur force sombre dans l'autre guerre, la nôtre, celle qui semble, aux dernières nouvelles, devoir donner son rythme à l'Histoire du siècle qui commence; leur réquisition, directe ou indirecte, dans la grande armée de ceux qui, forts, pour le coup, d'une idéologie, d'une foi, haïssent l'Occident de toute leur âme et rêvent de le détruire; ces guerres oubliées, insensées, n'ont-elles pas connu leurs riches heures, celles de leur sens, au temps du grand affrontement avec le communisme? pourquoi ne les retrouveraient-elles, ces riches heures et ce sens, au temps et dans le cadre des affrontements nouveaux que semble promettre la post-modernité? pourquoi les trous noirs ne serviraient-ils pas de réserve pour de nouvelles armées? de sanctuaires pour de nouvelles sectes d'assassins? n'est-il pas avéré, du reste, que l'Afrique est une des zones les plus perméables aujourd'hui, avec la Chine, à l'influence et la pénétration de l'islam? De nouveau, je ne sais pas.

26

Notes conjointes

1. Kojève : « démocratisation » de l'Allemagne par le biais de l'hitlérisme. Que voulait-il dire, au juste ?

2. Quel est le « contraire » de l'Histoire ? L'éternité (ce qui échappe à l'Histoire) ? L'événement (ce qui interrompt le cours de l'Histoire, le fracture, le ruine) ? La Fin de l'Histoire (ce qui annule, à proprement parler, l'Histoire, l'éteint comme on éteint une dette) ?

3. J'avais toujours cru qu'il en irait de la Fin de l'Histoire comme de la mort : elle donnerait un sens à ce qui l'aurait précédée, elle lui conférerait la forme d'un destin. Eh bien non. L'inverse, finalement. Si la Fin de l'Histoire advient ici, au Burundi, dans les trous noirs, c'est qu'elle coïncide, au contraire, avec la disparition du sens.

4. Beethoven, contrairement à Hegel, son contemporain, n'a pas vu Napoléon, donc la Fin de l'Histoire, passer à cheval sous ses fenêtres. Mais il est en train de terminer la *Troisième Symphonie*. Son idée est de la lui dédier car il admire, lui aussi, le général révolutionnaire. Or voici que, à la toute dernière minute, il apprend que celui-ci vient, au terme de ce qui lui apparaît comme une incroyable et honteuse conversion, de se faire couronner empereur. Rage froide. Rancune. Il déchire sa partition. Et décide de la dédier, sous le

nom de *Symphonie héroïque*, au prince Lobkowitz. Intelligence politique d'un artiste.

5. Une Histoire ou des histoires? Le moyen, quand on ne croit plus à l'Histoire universelle, de ne pas se résigner à l'idée d'une Histoire en miettes? Le moyen, quand on n'est plus ni hégélien ni bergsonien, quand on ne croit plus ni à la durée des uns ni à la théo-téléologie des autres, de ne pas consentir au divers pur, au multiple et, à la fin, au relativisme culturel? Et le moyen, surtout, de rester fidèle à l'hypothèse vitale (car seul rempart sérieux contre le déferlement mortel des racismes) de l'unité du genre humain? Première réponse : l'Histoire n'existe pas, c'est un fait; il y a toujours eu plusieurs histoires, cela ne fait pas de doute; mais ne pas exister n'a jamais empêché d'être; et il y a un mode d'être, au moins, qui est parfaitement compatible avec la non-existence et qui est celui de l'Idée, d'aucuns diraient l'Idée régulatrice, d'autres un horizon d'intelligibilité ou d'exigence, d'autres un inassignable et impossible commandement − ne pas croire à l'Histoire, mais croire, ou vouloir croire, à un principe d'Universalité surplombant, subsumant les Histoires éparses, voilà l'impératif; ne pas croire à une historicité majestueusement unifiée, mais croire aux droits de l'homme, par exemple, et au droit que les hommes leur donnent de juger ce qui advient, donc les Histoires, voilà le corrélat. Deuxième réponse : qui dit pluralité ne dit pas nécessairement malencontre; qu'il y ait des Histoires singulières, séparées, autonomes, ne leur interdit ni de se croiser ni de composer l'une avec l'autre; ainsi de l'Angola d'avant 1975 jouant sa par-

tie, via le Portugal, dans la grande aventure européenne de la lutte contre les fascismes ; ainsi du Burundi, dans les années 50, mêlé à l'histoire mondiale
des mouvements de libération nationale ; ainsi de ce
moment, celui de l'expérience « trotskiste » du gouvernement Bandaranaike, où le calendrier sri lankais
coïncida avec celui de la IVe Internationale ;
qu'appelle-t-on, après tout, « Histoire » sinon la rencontre de toutes ces nappes d'Histoire, et l'intrigue
qui s'en dégage ? qu'est-ce qu'un événement sinon le
croisement, le court-circuit, entre deux ou plus de
deux segments de temps ?

27

Hantologie

(« ... l'hypothèse kojévienne d'un affrontement spectral, absurde... »)

Je parle souvent, dans ces textes, de spectres, de
revenants, de fantômes. Je reviens sans cesse sur
cette idée d'une Histoire obsédée par ses ombres
noires. Dans le récit angolais déjà, le portrait du
vieux Holden, sûr de voir les Cubains revenir, certaines nuits, dans Luanda et le sentiment que, dans
cette guerre, ce sont les morts qui commandent aux
vivants, les spectres qui programment, usinent les

cadavres. A Sri Lanka, face au chef tamoul de Batti-caloa et à son bric-à-brac idéologique, l'image de tous ces thèmes, de tous ces hoquets du siècle, revenant comparaître comme pour un jugement dernier, ultime parade des spectres dans les ruines d'un futur aboli. Et Gogrial enfin, la ville fantôme du Sud-Soudan, la plus fantomatique de toutes les villes fantômes que j'ai connues — sauf que l'on ne sait plus qui est, au juste, le fantôme, de ceux qui ne sont plus là et dont elle est devenue la fosse commune ou de ceux qui rôdent à leur place et ont l'air à peine plus vivants...

Dans un certain sens, c'est une erreur. Et il n'est pas très sûr, à la fin, que cette hantise de la hantise, cette obsession hantologique, soient compatibles, vraiment, avec l'hypothèse kojévienne ou, du moins, ce que j'en ai fait — il n'est pas sûr qu'elle colle avec ce paysage de « trous noirs ». Car enfin qu'est-ce qu'un spectre[1] ? C'est l'ombre d'un sujet. C'est le reste d'un individu, lié à cet individu en vertu d'un lien fragile, ténu, évanescent, mais solidement iden-tifié. Il a un nom. Une biographie. Presque un visage. Et s'il revient, s'il rôde parmi les vivants, s'il persiste, comme on dit, à nous « hanter », c'est pour témoi-gner, au présent, de cette personnalité passée, datée et précisément située dont il est le souvenir. Le spectre, autrement dit, est un témoin. Un martyr. Il est une rémanence maligne, mais une rémanence tout de même, de l'individu défunt. Or le principe même de la « Fin de l'Histoire dans un seul pays »

---

1. Françoise Proust, *L'Histoire à contretemps*, Le Livre de Po-che, Biblio, 1999, pp. 59 et sq.

c'est qu'elle ne connaît ni témoins, ni martyrs et qu'il n'est pas jusqu'au visage des victimes, jusqu'à leur pauvre et fragile singularité, qui, je l'ai assez dit, ne tendent à s'effacer ou à voir s'estomper leur contour. Risque donc, avec cette histoire de spectres, de revenir en deçà de ce dire. Risque, avec cette hantomanie, de recouvrir l'un des traits distinctifs de ces guerres. Incontestable danger d'une hantologie qui pourrait n'avoir pour effet que de rendre une aura de romantisme, une étincelle de lyrisme, à un Mal que j'ai tout fait pour désenchanter.

Dans un autre sens, pourtant, la métaphore est bonne. Et à condition de prendre la mesure du risque, à condition d'être bien conscient de ce danger de réenchantement hantologique, il peut ne pas être illégitime de la filer. Car, derechef, qu'est-ce qu'un spectre ? Et qu'avais-je donc en tête chaque fois que me revenait cet imaginaire fantomal ?

D'abord ceci. Plus que chez nous, en Occident, dans notre façon de vivre le deuil et son travail, les morts du Burundi habitent les vivants, les harcèlent, les talonnent, les tourmentent, ne les laissent pas en repos. Le propre de la vie, là-bas, c'est de n'en avoir jamais fini avec les morts. La propre fonction des morts c'est d'y persécuter, torturer inlassablement, les survivants. Ils ne sont plus, ces morts, un lien avec la vie nous prescrivant, dans cette vie, nos fidélités, nos devoirs – ils sont un lien avec la mort, exclusivement la mort, happant le vivant dans ce règne de la mort. Le problème des tombes, encore. Comment, quand manque l'essentiel, c'est-à-dire de belles et bonnes tombes, se séparer des morts et les tenir à distance de soi ? J'appelle fantôme un de ces morts mal honorés, ou non honorés, qui reviennent nous rappeler « nos dettes inacquittées ». J'appelle fantômes, comme Baudelaire encore, « les morts, les pauvres morts » et « les vivants, les pauvres vivants » qui ont, les uns par les autres, ensemble, « de grandes douleurs ».

Ceci encore. Contrairement à ce qui se passe dans les deuils menés à leur terme, les vivants, au Burundi, non contents d'être habités, jusqu'à l'hypnose, par leurs morts, habitent dans un monde et les morts habitent le même monde. Monde de morts ou de vivants ? Où est la frontière ? La ligne de partage ? Où sont morts et vivants, quand les cimetières sont détruits et que le monde même est un cimetière ? Toutes les civilisations du monde, pour rendre le monde viable, commencent par marquer la limite à partir de quoi commencent l'Erèbe, l'enfer, les limbes. Ici pas de limite. Pas de Styx ni d'Achéron. Ombres transparentes des vivants... Remue-ménage bruyant des morts... Un pied dans le règne des vivants pour les morts, un pied dans le règne des morts pour les vivants... Dernier choral de *L'Opéra de quat'sous* de Brecht : « pensez à la nuit et au froid de tombeau qui règnent dans cet univers de damnés » — on ne saurait mieux dire.

Et puis ceci, enfin. Non contents de partager le séjour des morts, non contents d'être leur seul séjour en ce monde (Baudelaire, toujours : « je suis le tombeau de mon père »), les vivants, parfois, sont eux-mêmes morts. Nous les croyons vivants. D'un côté il y a les morts, disons-nous, et, de l'autre, eux, les vivants. Il y avait une compagnie de vivants, par exemple, que la guerre a décimée et dont elle a fait une compagnie de morts : mais il en reste un, pourtant ; il reste un vivant, bien vivant, qui témoigne pour la vie et les vivants dans un monde que la mort a envahi ; il reste un revenant en ce sens étroit, messager de l'autre règne, et il faut tout faire pour le sauver de la mort, tout faire pour le maintenir vivant. Eh bien non. Pas si simple. Car les vivants, aussi, sont morts. Ce sont, à la lettre, des morts-vivants. Qu'est-ce, à la lettre, qu'un mort-vivant ? Soit une âme morte dans un corps vivant. Soit une âme intacte dans un corps exsangue. Soit un corps ici, oublié – une âme ailleurs, déjà damnée. Soit un corps enfin, juste un corps, mais mort par endroits, vivant à d'autres – j'en ai vu de ces visages qui semblaient vivre alors que les yeux étaient déjà morts ! ou de ces corps demi-morts où c'est le regard qui survivait ! ou de ces corps en lambeaux où l'on a le sentiment que le sang ne circule plus que dans certaines zones – le reste a déjà cette teinte bleutée, ou cireuse, qui indique que la mort a commencé.

Qu'est-ce qu'un spectre, oui ? Sommes-nous si certains, finalement, qu'il s'agisse toujours d'un revenant ? donc d'un témoin du passé ? donc d'un vestige ? Les spectres comme les ruines. Les spectres au présent. Je les ai rencontrés au Burundi.

28

Qu'est-ce qu'une Épave?

(« ... patience d'aveugles, immobilité
de cadavres... »)

L'ère du Prolétaire (Marx). L'ère du Travailleur
(Jünger). L'ère du Réfugié (Arendt). L'ère du Déporté (Soljenitsyne, Primo Levi). Eh bien, peut-être as-
sistons-nous à la venue d'une autre ère, la cinquième,
qui serait celle des « damnés », des « trous noirs », et
que l'on conviendrait d'appeler, par exemple, l'ère de
l'Epave. Qu'est-ce qu'une « Epave »? Qu'est-ce qui
distinguerait cette figure-ci des quatre premières?
Elle est au-delà des formes connues de la misère,
notamment celle du Réfugié. Elle est inaccessible à
toute idée de *Erlösung*, c'est-à-dire de « rédemption »,
de « délivrance » – et cela la distingue de la figure du
Prolétaire. Elle n'a pas de fonction dans la structure
de l'Etre ; sa disparition, comme je le disais à la dernière ligne du récit soudanais, ne déréglerait en rien
l'économie du monde – et c'est ce qui la différencie,
non seulement du Travailleur, mais des autres. Elle
est inapte, enfin, au témoignage et donc, à la lettre,
au martyre – ère de l'anti-témoin, âge de l'anti-mar-
tyre : différence, qu'on le veuille ou non, avec le plus
éprouvé des déportés. Ce sont ces quatre traits qui
me donnent le sentiment d'être allé au bout de

l'horreur. Ce sont eux qui me font dire, parfois, que j'ai vu le pire, pendant ces quelques mois, de ce que l'homme peut faire à l'homme.

29

L'ange de l'Histoire

(« ... tombes renversées, école détruite, champs de café brûlés... »)

Walter Benjamin encore. Prise dans le livre, non plus de Löwy, mais de Mosès, l'image de « l'ange de l'Histoire », le « visage tourné vers le passé », ne voyant dans ce passé, au lieu de la glorieuse « chaîne d'événements » dont s'enchante la tradition progressiste, « qu'une seule et unique catastrophe qui ne cesse d'amonceler ruines sur ruines » et « les jette à ses pieds »[1]. Métaphore de ces voyages ? Image lointaine du Burundi ? Présence, en tout cas, de Benjamin. Vade-mecum, plus que jamais, de ce voyage dans les trous noirs.

1. Stéphane Mosès, *L'Ange de l'Histoire (Rosenzweig, Benjamin, Scholem)*, Seuil, 1992.

30

De la ruine, suite

(« ... non plus la ruine mais le rien... »)

La ruine, encore. Mais quelle ruine, au juste? Et qu'est-ce, derechef, qu'une ruine?

Il y a les ruines – la plupart – qui témoignent du passé : ce sont les ruines vestiges; ce sont les ruines témoins; c'est Chateaubriand, Ossian, le romantisme; c'est Hubert Robert; ce sont les ruines fantômes, message du passé vers le présent – c'est le cas extrême du Prince de Ligne qui se faisait construire des ruines neuves pour que le passé lui parle.

Il y a les ruines qui, au contraire, nous parlent de l'avenir et sont comme un message de l'avenir venant travailler notre présent : ce sont les ruines hégéliennes; ce sont ces ruines pleines de sens que j'opposais, pour cela, aux ruines benjaminiennes; c'est l'idée providentialiste qu'il n'y a pas de ruine sans promesse, ni de cendre sans renaissance, ni d'apocalypse sans Annonciation; c'est l'hypothèse, non moins romantique et, au fond, parfaitement symétrique, d'une ruine qui serait la signature, non des choses chues, mais de ce qui vient.

Ici, alors? Ces villages, non seulement ruinés, mais

pillés, grattés jusqu'à l'os de la dernière plaque de tôle et de parpaing ? Cette terre littéralement brûlée où je prétends que la guerre a opéré à la façon des feux de forêt dont la rage incendiaire ne trouve plus, sur son passage, que des espaces morts et qui, pourtant, brûlent toujours ? Certainement pas l'avenir — j'ai assez dit l'indécence de l'hypothèse. Ni vraiment le passé. Mais le présent. Ce présent sans passé et sans avenir, cet éternel maintenant, dont un théologien dirait qu'il est le temps de l'enfer et qui est peut-être, plus simplement, celui de la Fin de l'Histoire.

31

L'histoire de la philosophie
est morte au Burundi

(« ... une bombe d'un nouveau genre qui laisserait debout les choses, et même les hommes, mais les viderait, comment dire ? de leur positivité, de leur substance... »)

Récapitulons. Ce qui, au contact des damnés, vole en éclats, c'est, pêle-mêle, l'Universel. L'Histoire. La Condition Humaine. Le Sens et la veille du Sens. Le Sujet. L'évidence de l'être-Sujet et les mécanismes connus de la subjectivation. Le partage de la vie et de la mort. L'idée que c'est soit l'un soit l'autre – mort ou vif, il faut choisir : eh bien non, justement ; les morts-vivants du Burundi sont les deux ; ils n'ont pas eu à choisir ; le choix s'est imposé et c'est celui de la vie morte. L'identité. L'altérité. L'étrangeté à soi. Le face-à-face. Le désir. Le Mal comme ruse du Bien. Le Bien comme envers du Mal. L'être et le temps. La durée. Les preuves de l'existence de Dieu. Les preuves de sa non-existence. « La claire nuit du rien de l'angoisse » (Heidegger). Le « miracle du visage (Lévinas). L'hypothèse du monde et du réel (toute la philosophie). Un donné, le réel ? Une évidence, le monde ? Pour nous, peut-être. Pour les damnés, sûrement non. De même que toutes les définitions crypto-heideggériennes de l'Homme comme être-là, gardien de l'Etre, berger de la Parole, langue incarnée. De même que tous les concepts sartriens de situation, être au monde, un homme est ce qu'il fait davantage que ce qu'il est, l'existence avant l'essence, etc. Ce qui vole en éclats, sur ces routes burundaises, c'est toute la philosophie que j'ai dans la tête. Ce qui disparaît dans le trou noir c'est la prétention même de cette philosophie à mettre le monde en perspective, à le juger. Là, oui, sur cette route, au milieu des champs de café brûlés, face à ces pauvres gens faisant la queue, des bidons de plastique et des calebasses à la main, devant une fontaine cassée, ce qui m'apparaît avec une évidence terrible c'est la nécessité de renverser la perspective et de laisser, non pas cette philosophie juger le monde, mais le monde juger cette philosophie et démonter ses dispositifs comme on démonte un mauvais décor. Leçon de philosophie. Vraie fin de la philosophie. La philosophie mise à nu par les damnés, même. Crime parfait.

32

Autobiographie, trois : éloge du journalisme

(« Nous sommes partis, de bon matin, dans l'autobus sans vitres qui fait le trajet jusqu'au barrage hydroélectrique de Frasquillo. »)

Longtemps, je n'ai eu de respect que pour les journalistes idéologues, dotés d'une vision du monde, amateurs d'idées générales, et ne s'intéressant à la réalité que pour autant qu'elle leur semblait confirmer et glorifier leurs préjugés. J'admirais les partisans. Les militants. Je ne jurais que par Edgar Snow racontant la « Longue Marche » parce qu'il avait été un compagnon de Mao. Je vénérais Wilfred Burchett, cet autre journaliste américain qui avait su mettre une sourdine au pseudo-impératif d'objectivité pour mieux servir la cause sainte de Hô Chi Minh et du Nord-Vietnam. Je ne croyais pas à l'information. Je ne comprenais pas que l'on puisse prêter tant d'attention au cours des choses et des événements tel qu'il se produisait dans sa matérialité brute et stupide. Je méprisais Gaston Leroux. Je ne connaissais ni Kessel ni Albert Londres. Malraux, j'en étais sûr, ne suivait, au jour le jour, l'actualité de la guerre d'Espagne que pour autant qu'elle lui était prétexte, soit à des romans, soit à de sonores conférences de presse où, fort de l'autorité acquise par un supposé contact avec le terrain, il ramasserait beaucoup d'argent pour beaucoup d'armes pour les Rouges. Et quelqu'un comme Lucien Bodard avec qui je devais, bien plus tard, me lier d'une vive amitié me semblait être, avec son goût de l'épique, l'image même de ce qu'un journaliste-écrivain ne devait surtout pas être.

J'avais un ami, à l'époque. Il s'appelait Jean Vincent. Physique de Clappique et âme de Casanova. Personnage haut en couleur, orageux et, dans le milieu des journalistes de métier, terriblement légendaire. Il était le chef du bureau de l'Agence France Presse à New Delhi au moment où j'y suis arrivé. Et il avait, entre autres prestiges, celui d'avoir dirigé le bureau de l'agence à Pékin pendant les premières années de la Révolution culturelle et de s'être fait expulser, quatre ans plus tard, pour déviation ultragauchiste. La question que je me posais était très simple. Comment, quand on avait fait cela, quand on avait été le témoin de ce grand moment de l'histoire du siècle et de l'esprit, quand on avait connu Mao et Lin Piao, quand on les avait vus, tel Hegel Napoléon, passer sous ses fenêtres, quand on avait, de surcroît, gagnant aux deux tables du casino, réussi à les doubler sur leur gauche et à se faire virer pour cette raison, comment, quand, par-dessus le marché, malgré une vieille hémiplégie mal soignée qui lui faisait la

295

patte folle et le visage, à certains moments, convulsé de douleur, on avait ce charme gouailleur, ces dons de conteur incroyables, cette élégance suprême, cette imparable séduction auprès des femmes et des confrères, comment, quand on était tout cela, quand on était Jean Vincent, pouvait-on accepter de n'être qu'un modeste « chef de poste », amoureux fou de l'« info », passant ses jours et ses nuits, une bouteille de whisky à portée de la main, à guetter les nouvelles de la BBC et de Radio Free Europe ?

Aujourd'hui, c'est l'inverse. Le temps a passé, c'est l'inverse. Et mon admiration va plutôt, désormais, aux autres, ceux-là mêmes que je prenais alors de si haut, les conteurs, les narratifs, les amants de la chose et du fait – et, parmi ceux-ci, à l'intérieur même de la famille des Bodard et des Vincent, les curieux du détail et du trivial, les exégètes de l'infime, les explorateurs du banal, ce journalisme d'investigation ou d'enquête qui se refuse à voir dans les choses plus que les choses et qui, à tout prendre, choisirait même d'y voir un peu moins : impressions, sensations, irrégularités de l'histoire, couleurs, odeurs, portraits, petits faits vrais, croquis, hasards, atmosphères. Chez les morts : Albert Londres, que j'ai fini par lire ; Kessel ; Bodard, donc ; mais aussi les *Notes et reportages d'un vagabond du monde* de Panaït Istrati ; les reportages de Herbart en Indochine ; les *Cacaouettes et bananes* de Jean-Richard Bloch, puis ses chroniques espagnoles parues, en 1936, dans *Europe* ; l'article de Sartre sur Paris libéré ; les reportages de guerre de Vailland dans *Action* puis *Libération* ; les maîtres, en un mot, de ce journalisme littéraire que j'avais si longtemps considéré avec dédain et que je lis et relis, maintenant, avec un ravissement constant. Chez les vivants : les journalistes, les vrais, ceux que je devine prêts à jouer leur réputation, leur talent, parfois leur vie, sur la question de savoir ce qui s'est réellement passé, au détail près, dans tel village près de Kigali ; si la ligne de front, au nord-est de Freetown, au Sierra Leone, a avancé, dans les dernières semaines, de cent ou de deux cents mètres ; quel fut l'angle de tir exact de la balle qui tua, à Gaza, le petit Mohamed el-Doura ; combien de morts, au juste, lors de la prise de Cazombo au Moxico, puis de Samba Lucala dans le Cuanza-Norte ; combien d'obus talibans, en une heure, à Taloqan ; le poids relatif, au Sud-Soudan, de Riek Machar, Lam Akol, Kerubino Kuanyin Bol, William Nyuon, Paulino Matiep, tous les seigneurs de la guerre en rivalité avec Garang ; je ne les nomme pas, ces vivants ; qui veut les reconnaîtra.

Ce qui a changé, alors ? Ce qui m'a fait changer et me convertir de la sorte ? Le temps, d'abord. La maturité qui arrive. Un peu moins de romantisme. Un peu plus d'humilité. L'époque, aussi. La fin des grands récits. La suspicion qui frappe ce qu'il est convenu d'appeler les idéologies ou les systèmes. Ce «perspectivisme» renouvelé qui est, à mes yeux d'aujourd'hui, le meilleur de l'héritage nietzschéen et n'a, faut-il le préciser ? rigoureusement rien de commun avec ce sinistre relativisme, culturalisme, différentialisme, qu'on nous ressort, en général, pour justifier les mutilations sexuelles des jeunes femmes dans certaines régions d'Afrique ou le meurtre en série, à Pékin, des dissidents, démocrates, et autres tenants de la « Cinquième Modernisation ». Si je devais désigner tout cet ensemble d'un mot, si je devais citer un personnage, un seul, qui résume cette conversion « nietzschéenne » de nos regards et, en tout cas, du mien, si je devais donner le nom de celui qui, par son influence publique ou souterraine, par les concepts qu'il a produits et aussi par son exemple, nous a sans doute fait le plus bouger sur ce terrain, s'il me fallait nommer le maître, en un mot, de ce nouveau journalisme dont *Les Damnés de la guerre* sont le fruit, ce ne serait ni Kessel, ni Malraux, ni Bodard, ni aucun de ceux que j'ai cités mais dont aucun n'avait, probablement, l'autorité théorique suffisante : ce serait un autre nom encore, apparemment très loin de ceux-là, incongru dans ce paysage, un philosophe en fait, un très, très grand philosophe auquel j'ai déjà eu, dans ce livre, maintes occasions de rendre hommage mais que sa réputation d'hyperthéoricisme semblait a priori tenir aussi loin que possible de ces questions – Michel Foucault.

33

Foucault, journaliste
(Note conjointe)

Car que dit Michel Foucault ? Et quel rapport avec cette question du reportage, de l'information, du journalisme ? Il y a plusieurs Foucault, sans doute.

Foucault fut, plus que quiconque, attaché à disperser, disloquer, ce qu'il se refusa toujours à appeler son œuvre. Il fut, par excellence, un philosophe nomade, en transit perpétuel entre plusieurs identités et écrivant pour, disait-il, n'avoir surtout plus de visage : « ne me demandez pas qui je suis et ne me dites pas de rester le même ; c'est une morale d'état civil ; elle régit nos papiers ; qu'elle nous laisse libres quand il s'agit d'écrire... [1] » Mais enfin il y a un Foucault, celui de l'après-Mai 1968, du « Groupe Information Prisons » et des « enquêtes-intolérance » du début des années 70, le Foucault politique et militant, activiste et gauchiste, le Foucault du *Corriere della sera* auteur, notamment, de la fameuse série d'articles sur la « révolution spirituelle iranienne » – il y a un Foucault dont les positions théoriques sont restées, sur dix ou quinze ans, inhabituellement constantes et autour de qui s'est cristallisée une sorte de doxa que je tiens pour constitutive de ce journalisme nouveau.

Proposition un de cette doxa. La philosophie, c'est l'Histoire. La philosophie n'a de sens, désormais, après Nietzsche et Heidegger, que si elle prend le visage de l'Histoire. Elle a fait son temps, cette philosophie « pompeuse » qui nous disait que l'Homme est le berger de l'Etre et l'Histoire le lieu d'avènement de l'Esprit. Elle a fait son temps, cette « vague petite discipline universitaire dans laquelle des gens parlent de la totalité, de l'entité, de l'écriture, de la matérialité du signifiant, et d'autres choses sembla-

---

1. Michel Foucault, *L'Archéologie du savoir*, Gallimard, 1969, p. 28.

bles » qu'on appelle « la » philosophie et qui a si peu à voir, de toute façon, avec la grande pensée des « instaurateurs de discours », des « fondateurs de discursivité » de naguère. Elle a fait son temps, cette philosophie creuse et prétentieuse, et elle doit céder la place, donc, à l'histoire.

Proposition deux. L'Histoire c'est l'événement. L'Histoire que Foucault veut, cette Histoire à quoi la philosophie, selon lui, cède la place, n'a de sens et d'intérêt que si elle rompt avec le vieux discours de l'Histoire continue dont les faits sont censés s'enchaîner dans une suite ininterrompue de sages causalités. Le philosophe n'a intérêt à se faire cet historien que s'il commence par substituer à la vieille Histoire têtue, « s'acharnant à exister et à s'achever dès son commencement [1] », une tout autre Histoire, se réclamant de Husserl plus que de Hegel, de Nietzsche et de son « Histoire effective » plus que de Husserl lui-même et de son idéalisme transcendantal – une Histoire qui, axée sur les surgissements et les écarts, les discontinuités, les discordances, les transformations, les hérissements du temps, rompt avec la croyance dans l'éminente réalité des « universaux », réhabilite l'idée d'un réel fait de pures « res singulares » et porte toute l'attention sur le noble, le vivace, le bel événement. Mieux qu'Histoire, généalogie. Et, au lieu de la « chimère de l'origine », la réalité de l'aujourd'hui.

Car – proposition trois – l'événement c'est le présent. L'événement n'intéresse l'historien foucaldien que pour autant qu'il se réfère à une actualité et que,

---

1. *Ibid.*, p. 10.

dans cette actualité, dans l'«imminence conflic-
tuelle» qui la constitue, la part de l'archive («ce que
nous sommes en train de cesser d'être», disait Deleuze dans son texte sur Foucault) le cède à celle de
l'actuel («ce que nous sommes en train de devenir»).
Il y a présent et présent. Il y a le présent d'Augustin,
qui restera celui de Vico, et que l'on ne scrute que
dans l'espoir d'y déchiffrer les signes, soit d'une origine enfouie, soit d'un avènement glorieux. Mais il y
a le présent pur, sans fin ni visée, sans promesse ni
rétroviseur – il y a ce présent conçu comme un
«événement philosophique auquel appartient le
philosophe qui en parle», dont Foucault faisait mérite au Kant de *Was ist Aufklärung* d'avoir su poser la
question. «Qu'est-ce qui se passe maintenant?
qu'est-ce que c'est que ce maintenant à l'intérieur
duquel nous sommes les uns et les autres?» Et encore (à propos d'un livre de Jean Daniel) : «qui
sommes-nous à l'heure qu'il est? quel est ce moment
si fragile dont nous ne pouvons détacher notre
identité et qui l'emportera avec lui?» Et encore (plus
loin, dans le même texte) : qu'est-ce qui se cache
sous «ce mot précis, flottant, mystérieux, absolument simple, "Aujourd'hui"?» Voilà, selon lui, selon
Foucault lecteur de Kant, les seules questions qui
vaillent. Voilà, dit-il, «le fond du métier de journaliste» explicitement défini, à partir de là, comme
«diagnosticien du présent[1]». Et voilà en effet, selon
moi, selon le chroniqueur foucaldien, le type de
journalisme qu'il faudrait savoir pratiquer.

---

1. *Dits et écrits, op. cit.*, p. 594.

Proposition quatre, enfin. Cette actualité, ce présent, ces imminences conflictuelles, se disent dans des textes que l'on appelle reportages ou enquêtes. Mais attention! Ces textes ont, à leur tour, trois caractéristiques qui les distinguent.

1. Ils n'ont plus à être référés à l'activité synthétique d'une conscience fondatrice, constituante, donatrice de sens – ils sont en rupture avec ce que l'auteur de *L'Archéologie du savoir*, dans les toutes dernières pages du livre, appelait le « narcissisme transcendantal » du sujet moderne.

2. Leur propos n'est ni de dire ce qu'il faut faire, ni d'énoncer, à la façon de Sartre, des grands principes auxquels devrait se conformer la parole réelle des hommes, mais de produire de l'information, de la diffuser, de susciter de nouveaux « circuits de savoir et de pouvoir » – il y a, disait Foucault, en 1978, dans le petit texte programmatique que lui avait demandé le *Corriere della sera* en préface à la série de reportages de jeunes intellectuels qu'il était supposé coordonner[1], « il y a plus d'idées sur la terre que les intellectuels souvent ne l'imaginent » et la tâche du journaliste transcendantal est, loin de l'assertion, de la démonstration, de la prédication, d'« assister à la naissance de ces idées et à l'explosion de leur force ».

3. Ces textes sont des gestes; de même que ces idées en grand nombre se trouvent, « non pas dans les livres qui les énoncent », mais « dans les événements dans lesquels elles manifestent leur force », de même ces textes sont, comme je l'écrivais moi-même

---

1. *Ibid.*, p. 707.

dans *Comédie*, des mixtes de textes et de gestes que l'on peut, par convention, appeler des « gextes » ; ils ne sont pas, ces « gextes », le préalable à une action, une intervention, Foucault disait une lutte ; ils sont la lutte même ; ils sont l'action en tant que telle ; ce sont, « au point de croisement des idées et des événements », des actes politiques à part entière qui ont tout le poids de la politique ; « quand l'information est une lutte... », écrivait Daniel Defert, foucaldien s'il en est, le 24 mai 1971, à propos de la naissance du GIP – et ce qu'il entendait par là c'était la constitution, par le biais de l'enquête, de la prison en objet de pensée, donc de combat...

Je ne suis pas un inconditionnel de Foucault. Et encore moins d'une politique foucaldienne explicite dont le dernier mot aurait pu être, dans le dialogue des *Temps modernes* avec Benny Lévy, l'éloge de la justice populaire (« pourquoi ne pas tout simplement exercer des châtiments arbitraires et faire défiler des têtes sur des pieux ») ou, dans le dialogue de 1971 avec Noam Chomsky, l'évocation d'un temps où « le prolétariat », victorieux, pourrait très bien (et Foucault précise qu'il ne voit pas « quelle objection on peut faire à cela ») « exercer à l'égard des classes dont il vient de triompher un pouvoir violent, dictatorial et même sanglant ». Mais voilà. Telle est mon histoire. C'est de cela, aussi, que je suis fait. Je ne me serais pas, sans la leçon de Foucault, embarqué dans des aventures d'écriture de cette sorte.

34

Foucault et l'Iran
(Autre note conjointe)

L'anti-intellectualisme, en France, a deux cibles privilégiées. Sartre — j'en ai parlé ailleurs ; j'ai fait justice, du moins je l'espère, de l'incroyable calomnie qui le fait passer, depuis cinquante ans, pour l'incarnation, chez les clercs, du compromis avec Vichy. Foucault — c'est la deuxième cible ; elle est à peine moins obsessive ; la grande affaire étant, cette fois, les fameux textes de soutien à la révolution islamique iranienne restés dans les annales comme « la » dernière erreur répertoriée des intellectuels français. Qu'en est-il, au juste, de ces textes ? Que disent-ils exactement ? On va penser que c'est une manie. Mais c'est vrai que l'anti-intellectualisme me répugne, qu'il me semble toujours être, aux côtés d'un ou deux autres, l'un des signes les plus sûrs de la bêtise en marche ou du fascisme — et que j'ai eu envie, pour cette raison, de faire ce que l'on ne fait jamais (ne serait-ce que parce que l'essentiel du corpus n'a longtemps été disponible qu'en italien, dans les archives du *Corriere della sera*), c'est-à-dire aller y voir[1].

Or quand on va y voir, que découvre-t-on ?

---

1. Michel Foucault, *Dis et Ecrits II, 1976-1988*, Quarto, Gallimard, 2001, pp. 662-669, 679-694, 701-707, 709-716, 743-755, 759-761, 780-782, 790-794.

Première surprise. Ce ne sont pas, comme on croit toujours, deux textes, ou trois (ceux parus dans *Le Nouvel Observateur* et, pour « Inutile de se soulever ? », déjà cité, dans *Le Monde*), mais onze, voire douze avec le grand entretien avec Claire Brière et Pierre Blanchet paru dans *La Révolution au nom de Dieu*. C'est, autrement dit, une aventure intellectuelle de longue durée, complexe, intense, avec avancées, retours en arrière, questions douloureuses, doutes, émotions personnelles et philosophiques, plusieurs voyages, des rencontres, des portraits contradictoires, des choses vues. On est loin, en tout cas, du cliché de l'intellectuel étourdi, faisant trois petits tours sur le terrain, saisi par la fièvre militante et, du haut de son autorité, bénissant les fous de Dieu.

Deuxième surprise. Ces textes, en tout cas les reportages proprement dits, s'étalent entre l'automne 1978 et le tout début 1979. Le premier, « L'armée, quand la terre tremble », paraît en septembre, au moment des premières manifestations interdites de Téhéran, quand l'armée tire sur la foule et fait entre trois et quatre mille morts sur la place Djaleh. Le dernier, « Une poudrière appelée islam », est daté du 13 février, c'est-à-dire (dans l'histoire des révolutions, chaque jour compte !) le lendemain des « trois glorieuses de Téhéran » et douze jours après le retour triomphal de Khomeyni. Ce qui veut dire que l'essentiel des reportages (huit sur neuf) se concentre sur une durée courte et paraît avant la chute du Shah, avant l'entrée en vigueur de la république islamiste et au moment où l'ayatollah est encore un opposant obscur, réfugié à Neauphle-le-Château avec la bénédiction du pouvoir politique français et diffusant, à travers ses cassettes, l'image de la « grande joute » entre « deux personnages aux blasons traditionnels », le roi et le saint, le souverain en armes et l'exilé – le « despote » et, en face de lui, l'insurgé aux mains nues « acclamé par un peuple ». On est loin de l'image convenue du philosophe à la botte de la dictature islamique.

Troisièmement, ces textes sont globalement enthousiastes en effet, pleins de sympathie. Mais sympathie pour quoi, au juste ? Pour quel aspect, précisément, du raz de marée spirituel et politique qui emporte le pays ? « Je me sens embarrassé, dit explicitement Foucault dans "A quoi rêvent les Iraniens", l'un des deux reportages tout de suite parus en France et que tout le monde a donc pu lire, je me sens embarrassé pour parler du gouvernement islamique comme "idée" (ou même comme "idéal", mais, comme "volonté politique", il m'a impressionné. » Manière de dire que, lorsqu'il parle de « spiritualité politique », lorsqu'il s'émeut de ces foules qui se soulèvent et « ouvrent dans la politique une dimension spirituelle », lorsqu'il « entend les Français qui rient » et leur rappelle qu'ils sont bien « mal placés » pour donner des conseils de révolution, sa grande affaire c'est moins la révolution comme telle, sa conformité ou non aux modèles connus, la naissance d'un nouveau pouvoir, l'instauration d'un Etat ou d'institutions inédites, ce n'est même pas la question de l'islam comme telle à laquelle il ne connaît et n'entend sans doute pas grand-chose : c'est « l'énigme même du soulèvement »; c'est le mystère de cette « volonté nue qui dit non à un souverain »; c'est ce moment, tellement étrange, et, pour un philosophe hanté par la question du pouvoir et du lien social, tellement passionnant à observer, où des « hommes aux mains nues » entreprennent de « soulever le poids formidable » qui pèse sur eux et où se défait, par conséquent, le ciment de ce que la philosophie politique, depuis La Boétie, nommait la « servitude volontaire » – l'affaire de Foucault, dans ces textes, c'est la formation de cette entité bizarre, que nul n'a jamais vue, dont il pensait lui-même qu'elle était, « comme Dieu », ou « comme l'âme », une sorte de « mythe », d'« idée », d'« artefact », d'« instrument théorique » et qui s'appelle une « volonté collective ». Une volonté collective, une vraie, « ça ne se rencontre pas tous les jours », confie-t-il à Brière et Blanchet – et, donc, « ça se salue ». Démarche de philosophe. Un philosophe engagé, sans doute. Passionné. Mais un philosophe d'abord, posant des questions de philosophe.

D'autant, quatrièmement, que les textes, les mêmes textes, ne se privent pas de souligner tout ce qui, dans ce mouvement naissant, inquiète, terrifie et annonce peut-être le pire. Sur cette scène iranienne, dira-t-il dans le texte du *Monde*, le tout dernier, celui qui tirera les ultimes leçons et mettra, pour ce qui le concerne, un point final à l'aventure, sur cette scène iranienne se mêlent « le plus important et le plus atroce ». Et, précisant ce qu'il entend par « le plus atroce », il citera la « xénophobie » d'une part, l'« assujettissement des femmes » de l'autre (dans le dialogue avec Claire Brière et Pierre Blanchet, il évoquera encore, et c'est à nouveau plutôt bien vu, les manifestations d'« antisémitisme virulent » qui sont

307

la « contrepartie » de « l'unicité » du soulèvement).
Mais déjà, dans la « lettre ouverte » adressée à Mehdi
Bazargan quelques jours après les premières exécu-
tions d'opposants par les commandos khomeynistes,
il s'inquiétait des « procès qui se déroulent aujourd'hui en Iran », soulignait que « les procès politiques sont toujours des pierres de touche » et insistait
que si « rien n'est plus important dans l'histoire d'un
peuple que les rares moments où il se dresse tout
entier pour abattre le régime qu'il ne supporte plus »,
rien n'est plus important, « dans sa vie quotidienne »,
que les moments, « si fréquents en revanche », où « la
puissance publique se retourne contre un individu, le
proclame son ennemi et décide de l'abattre ». Avant
cela encore, en octobre, il évoquait « le risque d'un
bain de sang » ainsi que « les définitions » d'une limp-
idité « peu rassurante » du gouvernement islamique
qui s'annonçait. Et avant cela encore, au tout début,
dans sa rencontre, à Qom, avec l'ayatollah Chariat
Madari, opposant à Khomeyni, et qui fut, soit dit en
passant, son vrai grand homme dans cette affaire, il
posait la question de la terrible fascination de la mort
d'une religion « plus préoccupée – c'est lui, Foucault,
qui parle – du martyre que de la victoire ». Dans le
genre enthousiasme aveugle, adhésion incondition-
nelle, béatitude, on fait mieux. Ne devrait-on pas lui
savoir gré, bien plutôt, d'avoir pointé le symptôme ?
Ne devrait-on pas, au lieu de cet interminable procès
posthume, lui reconnaître le mérite d'avoir été l'un
des tout premiers observateurs à voir cette dimension morbide, martyrologique, sacrificielle, qui est la
marque de l'islam radical ?

Et puis, un dernier mot, enfin. Ces textes, on oublie toujours de le dire, sont aussi de très beaux textes. Ils sont non seulement écrits, mais précis. Non seulement inspirés, mais rigoureux. Et le Foucault qui nous raconte au jour le jour, parfois d'heure en heure, les derniers calculs du Shah, les manœuvres des industriels de l'automobile et du cuivre, les hésitations des généraux, les états d'âme du personnel navigant d'Air Iran ou des grévistes d'Abadan, le Foucault qui met en scène ce tout petit mollah, « adossé à une bibliothèque de livres de religion », face à « un vieux téléphone qui sonne sans cesse », le Foucault qui raconte la manifestation au cimetière de Téhéran, la foule derrière ses banderoles et ses branches de laurier, les mitrailleuses qui bloquent les portes, la foule qui reflue dans le désordre, le Foucault qui raconte les transistors et les cassettes dans les mosquées, le Foucault capable d'écrire des morts du tremblement de terre de Tabass qu'« ils tendent encore les bras pour retenir des murs qui n'existent plus » ou celui qui mesure la puissance de « la plus grande raffinerie du monde », celle d'Abadan, à « la formidable misère qu'elle a fait naître autour d'elle », ces paysages de « coron subtropical », ces « taudis où les gamins grouillent entre les châssis de camion et les monceaux de ferraille », ces « tanières de boue séchée, baignées d'immondices », où « les enfants accroupis ne crient ni ne bougent », ce Foucault-là, que voulez-vous ? est un journaliste exemplaire.

35

Les noms de Sobibor

(«... l'assassinat, à Tierra Alta, en pleine rue, de José Angel Domico... »)

Jérusalem. Yad Vashem. Cette pièce où, vingt-quatre heures sur vingt-quatre, dans le noir absolu, des enfants se relaient pour dire les noms des victimes de la Shoah. Juste les noms. Juste les voix. Des vraies voix, maladroites et timides, qui trébuchent sur certains noms, reprennent, s'essoufflent, reprennent encore. Et cela jusqu'à la fin des temps.

Sobibor, le quatrième film de Claude Lanzmann. A la fin du film, un écran noir. Et un autre. Et un autre encore. Et ainsi de suite pendant dix minutes. Et, dans ces écrans, blanc sur noir, une hallucinante succession de noms et, face aux noms, des chiffres. Ce sont les noms des villages que les nazis ont vidés de leurs Juifs. C'est le nombre de Juifs qui, chaque fois, ont été déportés. Beau cinéma. Longue litanie sans mots.

Nommer ou compter? C'est prier.

36

Ce que pleurent les endeuillés

(« ... pourquoi, demande Manolo... »)

J'écoute Manolo. J'écoute Juan et Carlito. Je les
laisse, surtout le dernier soir, dans la nuit tiède, allongés à même la terre de la hutte où ils ont installé
notre campement, me raconter la bonne vie de Quebrada Naïn avant ce jour funeste de l'arrivée des paramilitaires. L'étonnant pourtant, dans leur récit,
c'est qu'ils me parlent moins du passé que du futur.
Ils pleurent leurs morts, bien sûr. Ils pleurent cette
paysanne égorgée dans la nuit noire. Cette autre,
crucifiée sur la paille de sa grange. Ils pleurent cette
petite fille à qui les hommes de Castaño avaient
commencé par crever les yeux avant de l'envoyer
courir, aveugle, sur le chemin et de la tirer comme un
lapin. Mais j'ai la bizarre impression que l'essentiel de
leur chagrin porte moins sur ceci, sur la scène même
de l'horreur (c'est moi, d'ailleurs, qui les pousse à
raconter, à entrer dans le détail – eux se tiendraient
bien à distance de ce qui, dans cette nuit, s'est laissé
entrevoir), que sur l'interruption que cette scène a
opérée dans leur existence, sur la part de vie que,
somme toute, elle leur a volée. On aurait fait ceci,
disent-ils... On aurait fait cela... Manuela avait mille

311

pesos d'économie... Elle avait les cheveux à peine gris... Pilar devait, ce soir-là, faire le bouillon de moelle que j'aimais tant... Pablo devait aller à la cascade... Et les combats de coqs prévus pour le mois suivant... Et le sombrero qu'Andres devait acheter aux Indiens du village voisin... Toute une énumération de petits gestes, autant de petits bonheurs, dont la mort les a privés. Une sorte d'optimisme du virtuel, ou de mélancolie du jamais plus, presque plus poignants que le récit des supplices eux-mêmes. De quoi portons-nous le deuil? De ce qui est advenu ou de ce qui n'a pas eu le temps d'advenir? De l'accompli ou de l'inaccompli? De ce qu'on a fait avec l'aimé ou de ce que l'on n'a pas eu le temps de faire et que l'on ne fera, maintenant, plus jamais? Importance, pour moi, de ces questions. Importance extrême, à cet instant. Car je sais bien, à la fin, pourquoi je suis là — pour quel deuil intime, indicible, ce partage de deuils et de douleurs.

37

Le parti des vaincus

(« ... cette humble vie pétrifiée par la double sauvagerie... »)

Prendre le point de vue de Manolo, Juan, Carlito. Raconter toute l'histoire, celle-ci comme les autres, du point de vue, non des chefs, des grands, des parleurs habituels, de ceux qui tiennent le crachoir de l'Histoire et prétendent en énoncer le sens, mais des autres, des sans-grade, des interdits de parole, c'est-à-dire, au fond, des vaincus.

C'est la tâche la plus difficile, je le sais. C'est la gageure la plus redoutable pour un philosophe – ou, mais cela revient au même, un journaliste drogué à l'hégélianisme. Et il est clair que je ne suis, moi-même, par tempérament et biographie, par la façon dont je vis et mes préoccupations habituelles, certainement pas le mieux placé pour prendre ce pari. Mais enfin j'ai essayé. Avec plus ou moins de succès, bien sûr. Avec, notamment ici, en Colombie, de gigantesques infractions à la règle. Carlos Castaño, par exemple... Ivan Rios... Je sais bien que Carlos Castaño ou Ivan Rios ne sont pas précisément ce qu'il est convenu d'appeler des sans-grade... Mais telle était, au moins, l'ambition. Le projet. Avec, dans la tête, en guise de vade-mecum, deux ou trois grands tuteurs philosophiques.

Walter Benjamin, encore. Le Walter Benjamin critique (dans *Les Origines du drame baroque allemand*, puis dans la Thèse VII des *Thèses sur la philosophie de l'Histoire*) de cette « paresse du cœur » qu'il appelle l'« acedia » et qu'il définit comme le sentiment mélancolique de la toute-puissance de la fatalité. Le Walter Benjamin qui dénonce, à partir de là, la figure métaphysique d'un « courtisan » dont les traits distinctifs sont l'« empathie » avec les « vainqueurs », l'attirance sourde et terrible pour le cortège des puissants, la soumission totale à un ordre des choses

313

dont la seule vertu est de s'être imposé contre d'autres ordres plausibles et donc d'exister. Le Benjamin qui, en un mot, exhorte le « chroniqueur » à s'adosser à ce double refus pour résister à la tentation de « caresser dans le bon sens » le « poil trop luisant » de l'Histoire.

Nietzsche. Le Nietzsche des *Considérations intempestives*, et notamment de la Considération 2, qu'avait, selon Löwy, probablement lue Benjamin et qui, contre les « faitalistes » qui « nagent et se noient dans le fleuve du devenir », contre les faux savants qui pratiquent « l'admiration nue du succès » et « l'idolâtrie du factuel », contre les hégéliens qui, en un mot, disent toujours « oui au pouvoir » de façon « chinoise mécanique », prônait un gai savoir dont l'un des premiers principes était de « nager contre les vagues de l'histoire » ou de la « brosser à rebrousse-poil ». Le Nietzsche proprement « intempestif », le philosophe « au marteau », qui reste l'un des meilleurs adversaires de l'historicisme servile et de sa philosophie de vainqueurs associant systématiquement succès et moralité.

Lévinas, enfin. Le Lévinas qui n'a cessé, depuis ses tout premiers textes juifs, de dire le « piège du fait accompli » et des « prophéties de l'après-coup ». Le Lévinas pour qui le judaïsme en son essence n'est rien d'autre, dans le fond, que la capacité à « désigner le bien et le mal sans s'occuper du sens de l'Histoire ». Le « talmudiste du dimanche », fidèle à une Loi qui, loin d'être « soumise à l'implacable cours des événements », est la seule instance qui, au contraire, peut « dénoncer » le cours en question « comme contresens ou comme folie ». Le Lévinas

politique qui, définissant la liberté comme « possibilité privilégiée » de « juger l'Histoire au lieu de se
laisser juger par elle » et la dictature, voire le totalitarisme, comme confusion de ce qui est et de ce qui
doit être, de ce qui advient et de ce qui est juste, bref,
de la « victoire » et de la « vérité », n'a cessé de se
battre contre ceux qui veulent prophétiser « dans les
traces ou les prévisions des vainqueurs » et donne
ainsi les moyens, contre toutes les real-politiks de
tous les temps, de prendre ce parti des vaincus.

Lévinas, Benjamin, Nietzsche : la triade sacrée de
ce livre ; les trois bons maîtres en humilité.

38

BH juge de BHL

(« ... ces bonheurs brisés, ces désespoirs
presque muets... »)

Tout est dans le « presque ». Tout est dans ce
« presque muet » dont on ne voit que trop l'usage
que peut faire le chroniqueur. Briser le silence, dit-il.
Aider ces pauvres gens à rompre leur pauvre silence.
Et, pour cela, sa parole, sa noble parole d'écrivain
mise au service des damnés pour relayer, au moins,
leur inaudible murmure. Généreuse intention. Loua-
ble parti. Sauf qu'il voit bien, en même temps, le

reste du décor. Il est là-haut, au bout du monde, dans cette boucle du rio Sinu qui mène à Quebrada Naïn, et il voit, parce qu'il est honnête, la part de comédie qui, le moment venu, retour à Paris et à l'écriture, sera la contrepartie de son désintéressement merveilleux. Le ramdam autour de ces textes. Les radios. Les échos. Les félicitations des amis. Les passages à la télévision. Les traductions qui se multiplieront. L'éditeur qui le flattera. Les questions dont on le pressera. L'air modeste qu'il prendra. Vous, vraiment? La fusillade à Tenga? La barge à fond plat, dans les boucles du rio Sinu? Et les risques? Et les moustiques? Et comment passe-t-on ainsi, sans transition, du café de Flore à la barge à fond plat, aux montagnes infestées par les Farc, à Carlito errant dans ce qui fut sa rue, rasant les murs, le bras à demi levé comme s'il voulait se protéger d'un nouveau coup? Et lui, modeste, oui, profil bas : il sait que les vrais héros sont ceux qui n'en rajoutent pas; il a un ami qui appelle ça « le coup Malraux », les dividendes de la belle âme en même temps que ceux de la modestie, la guerre en Espagne et, tout de suite après : « oh! l'Espagne... on sait, nous, les anciens d'Espagne, que ce n'est pas une telle affaire, non plus, d'avoir fait la guerre en Espagne »; lui, donc, mine de circonstance, œil douloureux, qui s'offre le luxe de répondre : « oh! le rio Sinu, ce n'est pas une telle affaire, non plus, d'avoir descendu, etc. » Bref. Il a beau être décidé à distinguer, comme il dit, des visages. Il a beau dire : « les noms! les noms! damnés, j'écris vos noms! » Il sait que c'est le sien, de visage, que l'on verra le plus, à l'arrivée. Il sait que c'est le sien, de nom, qui sera en haut de la page du journal et, le moment venu, sur la couverture du livre qu'il tirera de tout cela. Il a beau être sincère quand, au fond de sa barge, il se dit : « je suis là pour eux, seulement pour eux, je n'ai qu'un parti, celui des endeuillés », il connaît trop la musique, il a trop l'habitude des ruses diaboliques de l'oubli de soi, pour se faire la moindre illusion sur ce qu'il y a de vicié, et d'absurde, dans le système : quand le chroniqueur montre l'horreur, Paris regarde la plume ; quand il dit : « voyez ces vaincus » c'est lui qui sort vainqueur. Et puis le style, enfin... La comédie du style... « Un cheval sue, c'est briller », dit le poète... Et quand c'est un homme qui sue ? Et quand c'est une sueur de sang ? Et quand l'enjeu du style est de faire briller même l'ordure et, mieux que l'ordure, le crime ? Le chroniqueur a beau protester qu'il n'a pas de style mais un souffle. Il a beau répéter : « l'écriture, la vraie, n'est pas affaire de style mais de cadence c'est-à-dire, au fond, de physiologie – quel mal y a-t-il à avoir une physiologie ? vais-je m'interdire d'avoir un corps ? n'est-ce pas tout le contraire, un corps, de la comédie ? » Il a beau dire tout cela. Il a beau protester de son innocence et, d'une certaine manière, être innocent. Il a beau avoir lu, pour le coup, quelques livres et être averti des écueils à éviter (Apollinaire encore ; *Calligrammes* ; le « ciel splendide » de la bataille ; « tir amour des batteries » ; obus « couleur de lune » ; pieux carillon « des douilles éclatantes » ; que c'est beau des fusées, au-dessus d'une ville, la nuit ; *Thomas l'imposteur* de Cocteau ; la guerre peinte par lui, Cocteau, comme *Gilles* par

Watteau ; Apollinaire, toujours : « notre armée invisible est une belle nuit constellée et chacun de nos hommes est un astre merveilleux... »). Il y aura toujours dans le fait de faire des phrases avec l'horreur quelque chose d'indécent. « Trouvère aux sépulcres », disait Céline. « Se servir des hommes », disait Garine (et peut-être est-ce à lui, Garine, que songe Céline), se servir, non seulement des hommes, mais de leur « mythologie révolutionnaire », pour « accomplir sa volonté », sa « destinée ». Le « danseur » de Kundera, cet « intellectuel » (qui ?), adepte du « judo moral » et expert en « mass media », comédien et roi martyr du cabotinage télégénique, « m'as-tu-vu », « exhibitionniste de la vie publique », qui, un jour, part en Afrique se faire photographier aux côtés d'« une fillette mourante au visage couvert de mouches », un autre « s'envole vers un pays asiatique où le peuple se révolte » et où il va « crier haut et fort son soutien aux opprimés ». Et puis, une fois de plus, Foucault (ou plutôt Deleuze commentant Foucault, texte déjà évoqué) à propos des prisonniers, des fous et irréguliers divers dont il redoutait d'extorquer la surparole comme d'autres, aux prolétaires, leur surtravail et dont il veillait bien, de ce fait, à ne surtout pas s'instituer le héraut, le porte-voix : « à eux de prendre la parole, grondait-il ! à eux de nous la reprendre ! et indignité, en attendant, de prétendre parler à leur place ». Dieu sait si je suis loin, aujourd'hui, de ce « gauchisme » foucaldien. Dieu sait si cette forme de mauvaise conscience — « passion triste », s'il en est — m'est devenue étrangère et si je me suis résigné, au nom de l'efficacité, à

ces effets pervers inévitables. Et quant à Kundera...
oh! Kundera... je vois bien le côté gros comique,
poujadisme et compagnie de son portrait de Berck le
danseur. Mais voilà. Je suis à Quebrada Naïn. Et c'est
tout cela qui me tourne dans la tête.

39

L'œil des victimes voit-il nécessairement juste?

(« ... ces hommes, ces ombres d'hommes... »)

Et puis, oui, pourquoi les victimes, après tout?
Pourquoi ce privilège absolu? Cette prescription
sacerdotale? Les vaincus ont-ils toujours raison,
vraiment? Forcément? Est-il si impossible que cela
d'être vaincu et salaud? Défait par l'histoire et barbare? N'est-il pas tout aussi possible, voire courant,
de cumuler la double disgrâce d'avoir historiquement
et moralement tort, d'être vaincu par l'Histoire et de
ne pas être, pour autant, en affinité avec le Juste, le
Vrai, le Bien? Les terroristes kurdes, par exemple...
Les Palestiniens du Hamas... Le kamikaze de Gaza,
victime assurément, damné entre les damnés, et
pourtant assassin... Les assassins hutus, défaits par le
FPR, jetés sur les routes du Rwanda, pauvres ombres

319

décharnées, pathétiques, mais qui n'en restaient pas moins les épurateurs abjects de la veille... Suffit-il d'être vaincu pour être sanctifié ? Faut-il, parce que les vainqueurs sont vainqueurs, tenir pour acquis que leur dire est celui du pire ? Et si je fais cela, si je me contente de renverser le théorème de Lévinas, si tout mon geste se réduit à transformer le « ce n'est pas parce que l'on a gagné que l'on a raison » en un « il suffit de gagner pour avoir tort et d'être vaincu pour être dans le vrai », quid, par exemple, des Juifs ? qu'en est-il des victimes qui ne le sont plus ? faut-il, parce que les Juifs sont devenus israéliens, qu'ils se sont dotés d'un Etat et que cet Etat est confronté à tous les problèmes moraux, politiques, voire policiers, qui ont été, de tout temps, ceux des Etats, en conclure que les héritiers de la Shoah sont passés de l'autre côté ? ne donnerait-on pas, ce faisant, l'essentiel de ce qu'ils demandent à ceux qui, au nom de la concurrence des victimes, transforment le sionisme en racisme, les Juifs en nouveaux bourreaux ? sans aller jusque-là, ne courrait-on pas le risque de nourrir une sorte de populisme chic reconduisant, mais aux couleurs de l'époque et de son dolorisme, tous les vieux dispositifs hégéliens, marxistes, paramarxistes ? In dolore veritas... Aristocratie de la souffrance, du malheur... Le vaincu, nouveau héros... Le paria en sa gloire... La victime, nouveau sujet élu — élection noire, élection à rebours, mais élection tout de même — de l'Histoire universelle version XXIᵉ siècle (Pascal Bruckner)... Non plus, exactement : le Prolétaire, le Travailleur, le Réfugié, le Déporté et, maintenant, l'Epave. Mais : le Prolétaire, le Palestinien, l'Immigré et, maintenant, le « damné de la guerre » reprenant le sceptre chu de la seule monarchie qui vaille et qui serait celle de la déréliction... Le titre même de ce livre... L'inconscient de la langue dont, quoi que j'en dise, je me réclame en adoptant ce titre... Peut-on, quand on a fait ce que j'ai fait, écrit ce que j'ai écrit, pasticher, à l'arrivée, un titre de Franz Fanon ? Hégélianisme à l'envers ? Ma dernière superstition ? Comment, pourquoi, je suis encore pieux.

40

Autobiographie, quatre : Mexique

(« ... jadis, en 1969, j'allais, non pas exactement en Colombie, mais au Mexique, dans des villages du Chiapas semblables à Quebrada Naïn... »)

Premier Mexique.

Il y en aura d'autres, bien sûr.

Il y aura beaucoup d'autres rendez-vous avec ce Mexique qui aura été là, en fin de compte, à tous les carrefours, ou presque, de ma vie.

Il y aura le Mexique du *Jour et la Nuit*, inoubliable — voir *Comédie*.

Celui de A., femme de ma vie, tissé de tant de romans, le sien, le mien, son secret, sa lettre volée, parfaitement exposée et, pourtant, absolument secrète — et puis, aussi, *Sous le volcan* qu'il me semble qu'elle m'a fait lire, ici, la première fois, dans un petit hôtel de Cuernavaca, derrière les jardins Borda.

Il y aura, au printemps 1978, avec S., la mère de mon fils Antonin, le Mexique de cette fameuse tournée philosophique, organisée par la chaîne Televisa, qui nous rassembla, Guy Lardreau, Jean-Paul Dollé, Françoise Lévy, André Glucksmann, moi-même, cornaqués par un Octavio Paz étonnamment politique, combatif : amphithéâtres houleux et bondés ; tomates ; œufs pourris ; demi-écorces d'orange passées à l'ammoniaque qu'on nous jetait au visage ; lancers d'étrons dans des sacs en papier qui explosaient quand ils atteignaient leur cible ; alertes à la bombe ; chahuts ; sifflets ; il ne faisait pas bon, à l'époque, dire que Castro était un autre Pinochet ni que le marxisme-léninisme était l'opium des peuples du Tiers-Monde.

Il y aura tous ces Mexiques, donc.

Mais c'est là, en mars 1969, à quelques mois d'un Mai 68 qui avait eu le visage sanglant du massacre de la place des Trois-Cultures, que je découvre le Mexique en général, le Chiapas en particulier — et aussi, par parenthèse, le statut enchanté d'auteur puisque c'est en rentrant de ce premier voyage que je donne à Jean Pouillon, pour *Les Temps modernes*, le tout premier texte que j'aie jamais écrit pour publication : « Mexique : nationalisation de l'impérialisme ».

C'est un autre Mexique, évidemment. Presque encore celui de l'après-guerre. Frida Kahlo vit toujours.

Ramon Mercader vient de mourir, mais on peut encore croiser, chez un coiffeur de Polanco, un vieux voyou qui se fait passer pour lui. Il reste, entre les Lomas et Coyoacan, des gens qui disent qu'ils ont connu Trotsky. D'autres, qui ont piloté Breton ou Eluard dans les bas-fonds de Tepito, le quartier des *Enfants de Sanchez*. Et je passe d'ailleurs de longues semaines, à Mexico-City, Paseo de Lomas Altas, je me souviens encore de l'adresse, chez Dominique, la dernière femme d'Eluard, dont le romanesque s'augmente, à mes yeux d'alors, du fait qu'elle a épousé, en secondes noces, une sorte de bellâtre nommé Aurélien Griffouilhères, patron de Renault au Mexique, dont, non seulement le nom, mais le maintien, la nonchalance dandy, la haute silhouette oisive me semblent droit sortis d'un roman de l'entre-deux-guerres.

C'est un autre Chiapas, pas encore celui des zapatistes, encore moins du sous-commandant Marcos et de son photogénique passe-montagne : nous sommes en 1969, je le répète ; le sous-commandant n'est sans doute, à cette date, pas encore né ; les seuls Occidentaux que l'on croise à San Cristobal sont deux vieilles Allemandes, vêtues comme des nonnes, mais qui ne sont pas des nonnes, et qui tiennent une pension de famille, derrière la cathédrale, où le hasard fait que j'ai lu, pour la première fois, *Les Mots* ; et la grande différence c'est surtout qu'entre Zinacantan et Tenejapa, au bord de la Agua Azul, puis, plus loin, à Chamula et San Andres, les villages totzils de la montagne où m'amène le grand indigéniste Pablo Gonzalez Casanova, personne n'a jamais entendu

323

parler d'aucun de ces « amis » qui, trente ans plus tard, à Paris, feront de la cause « zapatiste » une nouvelle cause sainte.

C'est un autre moi-même, enfin : autre femme, I., la première, mère de Justine-Juliette ; autre façon, plus irrégulière, peut-être plus canaille, de vivre l'aventure de ma liberté ; autres livres aussi ; Artaud plus qu'Althusser ; les Tarahumaras plus que le marxisme-léninisme de ma future époque bengalaise ; ou plutôt non ; les deux ; l'unité vécue d'Artaud et d'Althusser, des Tarahumaras et des marxistes ; l'impossible synthèse, façon premier surréalisme, de la poésie et de la politique, de changer la vie et de changer le monde – c'est peut-être pour cela, dans le fond, que, à peine entré à l'Ecole Normale, je file pour le Mexique ; c'est peut-être cet or-là que je vais tenter d'arracher à mon premier temps mexicain.

Mais la grande différence, cela dit, la vraie bascule entre les époques, c'est dans mon texte même que je la trouve.

Je l'ai sous les yeux, ce numéro des *Temps Modernes*. La célèbre couverture blanche, quasi inchangée trente ans après. La double couleur, noir et lie de vin, qui, elle, a disparu. Mon nom, Bernard-Henri Lévy – oui, « Bernard-Henri », mon nom complet et non mon nom abrégé comme je l'ai raconté, par jeu, provocation, dans *Comédie* – sobrement imprimé (mais cette sobriété me semblait le comble du visible) sous la rubrique « Mexique ». Et puis le texte lui-même, hyper-théoricien, dogmatique, surécrit (j'ai beau dire « Artaud, Tarahumaras, poésie, etc. », j'ai beau savoir que j'étais plus proche, en ce temps-là, de Bonnie and Clyde que de Malraux, je devais avoir à l'époque beaucoup de bêtises à me faire pardonner, beaucoup de notes d'hôtel impayées et de cavales entre les Etats de Morelos et de Guerrero, car il est difficile d'imaginer style plus guindé, plus corseté, plus conforme au politiquement correct de la période), le texte, donc, qui consistait, pour l'essentiel, en une critique du concept de « pays en voie de développement ». On dit, « développement », expliquais-je. Pays « en voie » de développement. Mais qu'est-elle d'autre, cette « voie de développement », que l'intégration à la grande chaîne d'oppression qui ceinture la planète ? Qu'est-ce que cela signifie, sinon la reproduction, à l'intérieur d'un pays, ou d'une région de ce pays, ou d'une sous-région de cette région, de la relation d'exploitation qui fonctionne à l'échelle de la planète ?

Tout est là. Tout le vrai goût, encore, du passage du temps. En ce temps-là, le grand reproche que je faisais au système était de tenter d'intégrer les damnés. Alors que, aujourd'hui, ce qui m'accable c'est, au contraire, leur expulsion du système et de l'Histoire — leur désintégration.

Les sans-nom, pas les héros

(« ... de toutes petites gens, des
existences minuscules... »)

N'empêche.

Moi qui n'aime que les héros, qui ai été nourri de
malrucisme et qui ai passé mon enfance et mon adolescence à rêver de Jean Moulin et du colonel Berger,
le fait est que j'ai consacré des jours et des jours, entre un autobus sans vitres, une barge à fond plat et
un camp-bivouac infesté d'insectes, à m'intéresser
aux vies minuscules de Juan, Manolo et Carlito.

Si j'essaie de savoir pourquoi, si j'essaie, en laissant
de côté les auto-justifications narcissiques et les ex-
plications humanistes traditionnelles, de justifier ce
parti pris et d'aller au bout du « changement de point
de vue » qui m'a fait aller du sel de la terre à son
reste, de l'infiniment grand des hommes de marbre
d'antan et de leurs tracés biographiques fulgurants à
l'infiniment petit de cette humanité vivante mais infime, je vois, en fait, trois raisons.

Kleist, d'abord. Kleist journaliste. On connaît le
Kleist poète et dramaturge. On connaît l'auteur de
La Petite Catherine de Heilbronn et de *La Marquise d'O.*
On connaît moins, en revanche, cet étonnant jour-
naliste, adversaire résolu de celui qu'il appelait

« l'empereur corse », et qui, pendant six mois, d'octobre 1810 à mars 1811, alors qu'un vent d'épopée soufflait sur l'intelligence européenne et que Hegel, au même moment, voyait, lui, en Napoléon l'architecte, que dis-je, le messie d'une Europe rêvée et révélée, dirigea les *Berliner Abendblätter*, un tout petit journal quotidien constitué de nouvelles brèves, de faits divers mâtinés de potins, rumeurs, rapports de police publiés comme tels, d'entrefilets dérisoires ou exprès grotesques, où était supposé, pourtant, se concentrer l'esprit de l'époque[1]. On songe, les rapports de police en plus, au *Journal de la Dernière Mode* de Mallarmé. On retrouve, à la réserve près de l'ironie (car les chroniques des *Berliner Abendblätter* sont des chefs-d'œuvre d'humour, de facétie, de dérision, de détournement), l'esprit des samizdat soviétiques de la grande époque, qu'il fallait savoir lire entre les lignes. Ce qui m'intéresse, c'est ce renversement de la hiérarchie de l'essentiel et du futile ; c'est cette idée que, dans l'anecdote, l'écume du temps, son déchet, dans ces histoires de « chiens méchants » – un pas de plus et Kleist dirait « chiens écrasés » – racontées sur un misérable « quart de page » et traitées avec art de l'ellipse, du sous-entendu et parfois de la provocation, puisse se trouver le sel de l'actualité ; ce qui me passionne c'est ce face-à-face Kleist-Hegel et la décision d'opposer à la grande aventure de la *Phénoménologie*, à sa prosopopée de l'« Universel » et du « Concept », d'humbles his-

---

1. Kleist, *Anecdotes et petits récits*, Payot, 1981, préface de J. Ruffet.

toires de fabricant de toile cirée organisant, pour fêter l'anniversaire de «Son Altesse Royale», un voyage en ballon dans le ciel de Berlin (et nous en apprenons de belles, au passage, sur les vents, les machines, l'art de soumettre les secondes aux premières et la sainte trouille que cet art inspire à la police impériale) ou des «précisions sur un incendiaire nommé Schwarz et la bande de brigands dont il faisait partie» (texte qui, en première lecture, n'a, lui non plus, aucun sens mais qui, relu avec le troisième œil, celui de la dérision et de la ruse, en disait long sur les méthodes des «soldats de garde aux portes de Berlin»). Que cette décision soit dictée par la contrainte, que la censure policière ait été, en l'espèce, la muse du *Catéchisme des Allemands établi d'après celui des Espagnols à l'usage des enfants et des vieillards, en seize chapitres* n'empêche pas d'y voir une assez bonne métaphore de ce que l'on peut attendre, aujourd'hui, du journalisme. Grandeur des murmures. Noblesse de l'infime. La vérité, non plus de l'Histoire, mais de la sous-histoire.

Deuxièmement, Benjamin. Le Benjamin, à nouveau, des *Thèses sur la philosophie de l'Histoire.* Et le portrait, dans la *Thèse IX*, de celui qu'il appelle «le chroniqueur» et dont la caractéristique est qu'il «narre les événements sans distinction entre les grands et les petits» (rien, aux yeux de ce chroniqueur, non, «rien de tout ce qui jamais advint» ne peut ni ne doit être tenu comme «perdu pour l'Histoire»). Il y a une logique politique à ce parti pris : effet mécanique de la décision de désenfouir l'histoire des exclus et de prendre, systématiquement, le point de vue des vaincus et des laissés-pour-compte – choisit-on entre les vaincus ? y a-t-il des bons et des mauvais laissés-pour-compte ? le moyen, quand on joue la carte des sans-nom, de dire aux uns d'entrer dans la maison de l'Histoire, aux autres de rester dehors ? Une logique philosophique : effet, non moins mécanique, de la déconstruction, après Rosenzweig, du concept d'Histoire universelle et des grandes scènes signifiantes qu'il permettait de dresser – dire que l'Histoire, comme telle, n'existe pas, c'est admettre qu'il n'y a plus, nulle part, d'instance ni de jugement à partir de quoi l'on puisse trancher du sens à donner aux événements ; et s'il n'y a plus de sens, s'il n'y a plus de clef de voûte ni de grand signifiant transcendantal permettant de donner un ordre au pur désordre de ce qui advient, c'est qu'il n'y a plus non plus de vrai critère permettant de distinguer entre le central et le périphérique, l'essentiel et le dérisoire, ce qui a à voir avec l'historico-mondial et ce qui n'a pas à voir avec lui ; un événement est un événement ; tous les événements se valent ; et si les effets pervers de ce changement d'optique sont évidents (droidlommisme plat, pires versions de l'humanisme) les progrès ne le sont pas moins (à commencer par le souci de ce qui se passe dans les trous noirs de la planète). Mais le plus intéressant c'est évidemment, par-delà le politique et le philosophique, le souci théologique manifesté dans la même *Thèse IX*, phrase suivante, quand l'auteur des *Passages* ajoute que « ce n'est qu'à l'humanité rédimée qu'appartient pleinement son passé » : il dit bien rédimée ; il dira, ailleurs, délivrée ; et c'est une manière de dire, primo, que nul ne peut dire, avant la Rédemption, ce qui appartient pleinement au passé et ce qui ne lui appartient pas ; mais, secundo, que cette Rédemption, cette Délivrance elles-mêmes, ne sont possibles que si sont convoqués (Benjamin dit « cités ») à l'ordre du jour du souvenir tous les événements sans distinction, grands et petits, nobles et humbles – cette Rédemption n'adviendra que si l'on procède, à la façon de ces historiens de la vie des princes qui, ne sachant ce qui, le moment venu, sera retenu au crédit de leur modèle, ne pouvant prévoir sur quel incident de leur existence prendra appui la miséricorde de Dieu, préféraient, dans le doute, tout noter, tout consigner, enregistrer le banal aussi bien que le grandiose ou le monstrueux ; elle n'adviendra que si le chroniqueur anticipe, lui aussi, le Jugement en s'interdisant absolument de faire un choix entre les âmes. Löwy note que Benjamin se rapprochait, ce faisant, des spéculations origénistes sur l'apocatastase qu'il connaissait assez bien pour les avoir mentionnées dans son essai sur Lesskov et selon lesquelles toutes les âmes sans exception iront au paradis [1]. Je pense surtout, moi, aux vieilles spéculations juives, analysées par un grand interlocuteur de Benjamin, Gershom Scholem, qui m'avaient servi de guide à l'époque du *Testament de Dieu* et selon lesquelles le Messie n'adviendrait pas en ce monde sous les traits d'un homme particulier, d'un prophète, prenant la parole à un moment donné du temps pour imprimer à ce temps sa forme définitive – mais sous le visage

---

1. *Op. cit.*, pp. 41-42.

de l'homme quelconque, celui-ci aussi bien que celui-là, opérant à chaque instant du temps en s'y faisant le témoin de la Justice et de la Loi. Voici le messianisme tel que, après Scholem et avec lui, je l'entends. Ma façon de croire au Messie c'est de donner la parole à Manolo, Juan, Carlito.

Et puis j'ai une troisième raison, enfin, de procéder ainsi. C'est cette affaire, toujours, de Fin de l'Histoire. C'est cette nuit du monde que j'ai appelée la Fin de l'Histoire, même si elle n'avait plus grand-chose à voir, au bout du compte, avec la lettre des hypothèses kojéviennes. C'est cet espace-temps des « trous noirs », cet « enfer » sur la terre, cette « ruine », dont j'ai montré que la caractéristique est, non seulement que les victimes n'y ont plus de nom, qu'elles y ont à peine un visage, que l'idée même d'une biographie leur est devenue presque impensable, mais que les événements même dont elles sont les témoins ou les victimes sont comme emportés dans le tourbillon et ont cessé de s'enregistrer aux tables de l'Histoire. Comment résister, alors, à cela ? Comment secourir les habitants d'un pareil enfer ? Eh bien, en prenant l'enfer au mot. En faisant que le non-dit se dise. En contribuant à ce que s'enregistre ce qui s'efface à mesure qu'il se produit. En rendant leur statut de fait d'Histoire, donc d'événement, à l'improbable poussière de crimes et de forfaits dégringolant dans le trou noir et dont l'oubli lui-même finit par s'oublier. Bref, en faisant tout ce qu'il est possible de faire pour rendre à ces peuples, non pas la mémoire, mais l'histoire, presque l'archive, le sens de l'historicité dont ils se trouvent privés. J'ai dit que nommer, dans ces zones, était déjà un acte de résistance. J'ai dit — et il y aurait, du reste, dans l'œuvre de Benjamin encore, dans son essai de 1916 par exemple, bien des notations sur la vertu du nom et la faculté qu'a chacun de forger son propre destin à partir du nom qui lui a été donné ou qu'il a décidé d'habiter — j'ai dit, donc, que le fait de rendre à des gens leur nom, d'identifier leur vie, leur visage, était déjà une manière de les secourir. Je dis cette fois que, par-delà les noms et les visages, il y a les événements ; qu'enregistrer un événement, le réinscrire dans un système d'événements antérieurs ou concomitants, est aussi un acte politique ; que distinguer des événements, casser les fausses unités temporelles, les unités toutes faites du temps, pour rendre à l'événement sa dignité, est un acte de résistance. On envoie des médecins en Colombie. J'ai presque envie de dire, mi-provocation mi-sérieux, qu'il serait à peine moins utile d'y envoyer des ONG d'historiens et d'archivistes. Sauver le passé et le présent, voilà l'urgence. Sauver les événements happés par le trou noir, avalés par le tourbillon, voilà l'idée. L'événement est une idée neuve en Colombie, au Burundi, au Sud-Soudan, en Angola, au Sri Lanka. L'événement est une idée révolutionnaire pour les deux tiers de l'humanité.

42

Un mot de Hegel
(Note conjointe)

Hegel, dans *Leçons sur la philosophie de l'Histoire* — écho, et encouragement, à cette mission qu'il faudrait assigner aux archivistes et historiens : « l'histoire est moins faite par ceux qui la font que par ceux qui la racontent »...

43

Le théorème de Stendhal

Alors, évidemment, le problème c'est Stendhal. Le théorème de Stendhal. A savoir le fait que Fabrice ne voit rien, ne comprend rien, n'a accès à aucune des clefs qui permettraient d'entendre la logique de cette bataille de Waterloo qui occupe les premières pages de *La Chartreuse* et qu'il a vécue sans vraiment la vivre. Le problème c'est cette vieille idée que, par commodité, je date de lui, Stendhal, mais que tous les témoins de toutes les guerres avaient plus ou moins pressentie — à savoir que le point de vue de l'infime, du minuscule, c'est-à-dire, au fond, du combattant dans son trou, du Poilu dans sa tranchée, ou de l'observateur dans sa barge en route vers Quebrada Naïn, est un point de vue particulier, local, partiel, au sens étymologique idiot : un point de vue qui, donc, ne voit rien, n'entend rien, ne dit rien, ne sert à rien. Homère lui-même ne dit-il pas l'inévitable « limite » du point de vue d'Achille et d'Hector ? L'aède, pour raconter la prise de Troie, ne doit-il pas se transporter, en pensée, jusqu'au nuage où siègent les Olympiens ? Et quant à moi... J'ai beau dire. Fanfaronner. J'ai beau me bercer de pieuses formules type grandeur des murmures, noblesse de l'infime, etc. Quelle est la première chose que je faisais quand, retour d'une plongée dans la géhenne du Bangla-Desh, je rentrais souffler un peu, dans l'autre Bengale, à Calcutta ? Je fonçais au siège du *Times of India* pour voir, dans les éditions du journal que j'avais manquées, les cartes indiquant les mouvements de troupe, donc le sens de la bataille que j'avais vécue de l'intérieur et à laquelle j'avais l'impression de n'avoir, du coup, rien compris.

Face à ce théorème, trois attitudes possibles.

La première. Le théorème est faux. J'y ai cru, d'accord. J'ai été le premier, à l'époque du Bangla-Desh, à tomber dans le panneau et à attendre d'être dehors pour trouver le bon point de vue. Mais il était faux. J'ai découvert, avec le temps, qu'il était faux. Car l'œil du combattant voit juste, au contraire. Il a beau être local, enfermé dans sa singularité, enlisé, il n'en a pas moins accès, très vite, à la vérité profonde de la bataille. Fabrice ? Fabrice, c'est spécial. Un étranger, d'abord. Ignorant des choses militaires. Parachuté sur un champ de bataille dont il se contrefiche. Indifférent. La tête ailleurs. Donnez-moi un

334

Fabrice plus averti. Donnez-moi un Fabrice concerné par les « damnés de la guerre », l'« humanisme de l'autre homme », le « messianisme au quotidien », Scholem. Donnez-moi un Pierre Bezoukhov montant, en civil, jusqu'aux premières lignes de la bataille de Borodino ou un envoyé spécial au Bangla-Desh plus éveillé que le soixante-huitard qui, à Jessore, cherchait d'abord un miroir pour ses états d'âme et ses émois. Et vous verrez alors ce que vous verrez ! Vous verrez que, en cinq minutes, il percevra la noblesse de l'infime, la profondeur du plus minuscule incident – en cinq minutes, il découvrira que c'est en partant du local que l'on arrive au général et que l'extrême singularité est un bon accès à l'universel. C'était sûrement la conviction de Kleist. Ou de Karl Kraus, polémiste et, lui aussi, journaliste, voyant – c'est à nouveau Benjamin qui parle – « dans le moindre élément d'une seule nouvelle locale, d'une seule phrase, d'une seule annonce, toute l'histoire mondiale fondant sur lui ». Ou même, qui sait ? de Leibniz distinguant dans chaque monade une miniature du monde, un pressentiment de l'ensemble, une « pars totalis ». C'est la conviction de tous ceux qui pensent que, non seulement le diable, mais la vérité est dans le détail.

La seconde. Stendhal a raison. Le point de vue de Fabrice est un point de vue partiel, en effet. Obtus. Inintelligent. Mais voilà. C'est le seul. Il n'y en a pas d'autre. Il n'y a rien de plus à voir dans la réalité des guerres que cet enfer absurde où l'on se demande en permanence où l'on est, où l'on va, d'où viennent les obus, qui les tire et ce que sont devenues les belles vertus héroïques chantées par la littérature de guerre.

Fabrice n'a peut-être rien compris. Mais c'est tout ce qu'il y avait à comprendre. C'est l'essence même de la guerre que de donner ce sentiment d'incompréhensible chaos, d'absurdité, de juxtaposition de points de vue idiots, aveugles, fermés les uns sur les autres. L'affaire du *Times of India*, par exemple... Que m'apportaient, franchement, les grosses flèches noires des cartes du *Times of India*? Que m'apprenaient-elles de plus quant à la réalité des batailles de Jessore ou de Khulna auxquelles j'avais été mêlé et dont je pensais, à l'époque, que l'essence m'avait échappé? Rien, en fait. Car les batailles de Jessore et Khulna, je le sais aujourd'hui, n'existaient pas. C'étaient des chimères. Des êtres de raison. C'étaient des abstractions qu'il fallait dépasser, pulvériser, oui, littéralement pulvériser, réduire en poussière, pour retrouver, sous la chimère, dans l'ombre fascinante mais idiote de « la » grande bataille unique, la poudre des micro-batailles ou des micro-destins qui en étaient la vérité, le nombre premier, la réalité. Ce qui existe c'est Fabrice à Jessore. C'est Fabrice à Khulna. Ce qui existe, ce qui compte, c'est que nous sommes tous — hommes de troupe, bien sûr; mais aussi humanitaires, reporters, témoins et même, s'ils sont honnêtes, les chefs, les officiers — des Fabrice à Jessore et Khulna, dépassés par la guerre qu'ils font et qui se fait à travers eux. Et ceux qui vous diront le contraire, ceux qui viendront vous raconter : « il y a un autre point de vue, il y a, quelque part, un point de surplomb depuis lequel on voit ce que le combattant fait mais ne comprend pas », sont soit des sots, soit des truqueurs, soit des doreurs de pilule professionnels qui veulent juste faire diversion et nous leurrer sur le fond d'aberration qui est la vérité des guerres. Bardamu dirait cela, je pense. Et le Sartre des *Carnets de la drôle de guerre*. C'est la conviction la plus compatible avec mon hypothèse des guerres que le sens a désertées.

Et puis la troisième attitude, enfin. Stendhal a raison, oui. Peut-être même a-t-il complètement raison et existe-t-il en effet, quelque part, un autre point de vue qui ne soit plus celui de Fabrice mais d'un observateur omniscient, par exemple un général, ou, ce qui revient au même, un romancier. Le problème c'est que je m'en fiche. Ce n'est pas ça qui m'intéresse. Ce bon point de vue, s'il existe, n'est absolument pas celui que je cherche. Il y a « la » bataille de Khulna, d'un côté, qui n'avait rien à me dire ; et il y a le petit Mukti Bahini, de l'autre, qui préféra se suicider avant d'avoir à se battre — et lui, en revanche, m'obsède. Il y a la stratégie d'Ivan Rios, le chef des Farc, qui me fait bâiller d'ennui ; et il y a Quebrada Naïn, ses survivants, ses vingt morts oubliés dont Rios ne connaissait même pas l'existence — et n'aurais-je servi qu'à cela, n'aurais-je fait tout ce voyage que pour la lui apprendre et attirer l'attention des marxistes-léninistes des Farc sur le fait que leurs unités, sur le terrain, se conduisent comme des fascistes, que je n'aurais pas perdu mon temps. Il y a, en un mot, ce qu'un personnage des *Hommes de bonne volonté* appelle « la stratégie d'état-major ». Il y a ce ton « homme de métier » qu'adopte volontiers Malraux, et que je trouve toujours un peu ridicule, quand il raconte l'attaque de l'hôtel Colon, les trains blindés de Sibérie ou les problèmes techniques et logistiques de l'escadrille de *Sierra de Teruel*. Il y a Proust, bien sûr, dévorant les chroniques d'Henry Bidou et les mettant dans la bouche des deux stratèges rivaux que sont Charlus et Saint-Loup. Il y a cette interview de juin 1941, à « PM »[1], où Ernest Hemingway est si naïvement fier de dire que « bien avant d'être romancier », il est « correspondant de guerre » et que, avant d'être « correspondant de guerre », il est un « expert militaire » qui « a étudié la guerre dans sa totalité » – il dit bien : « sa totalité »; il insiste : « tout ce qui concerne la guerre, depuis l'emplacement des mitrailleuses jusqu'aux tactiques et aux manœuvres »; et il ajoute même, histoire de bien faire expert : « le moral de la population civile et l'organisation industrielle de la guerre ». Bref, il y a toute une tradition des écrivains de la guerre, curieux de la guerre en tant que telle, passionnés par les armes, les armées, les jeux et les trafics de la guerre. Cette tradition n'est pas la mienne. Ces centres d'intérêt ne sont pas les miens. Les airs entendus que prennent les guerriers en chambre (plus Norpois que Bidou!) pour évoquer les parties d'échecs planétaires à quoi se réduisent, selon eux, les affrontements entre les peuples, m'ont toujours semblé grotesques. Et cela parce que mon problème, moi, ce ne sont pas les guerriers mais les victimes. Ce ne sont pas les stratèges mais les civils. Dans la formule « damnés de la guerre », le mot important c'est « damnés », ce n'est pas « guerre ».

---

1. Ernest Hemingway, *En Ligne*, Gallimard, Folio, 1995, pp. 480-481.

44

Le dernier communisme

Le communisme des docteurs de la loi staliniens pour qui l'idéologie n'était qu'un knout, servant à dresser le bétail humain ? Malraux déjà, dans *La Voie royale*, avait compris et dit l'essentiel. « Garine ne croit qu'à l'énergie. Il n'est pas antimarxiste, mais le marxisme n'est nullement pour lui un socialisme scientifique ; c'est une méthode d'organisation des passions ouvrières, un moyen de recruter chez les ouvriers des troupes de choc. »

45

Barbares à visage humain

(« ... violence nue, sans fard, réduite à
l'os de sa vérité sanglante... »)

In bello veritas ? Peut-être, après tout. Peut-être, oui, faut-il revenir sur l'idée, réviser mon refus têtu de la considérer. Peut-être faut-il rendre à la guerre ce rôle d'observatoire de l'humain que lui donnaient les écrivains des années 30. Mais attention. Au sens de Céline, pas de Drieu. Parce qu'elle serait une image, non de la grandeur, mais de la saloperie. Parce qu'elle serait une loupe en effet, un miroir – mais pour le pire. Exaltation de l'humain ? Non. Abaissement. Avilissement. Le vernis freudien qui craque. Les solidarités, fraternités, liens communautaires, qui explosent et laissent derrière eux un champ immense de haines nues, ressentiments furieux, supplices voulus ou consentis, barbaries. L'inhumain, pas l'humain. Le visage, plus exactement, de l'humain quand le travaille et l'occupe l'inhumain. Tout ce que l'on soupçonnait de plus inhumain en l'humain. Toute cette part d'abjection qui affleurait, que l'on devinait, mais qui, tel un animal domestiqué, était tenue en laisse, tout ce fond noir qui fait de chacun le pire ennemi de chacun, voilà ce que la guerre met à nu – voilà, si l'on y tient, la vérité de la guerre.

« Sans la guerre, Jeanne meurt pastourelle et Hoche palefrenier », s'émerveillait Dorgelès. C'est vrai. Mais il faut, aussitôt, renverser le sens de la formule pour dire (et ce n'est plus l'exception mais la règle) : sans la guerre, Carlos Castaño meurt dans la peau d'un psychopathe inoffensif et léger ; sans la guerre, tous ces types qui sont rassemblés autour de lui, sous la tente de conférence, et dont on connaît, par les rapports de l'Onu et des grandes ONG, les crimes effroyables, meurent finqueros, c'est-à-dire en effet pastoureaux ; c'est la fonction de la guerre, en d'autres termes, de créer l'état d'exception qui a fait de ces pastoureaux, de ces braves types aux gestes

lents de paysans, pleins de prudences et de retenue,
des assassins abominables. Pepe, l'homme qui sert
ses cafés au chef, les yeux collés par le sommeil, du
savon à barbe dans la moustache... Cet officier, sourire puéril et sans ruse, qui semble, par moments,
s'évader dans la rêverie... Cet autre, qui me regarde
avec de bons yeux tendres et m'exhorte à prendre
moins de notes et à manger : « vous n'aimez pas les
huevos revueltos, Professeur ? vous vouliez autre chose ?
des haricots ? du riz ? de la viande grillée ? dites, Professeur, dites ; nous sommes à vos ordres ; vous avez
fait une si longue route... » C'est la guerre, oui, qui a
instauré l'état d'exception à la faveur duquel ces
hommes ont pu, très tranquillement, sans se trahir ni
renier, sans cesser d'être ce qu'ils étaient, c'est-à-dire
d'honnêtes pastoureaux, se rendre coupables d'un
massacre, celui de Quebrada Naïn, dont j'ai déjà dit
quelques-unes des scènes (une paysanne égorgée ;
une autre, crucifiée dans sa grange ; la petite fille à qui
ils ont commencé par crever les yeux avant de
l'envoyer courir, aveugle, et de la tirer comme un
lapin) et dont il faudrait dire les autres, toutes les
autres, telles que me les ont racontées Carlito, Juan et
Manolo (briser les os d'un homme, un à un, métho-
diquement, avant de l'achever d'une balle dans la
tête ; découper le visage d'un autre au rasoir ; forcer
un troisième, un fusil sur la tempe, à déchirer à pleines dents les couilles d'un compagnon enchaîné sur
un établi ; détruire une mère au lance-flammes sous
les yeux de son enfant). La guerre, vérité des pastoureaux ?

341

46

Éloge de la trahison

Retour à Bogota. Dernier jour. Petite excitation, dans la presse locale, à l'idée qu'un étranger ait pu arriver jusqu'à l'homme invisible du pays et lui arracher un entretien. Et rencontre avec un journaliste franco-colombien qui me pose la question que me posa Mufid Memija, le directeur de la radio-télévision bosniaque, la première fois où il me vit à Paris, chez moi, puis dans un restaurant où j'avais mes habitudes : « pourquoi faites-vous cela ? pourquoi un philosophe, écrivain à succès, apparemment gâté par la vie, peut-être heureux, fait-il des choses pareilles ? pourquoi, quand on n'est pas journaliste, quand ce n'est pas votre métier et qu'on ne vit pas de ses reportages, prendre des risques inconsidérés ? pourquoi faire, en un mot, ce que l'on n'a aucune raison de faire ? » Ma réponse (un peu « officielle », sans doute ; mais pourquoi ne serait-elle pas, quoique officielle et avouable, sincère ? pourquoi ne livrerait-elle pas, autant que mes aveux sur le type de jouissance que procure la plongée dans les situations de guerre, une autre partie de la vérité ?) – ma réponse, donc, sur un ton dont je mesure, rétrospectivement, l'emphase, mais tant pis, c'est ainsi : Proust et Mallarmé n'avaient, toutes proportions gardées, aucune « raison » de s'engager en faveur de Dreyfus ; Mauriac et Bernanos étaient les derniers, au printemps 1936, dont on pouvait attendre qu'ils prissent parti pour l'Espagne républicaine, contre Franco ; Marc Bloch prend les armes contre Vichy alors que tout, dans la façon que l'on avait, aux *Annales*, de concevoir l'histoire, dans le « fatalisme inhérent » – c'est lui, Marc Bloch, qui parle – à la pratique de sa discipline, dans l'accent mis sur la « longue durée », dans l'insistance sur le « jeu des forces massives » qui structurent les sociétés, aurait dû le « détourner de l'action individuelle » ; et s'est-on assez étonné, enfin, de ce que le prophète de la mort de l'homme, Michel Foucault, ait pu s'instituer défenseur des droits de l'homme ! a-t-on assez glosé sur le prétendu paradoxe de ce philosophe « structuraliste », maître en « archéologie » et « régularités épistémiques », qui s'était interdit, en principe, les facilités de l'idéalisme de la conscience et qui se met à parler asiles, prisons, dissidences, éthique de la libération, résistances subjectives aux protocoles modernes d'assujetissement, stratégies ! Eh bien c'est ce paradoxe qui, moi, me plaît. C'est lui qui, à mes yeux, fait le prix du geste foucaldien. J'ai souvent dit mon admiration, chez les clercs, pour les traîtres à leur propre famille, leur tribu d'origine, leur classe, leurs solidarités supposées ou requises (évêques et marquis rouges de 1789, porteurs de valises français du FLN, grands bourgeois révolutionnaires ou tiers-mondistes, Feltrinelli, etc.). Plus intéressant encore me semble le fait de s'engager contre ce que, non seulement sa classe, mais la pente de sa propre pensée semblait vous contraindre à faire et penser. Plus admirables, plus exemplaires, les paradoxaux absolus, les contradictoires d'avec eux-mêmes, les engagés, non seulement

343

sans besoin, mais sans logique – ceux qui n'ont, en effet, aucune raison de faire ce qu'ils font.

47

Humanitaire, trop humanitaire

(« Comme si, au Soudan, même le Bien s'était mis au service du Mal. »)

Les années passent. Le décor tourne. Mais, chaque fois, le même malaise face à l'idéologie humanitaire. Chaque fois le même trouble. Et, chaque fois, la même batterie d'objections.

Les gens, d'abord. Souvent, ils sont généreux. Courageux. Ils sont l'honneur d'un monde sans honneur. L'âme d'une planète sans âme. Ils ont le mérite d'être les derniers représentants de l'Europe, donc, qu'on le veuille ou non, de l'Universel, dans un monde que l'Europe a abandonné. Mais à coté d'eux, les autres. Les bureaucrates du malheur. Les fonctionnaires de l'horreur et de l'aide. Ces gens qui, à Addis-Abeba, couraient après les réfugiés et faisaient la queue au ministère de la « Solidarité » pour y obtenir le droit l'écouler leurs marchandises humanitaires (sic). Ces autres – peut-être les mêmes – qui, au Cambodge déjà, puis dans la zone dite de sécurité du Kurdistan irakien qu'occupèrent, après la guerre du

Koweït, les forces de l'Onu, ne raisonnaient qu'en fonction des « parts de marché » dont ils avaient besoin pour satisfaire leurs actionnaires, pardon, leurs donataires. Bref, toute cette population humanitaire qui fait de l'aide une fin en soi et se refuse à y mêler quelque considération économique, politique, morale, que ce soit. C'est le syndrome « Touche pas à mon puits ». C'est l'aide pour l'aide, devenue une machine folle, vouée à son auto-alimentation. C'est la ridicule Princesse de Bormes qui, dans *Thomas l'imposteur*, « se voit refuser les blessés dont elle a besoin pour tenir sa place dans la guerre ». Ou c'est cette page du *Journal* de Gide où l'on voit une dame d'œuvres, sans doute la modèle de la Princesse et de toutes celles et ceux qui lui ressemblent, hurlant à la cantonade, dans l'escalier de l'immeuble de la Croix-Rouge (nous sommes en pleine guerre, le 20 août 1914) : « on m'a promis cinquante blessés pour ce matin ; je veux mes cinquante blessés [1] ». J'ai retrouvé un peu de tout cela dans le Barnum de Lokichokio à la frontière du Sud-Soudan. J'ai réentendu la vieille musique dans le discours de cet Américain qui, lorsque je lui ai dit qu'on retrouvait ses colis, au marché noir, dans les villages de la frontière kenyane, a haussé les épaules et m'a répondu : « que voulez-vous que j'y fasse ? mon boulot, moi, c'est d'acheminer l'aide sur zone... de la distribuer à ses destinataires... après, ce que les destinataires en font, s'ils vont la revendre sur les marchés du Kenya... que voulez-vous que j'y fasse ? » La Princesse de Bormes, plus le cynisme.

---

1. Cité in Maurice Rieuneau, *op. cit.*, p. 103.

La guerre. La place, dans l'économie de la guerre, des procédures et de la logique humanitaires. Mon trouble, ici, à Alek, ne vient pas de ce qu'une ONG ait pu, en conscience, décider de se mobiliser au service de l'une des causes en présence – celle, en l'occurrence, de John Garang : qu'ai-je réclamé d'autre, après tout, pendant les années bosniaques ? n'est-ce pas à cela que j'invitais (encore que dans un autre contexte idéologique et politique) des organisations trop timides qui avaient peur de leur ombre et reculaient à la seule idée d'assumer les responsabilités politiques que la folie du monde leur imposait ? Mais il vient certainement, en revanche, de ce que l'ensemble du système puisse, dans l'inconscience, mécaniquement, sans tenter de penser la chose, s'inscrire dans le jeu de la guerre et de son économie. Là aussi, tout a commencé à Addis-Abeba, en 1986, au moment des grands déplacements de populations, du Nord vers le Sud, décidés, dans un accès de folie soviétisée, par Mengistu, le Négus rouge. L'opération, dans la mesure où elle arrachait à leur terre la quasi-totalité des paysans éthiopiens et où elle paralysait donc le cycle des récoltes, n'était techniquement possible que si un flux de ressources alimentaires venait, de l'extérieur, combler le trou – ce que firent, dans un bel élan, sans réfléchir, la plupart des grandes ONG, participant de la sorte à cet immense remodelage de la géographie humaine et de la géographie tout court du pays. Eh bien, même chose ici. Même instrumentalisation de la pitié. Même inscription des bons sentiments dans un jeu qui dépasse les acteurs. Et même contribution macro-économique des aides à une stratégie d'ensemble qui est celle de la guerre contre les civils. A quoi servent nos colis? A nourrir les civils ou à permettre aux seigneurs de la guerre de persévérer dans leur être guerrier? A sauver les enfants ou à permettre à tel ou tel tueur de réquisitionner les paysans, de brûler leurs champs et de détruire le pays tout entier?

L'économie en général. La place des aides humanitaires dans l'économie, non plus de la guerre, ni même de la région, mais du monde. Générosité, vraiment? Compassion? Il y a de cela, bien sûr. Et loin de moi l'idée de jeter la pierre aux simples gens qui, à chaque catastrophe, avec une admirable régularité, se mobilisent et donnent – loin de moi l'idée de nier que les ONG, lorsqu'elles envoient des vivres ou des médecins à des populations privées de tout, lorsqu'elles donnent de quoi ne pas mourir à des hommes et femmes qui, comme les Nubas, ne se nourrissent plus, depuis longtemps, que d'écorces et de racines, ont le mérite, inestimable, de sauver des corps à l'agonie. Mais en même temps... Ces aliments mal lyophilisés. Ces conserves parfois périmées. Ces boîtes de fruits cuits, stockées dans un hangar de Lokki. Ces rations militaires. Ces caisses de lait concentré. Ce silo de sucre. Ce café en vrac. Et si Lokki était aussi une décharge pour produits dont l'Occident ne voulait plus? Et si le Tiers-Monde en général servait aussi de poubelle, non seulement pour nos déchets nucléaires et nos pollutions, mais pour les surplus d'une économie de surabondance? Bref, et si, en recevant nos dons, en se faisant parachuter, comme, hier, les Bosniaques de Gorazde ou

347

les Kurdes de l'opération « Provide Comfort », des tonnes et des tonnes de produits ou de sous-produits, les morts-vivants de la région de Gogrial, et les damnés de la guerre en général, nous aidaient aussi à éponger les excédents économiques qui sont la mauvaise graisse de nos économies ? Il y a eu le temps du pillage du Tiers-Monde. Il y a eu la grande époque où les économistes marxistes (Pierre Jalée, André Gunder Frank, Baran, Sweezy) démontaient, dans le Tiers-Monde, la mécanique de l'extorsion du surtravail, de la survaleur. Les temps ont changé. Peut-être même le courant dominant a-t-il fini par s'inverser. L'extorsion, certes, continue. Et le service, par exemple, de la dette, l'interminable contraction de nouveaux prêts destinés à financer le rembourse-ment des intérêts des anciens, peut certainement être tenu, dans les pays les plus pauvres, pour une autre façon d'essorer des économies déjà exsangues. Mais l'élément nouveau est ailleurs : un Tiers-Monde de-venu, non plus le réservoir, mais le dépotoir du monde développé ; non plus une mine à profits mais une poubelle à déchets ; non plus la fonction plus-value, mais la vieille fonction potlach dont nous sa-vons, depuis Marcel Mauss, qu'elle est une autre fonction, essentielle au fonctionnement du système.

Le politique. L'oubli, plus exactement, du politi-que. Et la confusion de l'humanitaire avec ce politi-que dont il tient de plus en plus souvent la place. Comment ne pas faire de politique et faire que cela ne se voie pas ? Comment abandonner à leur sort les populations déshéritées du Tiers-Monde et éviter que les opinions publiques, dont on connaît l'émotivité, n'aient un sursaut de conscience et n'en fassent reproche à leurs Etats? Eh bien l'humanitaire. Une présence forte des humanitaires. La transformation de l'Etat lui-même en une gigantesque agence humanitaire. Et une agitation médiatico-humanitaire qui aura au moins pour vertu de masquer l'absence de vision, de projet, de volonté. Alors, parfois, c'est demi-mal; parfois les humanitaires sont les derniers, je l'ai dit, à porter les couleurs de l'Europe, à défendre une certaine idée de l'homme et de son honneur et à se souvenir, par conséquent, du temps où c'est par la politique que l'on résistait à l'oppression; j'en ai connu, de ces humanitaires-là; je les ai vus à l'œuvre, ici, au Soudan, écartelés entre les seigneurs de la guerre rivaux et refusant de céder aux injonctions des uns ou des autres; je les ai vus, en Angola, refusant de servir de supplétifs à l'armée du Mpla pour tenir, à sa place, les zones qu'elle avait conquises; je les ai vus se battre, en un mot, pour qu'un reste d'universalité continue, je n'ose dire de vivre, mais de survivre dans des contrées qui lui ont, avec notre aide, donné congé. Mais, parfois, c'est catastrophique; et, sans céder à la tentation du pire, il est difficile de ne pas se dire que le tout-humanitaire a aussi pour fonction d'anesthésier les opinions, de désarmer leur protestation et de décourager, surtout, l'initiative de ceux qui pourraient être tentés de faire davantage; ce fut le cas en Bosnie où la présence, sur le terrain, d'une force d'intervention humanitaire susceptible de devenir la cible d'une éventuelle représaille serbe était vite devenue l'argument massue des non-interventionnistes; c'est le cas en Afghanistan où la sécurité des équipes présentes à Kaboul, donc du côté des Taliban, servit de prétexte au Président de la République française pour refuser de recevoir le commandant Massoud lorsqu'il vint à Paris ; c'est le cas ici, au Soudan, où la machinerie humanitaire a pour premier effet de prolonger une guerre que l'Occident aurait, s'il le voulait, les moyens financiers, donc politiques, d'arrêter.

L'idéologie enfin. Ce mélange de vitalisme et de droidlommisme qui est l'idéologie spontanée du parti humanitaire. Qu'est-ce que le droidlommisme ? C'est un discours de nivellement, de banalisation du Mal qui, partant de l'idée juste que toute victime mérite sympathie et secours, aboutit à l'idée fausse que toutes les victimes se valent, qu'il n'y a lieu de distinguer ni entre les types de sympathie qu'elles doivent nous inspirer ni entre les raisons qui ont pu induire ou précipiter leur souffrance — droidlommiste celui qui nous dit qu'un mort à Auschwitz égale un mort dans une manif qui tourne mal ; droidlommiste celui qui, pour reprendre un cas déjà cité, refusera de distinguer, au motif qu'ils sont tous également des victimes, entre les Tutsis rwandais génocidés par les Hutus et les génocideurs hutus chassés ensuite de Kigali et menacés de famine dans les camps de Goma. Qu'est-ce que le vitalisme ? C'est la philosophie spontanée des droidlommistes ; c'est la métaphysique dont le droidlommisme a besoin pour fonder ses prétentions ; c'est une métaphysique qui, en gros, revient à dire que les hommes ne sont que des corps, que ces corps ne sont que de la matière et que, rien ne ressemblant plus à un tas de matière qu'un autre tas de matière, il est, non seulement absurde, illégitime, scandaleux, mais impossible, de distinguer entre les victimes et de conférer un statut particulier, par exemple, à la Shoah ; vitaliste, le déni de l'âme (c'est la forme haute, noble, du dispositif) ; vitaliste l'élision, ou la forclusion, de la politique (c'est sa version triviale) ; et vitaliste, donc, celui qui, attendu que ni l'âme ni la politique n'existent, se défendra d'entrer si peu que ce soit dans les raisons du Malin.

Les années passent, oui. Les situations changent. Mais ce qui ne passe ni ne change c'est ce trouble que je ressens face à ce discours de Croix-Rouge. Zweig : « danger » de la pitié. Nietzsche, *Gai Savoir* : l'amour aussi doit être « appris ». Brecht, *Cercle de craie caucasien* – c'est Gricha, la fille de cuisine, qui parle : « redoutable est la tentation d'être bon ». Mais quid, au juste, de cette tentation ? Quelle est la nature de cette bonté, de cette pitié, de cette compassion ? Une vertu, vraiment ? Ou une passion ? Ou un vice comme les autres ? Ou une névrose ?

Apocalypse now

(« ... cirque dévasté d'une cité antique,
témoin d'une civilisation disparue... »)

D'habitude, l'apocalypse menace ; ici, au Soudan,
elle a eu lieu. D'habitude, l'enfer est sous la terre ; ici,
il est sur la terre, visible à l'œil nu, visite possible,
quelques heures de Beechcraft, vous y êtes.
D'habitude, l'enfer est invisible ; ici, il est là, les témoignages sont possibles, il n'y a qu'à se pencher
pour entendre, ouvrir les yeux pour voir, il n'y a qu'à
prendre un Beechcraft pour, en trois ou quatre heures, se poser dans les monts Nubas et plonger au
cœur de la nuit — je l'ai fait, pourquoi les onusards ne
le feraient-ils pas ? et les otaniens ? et les ministres divers et variés, les importants, les maîtres du
monde, tous ces gens qui n'ont à la bouche que la
charte des droits de l'homme, les mérites de la mondialisation ? mais non ; nul ne veut voir ; nul ne veut
entendre ; comme au temps des dissidents, comme
au temps de la Bosnie, comme en Tchétchénie,
comme toujours au XXe siècle, ce terrible désir
d'échapper à l'horreur, de ne surtout pas s'y exposer
— jusqu'au jour, bien entendu, où elle vous rattrape et
vous frappe à votre tour... Nietzsche et les
nietzschéens croyaient qu'on se réfugie dans le néant

par haine et peur de la vie. La vérité c'est qu'on se réfugie dans la vie par peur et haine du néant – la vérité c'est qu'on s'accroche à la vie, on s'étourdit de divertissement et de vie, pour ne surtout pas avoir à prendre en considération la mort et le néant. Il faut les forcer, alors. Il faut un terrorisme du regard. Il faudrait pouvoir faire comme les soldats américains qui, en 1944, après la libération des camps, obligeaient les citadins allemands à défiler devant les cadavres. Innocents, les simples citoyens allemands ? Jamais, au grand jamais, mis la main à la pâte des crématoires de Bergen-Belsen ? Peut-être. Admettons. Mais la question n'était pas là. Geste, quand même, des Américains les obligeant juste à défiler, regarder, garder les yeux ouverts, ne surtout pas se rendormir. Bonne métaphore, somme toute, du rôle des intellectuels.

49

En finir avec la guerre ?

(« ... Responsabilité pour responsabilité, une suggestion. »)

Optimisme pas mort. Retour des réflexes militants. Je suis prêt, à cet instant, à partir en croisade contre les compagnies pétrolières, coupables de tous les maux du Soudan. Mais croisade pour quoi, au juste ? Pour l'éradication de la guerre ? Pour convaincre mes contemporains, pétroliers ou non, qu'il serait si facile d'être bon, de renoncer à tuer, etc. ? Je ne crois pas à cela. Je crois, au fond de moi, que la guerre est, comme le sexe, et la mort, une donnée de la condition des hommes. Je crois que l'homme, de même qu'il est le seul animal à pouvoir aimer pour aimer, par plaisir pur, sans procréer, est le seul aussi à tuer pour tuer, sans nécessité, par plaisir encore. Je crois que c'est Clausewitz qui a raison quand, bien avant le *Traité*, dans sa polémique de jeunesse avec le von Bülow de *L'Esprit du système de la guerre moderne*, il taille en pièces l'idée que les progrès techniques de l'armement, voire le progrès tout court, puissent nous conduire un jour à la paix perpétuelle. Je crois indépassable sa fameuse équation, plus tardive, que l'on cite souvent en la tronquant (« la guerre n'est pas seulement un acte politique mais un véritable instrument de la politique, une poursuite de relations politiques, une réalisation de celles-ci par d'autres moyens... »), et qui, contre le même von Bülow, contre son illusion d'Etats postmodernes, fondés sur « la justice et la liberté », contre son rêve d'Etats qui, ayant fini par s'étendre « jusqu'à leurs limites naturelles », trouveraient un jour « inutile et dangereux » d'opérer au-delà de ces « frontières que la nature leur a prescrites », indexe la pérennité des guerres sur celle de la forme-Etat comme telle. Je crois, plus exactement, que la seule façon de dépasser l'équation serait, comme le faisait encore Foucault, de la renverser en disant « non ! l'inverse ! c'est la politique qui est la guerre continuée par d'autres moyens ! c'est le dispositif de guerre qui fonctionne comme analyseur des rapports de pouvoir et non les rapports de pouvoir comme analyseurs de la guerre » – et je crois que, en procédant de la sorte, en renversant l'équation, on ne fait que la généraliser et lui donner plus de force encore, de portée. Je crois enfin, et même s'il y aurait beaucoup à redire – Raymond Aron l'a fait – sur l'illusion d'un rapprochement Hegel-Clausewitz et d'une identification des deux concepts de « dialectique » à l'œuvre dans la *Science de la logique* et dans les *Notes sur la Prusse dans sa grande catastrophe,* que ce sont, non seulement les clausewitziens, mais les hégéliens, qui, sur ce point, avaient raison et que l'on n'en finira avec le désir de guerre que si l'on en finit avec l'Histoire, le Mal ou cette forme élémentaire de l'Histoire et du Mal que l'on appelle le Politique. Pulsion de mort (Freud). Malédiction de l'homme par l'homme (Bataille). Trans-historicité du désir de guerre.

On peut toujours rêver, bien entendu, d'un temps qui en finirait avec l'Histoire, le Politique et donc la guerre. On peut toujours se raconter la même éternelle fable des temps post-historiques où les humains, libérés de la ronde fatale que mènent en eux ces jeux de l'Histoire, du Mal, du Politique, vivront de la vie heureuse, presque végétative, que Kojève prêtait aux animaux. Et sans doute, d'ailleurs, la peur que nous éprouvâmes quand nous vîmes revenir le spectre de la guerre en Bosnie et au Kosovo, notre réticence à nous en mêler, notre onusisme, notre lâcheté, la transformation de nos soldats en casques bleus et des casques bleus en bureaucrates de l'humanitaire, greffiers de la mort des autres, comptables quasi kafkaïens des larmes et de l'horreur, peut-être tout cela, ce mythe de la guerre zéro morts, attestait-il du désir pathétique et fou que nous avions de voir von Bülow finir tout de même, un jour, par avoir raison contre Clausewitz. Pour l'heure, nous n'y sommes pas. Le moins que l'on puisse dire est que l'Histoire est toujours là. La guerre, que nous le voulions ou pas, prospère, frappe à nos portes et même, désormais, au cœur des capitales de l'Occident. Et il n'y a, pour un démocrate, qu'une obligation, à partir de là, une tâche et une seule. Non pas : « en finir » avec la guerre – vœu pieux ! absurdité ! et, comme chaque fois que l'on fait comme si on pouvait faire l'économie du Mal, comme chaque fois que l'on joue au Mal barré, inévitables effets pervers, à commencer par le retour des guerres concrètes ! Mais le train des choses humaines étant ce qu'il est, les guerres s'éternisant d'un côté (guerres oubliées) et faisant retour de l'autre (le choc du terrorisme), se forcer, au contraire, à prendre cette double réalité de front et la traiter.

Face au terrorisme international et à la terrible menace qu'il fait planer sur les démocraties, un seul objectif : ne plus se voiler la face, rompre avec la politique de l'autruche, accepter de désigner l'adversaire et se donner les moyens, à la fois militaires, politiques, moraux, de le vaincre.

Sur l'autre front, celui des guerres oubliées et, donc, de l'autre malheur, pendant du premier, son répondant, son symétrique, peut-être même l'obscur foyer où il puise une part de son énergie, trois tâches simples, claires, minimales, mais qui, elles aussi, si on les prend vraiment au sérieux, obligent à rompre avec la niaiserie des visions pacifistes du monde.

Défendre les civils, d'abord. Ces guerres étant des guerres où on les distingue à grand-peine, les civils, de la masse des combattants, leur principe même étant d'effacer la frontière qui, depuis que le monde est monde et qu'il est le théâtre de guerres, opérait cette distinction, tout faire pour y revenir – tout faire, mobiliser toutes les ressources de la loi du tapage, pour que les civils, à tout le moins, se voient sanctuarisés.

Sanctionner, ensuite, les crimes de guerre. Les juger. Rappeler qu'il y a des lois de la guerre et qu'il nous appartient – opinion, institutions judiciaires internationales en formation... – de veiller à ce que ces lois soient respectées et, lorsqu'elles ne le sont pas, que les fautifs, tous les fautifs, soldats de Khartoum bien sûr, mais aussi, quand c'est le cas, Nuers, Dinkas, soient implacablement condamnés. Le moyen, sans cela, d'empêcher que, pour le Mal, on dise Bien et que l'on entre, ce faisant, dans les voies éternelles du Malin ?

Guerre pour guerre enfin, la guerre étant ce qu'elle est, tâcher de nous conduire, dans ces guerres, en guerriers de la pensée – tâcher de penser comme on fait la guerre, c'est-à-dire de prendre le parti, voire le point de vue, non des seuls corps, mais des idées qui guerroient à travers eux. Ces guerres n'ont pas de sens ? C'est tout leur principe, justement, de ne plus mettre en œuvre d'idées et de valeurs ? D'abord ce

357

n'est pas toujours vrai et, quand cela n'est pas vrai, en Bosnie par exemple, la tâche de la pensée est de refuser le confort de la neutralité, de casser la terrible logique qui faisait renvoyer dos à dos les victimes et les bourreaux et de se ranger dans le camp – en gros, bosniaque – de la Justice et du Droit. Et puis quand cela est vrai, quand il est impossible, en effet, d'élire un camp contre un autre, quand la cause des Hutus du Burundi ne semble pas plus juste que celle des Tutsis, ni celle de l'armée sri lankaise plus estimable que celle des kamikazes tamouls, quand on a peine à distinguer, au Soudan, en Angola, où les idées de liberté, de droit, d'universalité, ont trouvé à se nicher, il reste que ces idées existent ; il reste qu'elles continuent de vivre de la vie éternelle des idées ; et il reste que, de cette vie, il nous est loisible de témoigner – il reste, pour continuer dans le langage biblique, que, de ce « reste » (métaphysique), il nous est loisible d'être le « reste » (prophétique) et que, si nous ne pouvons ni arrêter ces guerres ni les effacer, nous pouvons en revanche, dans la guerre même, être les témoins, les seuls et les derniers témoins, de ce qu'elles s'emploient à éliminer. C'est ce que font les meilleurs des humanitaires. C'est ce que font les reporters de guerre. C'est la tâche qui incombe à un écrivain en voyage dans les trous noirs.

50

La mort de Massoud

10-11 septembre. Mort de Massoud. Je l'ai rencontré, pour la première fois, en 1980, très peu de temps après l'occupation soviétique de l'Afghanistan. Puis, dix-huit ans après, toujours dans le Panchir, à l'occasion d'un reportage pour *Le Monde* (cf. note conjointe). Comment, à cet instant, ne pas être tenté de relier les deux fils de la séquence? Comment ne pas se dire que le faux journaliste qui l'a piégé n'était, en réalité, que le premier d'une cordée de kamikazes dont l'objectif final était les Twin Towers de Manhattan? Comme si les barbares avaient tenu à faire les choses dans l'ordre. Comme si, anticipant une riposte américaine, ils avaient d'abord voulu faire place nette et débarrasser le pays de la seule alternative crédible aux Taliban. Comme s'ils avaient voulu, aussi, inaugurer la nouvelle ère par l'élimination de celui qui incarnait, non seulement en Afghanistan mais dans le monde, l'islam démocrate et tolérant. Deuil. Tristesse infinie. Pressentiment d'une catastrophe qui aurait, déjà, le visage des assassins de Massoud.

51

Je me souviens du commandant Massoud

Le voici donc, ce commandant de légende, en guerre depuis presque vingt ans – contre les Soviétiques autrefois, maintenant contre les Taliban.

Nous nous sommes retrouvés à Duchanbe, capitale du Tadjikistan, cette république musulmane, issue de l'ex-URSS, qui sort à peine, elle-même, de la guerre civile mais où il a installé ses bases arrière.

Et nous sommes dans un de ces gros hélicoptères de combat, complètement déglingués, qui font, quand la météo le permet, la liaison avec son fief du Panchir et sont, d'une certaine façon, son dernier lien avec l'extérieur.

Il porte une vareuse kaki et un pantalon de ville beige.

Il est coiffé de son béret afghan traditionnel aux bords roulés en couronne qui, avec sa barbe fine, son visage aigu, ses longs cils, le fait ressembler au Guevara des derniers jours.

Il est plus petit que je n'imaginais. Presque frêle. Il a un air de pâleur extrême qui contraste avec le noir de la chevelure et le fait paraître plus jeune que ses presque cinquante ans.

Il a passé le début du voyage au milieu de ses hommes : une vingtaine de combattants, très légèrement armés, portant des uniformes dépareillés, ou pas d'uniformes du tout, et assis sur les deux bancs de fer, de part et d'autre de la carlingue. Ensuite, il est allé s'asseoir dans le cockpit, sur un strapontin de bois, dominant légèrement les deux pilotes, muet, étrangement figé : tout juste, à mi-vol, au-dessus des crêtes de l'Hindu Kush, la prière des voyageurs et puis, le reste du temps, un drôle de balancement des épaules, de bas en haut et d'arrière en avant, comme s'il avait à se décharger d'un invisible fardeau.

A quoi pense le commandant Massoud, sur son banc d'enfant, le visage tendu vers le ciel, le regard sur l'horizon ?

La scène de l'embarquement, tout à l'heure, sur l'aéroport militaire de Duchanbe, avec ces douaniers russes, au pied de la passerelle, qui appelaient les noms de ses soldats et vérifiaient les passeports ? Oh ! Cet air d'arrogance ! Cette façon de leur faire sentir qu'ils étaient à leur merci ! Pouvait-on l'humilier davantage ?

Les rapports si étranges qu'il entretient avec ces « protecteurs » russes : adversaires d'hier, alliés d'aujourd'hui ? Comment peut-on être l'allié de gens que l'on a si longtemps affrontés ? Quelle confiance accorder à des ennemis qui ne se déclarent vos amis que parce que vous êtes devenu l'ennemi de leur ennemi – Pakistan, Arabie Saoudite, fondamentalistes musulmans... ? Et comment ne verrait-il pas que ces « experts » qu'on lui envoie, ces prétendus « spécialistes » censés l'aider à s'armer et à résister, sont ceux qui l'ont le mieux connu, c'est-à-dire, en fait, le plus combattu ?

Ou bien pense-t-il encore à cette immensité désolée qu'il voit défiler sous ses yeux : son pays chéri, sa terre qu'il aime et pour laquelle il se bat depuis presque vingt ans – Yangi Qala... Rostaq... Ab Bazan... les contreforts de l'Hindu Kush... un village, à l'est, que nous évitons car il est tenu par les Taliban... un autre, un peu plus au sud, où leur DCA, cet hiver, a tiré sur un appareil... le cercle des montagnes, face à nous, avec leur muraille de neige... les monts Taloqan... la rivière Farkhar... il sait le nom des crêtes et des passes... il connaît la moindre piste et le lit des torrents... il est incollable sur l'épopée d'Alexandre remontant la vallée du Panchir pour aller conquérir sa Bactriane et passant l'Amou Daria ici, à l'endroit même où nous le survolons... mais est-ce encore son pays ? de cette terre perdue et rêvée, de ces reliefs magnifiques qu'il ne peut plus contempler qu'en surplomb, peut-il encore dire : « c'est à moi, c'est mon pays » ?

Le vol dure un peu plus de deux heures – zigzags entre les pitons, barrières colossales que l'appareil contourne comme s'il n'avait pas assez de puissance pour les survoler, vallées. Et quand, à la nuit tombée, nous atterrissons enfin chez lui, à Jengalak, dans un amphithéâtre de pierre, coincé entre les montagnes, où nous attendent les vieillards du village, quelques soldats, une nuée d'enfants, il s'engouffre, toujours sans un mot, dans une voiture – laissant à une autre Toyota le soin de nous conduire, Gilles Hertzog et moi, jusqu'à la « maison de thé », au bord de la rivière, qui fait office de maison d'hôte. Lui chez lui. Moi chez moi. Et un vieux moudjahiddine qui m'accueille en son nom : une pièce fraîche, une natte et une couverture, une lampe tempête, une cruche d'eau changée chaque matin – traitement royal dans ce Panchir assiégé, et qui manque de tout...

En deux heures, donc, il n'a rien dit. Une phrase de bienvenue, sur le tarmac. Une autre pour dire – mais simple courtoisie... – qu'il se rappelle mon premier voyage, il y a dix-huit ans, via Peshawar, à l'époque où, avec Marek Halter, Renzo Rossellini et d'autres, nous avions lancé une campagne pour « des radios libres pour le Panchir ». Rarement, pourtant, un homme qui ne dit rien m'aura fait pareille impression – rarement silence m'aura paru si chargé de sens, de promesse, de mystère. Sa beauté, peut-être. Cette maigreur christique qui, en Occident, contribue à sa légende et qui, de près, frappe encore davantage. Mais aussi cet air de tristesse et de sérénité mêlées dont il ne s'est pas départi pendant le voyage – souverain sans royaume qui, seul dans sa cabine, le regard perdu dans ses rêves, survole un territoire dont j'ai le sentiment, pour l'instant, qu'il a perdu le contrôle. Ombres pâles, noms de pays, récits tremblés, souvenirs. Massoud a tout perdu ; mais, par l'âme et le songe, il résiste ; quel symbole !

Mais où est donc passé Massoud ?

On nous dit qu'il est parti à Golbahar, à l'extrême sud de la vallée, rendre visite à un combattant qu'on vient de ramener chez lui, la jambe sectionnée par une mine : le temps d'arriver à Golbahar, le temps, avec Hertzog et un interprète, de parcourir à notre tour ces 80 kilomètres de mauvaise piste semés de nids-de-poule et, sur les talus, de carcasses de chars soviétiques que l'on n'a pas dégagés depuis dix ans, il est parti.

On nous dit qu'il est à Bagram, plus au sud, à une quarantaine de kilomètres de Kaboul, où ses troupes ont repris le contrôle de la base aérienne : nous allons à Bagram ; nous constatons, au passage, qu'il y dispose encore de deux chasseurs apparemment en état de vol, d'un autre en réparation et d'un hélicoptère semblable à celui d'hier ; mais le temps de se faire comprendre et le temps, ensuite, pour la patrouille, de déblayer le barrage de pierres antichars — il a de nouveau disparu.

On nous dit encore : « il est plus loin, dans la plaine, sur le front de Charikar, où se prépare une offensive » — cap donc sur Charikar ; atmosphère caractéristique des abords de première ligne avec maisons vides, villages rasés que nul n'a reconstruits, chiens abandonnés, canons enterrés et, en prime, une compagnie d'enfants qui nous font descendre de voiture et nous demandent nos laissez-passer : le temps, là encore, de s'expliquer, le temps pour leur petit commandant de parlementer avec l'avant-poste et d'annoncer notre passage — et Massoud s'est encore envolé.

Bref, hasard ou fait exprès ? Suite de malchances ou ruse de comédien plus habile qu'il n'y paraissait à se mettre en scène ? Cette première journée à l'intérieur de l'Afghanistan, nous l'aurions passée à courir après le plus insaisissable des chefs de guerre si, à la tombée du soir, sur la route du retour, nous n'étions tombés sur cette scène — étrange, magnifique et qui efface tout ce que cette poursuite avait pu avoir de décevant.

Nous sommes près du col de Salang, là même où, il y a un an, l'opposition livrait, à l'arme lourde, l'une de ses batailles les plus décisives.

Une mosquée, à flanc de montagne, en surplomb des gorges.

Garées dans la pente, devant la mosquée, un immense embouteillage de Toyota qu'entoure une noria d'adolescents en armes.

Et, dans la mosquée enfin, assis à même le sol, le visage éclairé par des lampes de poche brandies, telles des torches, au-dessus des têtes, voici deux cents, peut-être trois cents hommes, les uns en djellaba sur laquelle on a enfilé un veston, les autres en tenue militaire camouflée, les autres encore coiffés du képi de soie ou du grand turban roulé des chefs afghans traditionnels : ces hommes souvent sans âge mais probablement très jeunes, ces combattants qui ont marché plusieurs jours pour arriver jusqu'ici et qui ont, pour la plupart, gardé leur arme avec eux jusque dans ce lieu sacré, ces hommes épuisés par le voyage quand ce n'est pas par la guerre, la disette, l'amertume, ce sont les fidèles commandants des provinces du Parvan et du Kapisa – et l'homme debout, face à eux, qu'ils écoutent dans un silence recueilli, c'est évidemment Massoud.

« Nous n'avons pas perdu Mazar i Sharif, explique-t-il. Mazar s'est rendue. Le commandant de Mazar a fait ce qu'ont fait, ici, à Salang, l'an dernier, les officiers de Bassir Salangi quand ils sont passés aux Taliban ou bien Abdoul Malek, au Nord, dans la province de Faryab. Il a trahi. Il s'est vendu. Il a livré sa cité contre une poignée de dollars. Ecoutez plutôt... »

Car c'est un Massoud orateur, cette fois. C'est un conteur intarissable, qui, d'une voix douce, marchant de long en large sur son estrade improvisée, raconte à ses guerriers les heurs et les malheurs de Mazar, les commandants félons et les honnêtes, les héros et les salauds – comment les Taliban ne sont jamais, au fond, que les jouets des Pakistanais... pourquoi, là où ils triomphent, ils font reculer la civilisation afghane de « cinq siècles »... l'obscurantisme de leur islam... le fait qu'ils sont, non les amis, mais les ennemis de la vraie foi... le sort qu'ils infligent aux femmes de Kaboul et qui est une offense à Dieu... et puis sa certitude, aussi, qu'il y a, dans cette mosquée, assez d'esprit et de cœur pour délivrer le pays, tôt ou tard, de ce lugubre sortilège...

Parfois, il les fait rire. Parfois, il les fait frémir. Parfois, tremblant d'une fureur contenue, il baisse encore le ton – voix sourde, presque chuchotée et les commandants, alors, se taisent, retiennent leur souffle : visage tendu vers lui, terriblement concentrés.

A la fin de la réunion, il cède la parole à un vieux chef qui se lève, voûté sur son bâton de marche, pour dire que les Taliban sont peut-être les « ennemis de Dieu », mais que ce sont surtout les « amis des communistes » – et c'est lui qui, maintenant, écoute : assis à son tour, l'air soudain très juvénile face à cet aîné qui le corrige ; il a, aux lèvres, un sourire énigmatique.

Puis il laisse la place à un autre vieillard, un mollah, peut-être celui de la mosquée, qui entonne, à pleins poumons, le chant du muezzin : et voilà tous les commandants qui, avec lui, leur arme posée à

terre, le front dans la poussière, se mettent à prier —
et, dehors, autour des Toyota, les hommes d'escorte
font de même.

Est-ce la solennité du lieu? L'éclat sombre des visages? Est-ce ce côté « conteur oriental » et le contraste qu'il forme avec l'étrange silence d'hier? Toujours est-il que ce second Massoud dégage une force
plus grande encore — d'autant plus grande, peut-être,
qu'elle semble arrachée à un fond de poignante mélancolie. On le sent, d'ailleurs, qui transmet cette
force. On sent les hommes, épuisés, qui, en
l'écoutant, reprennent courage. Massoud chef de
guerre, exaltant son armée des ombres. Massoud, le
Commandant, réveillant ses « clochards épiques ». La
chance, pour une résistance, d'avoir un Massoud. Cet
autre mystère d'iniquité qui offre à tel peuple, et pas
à un autre, l'insigne privilège de s'incarner dans un
Massoud.

Un autre Massoud encore. Détendu. Presque jo-
vial. Nous sommes — c'est le même soir — à Jabul
Saraj, non loin des premières lignes, dans une ancienne base militaire qui lui sert de QG local et où il
aime bien faire halte, les soirs comme celui-ci, quand
la situation des fronts est trop tendue pour qu'il retourne jusqu'à sa maison du Panchir.

La pièce est modeste. La lumière, pauvre. Il dîne
d'une pomme, d'un peu de pastèque, d'un thé, de
quelques amandes.

« Pourquoi, lui ai-je demandé, avoir insisté, tout à
l'heure, au col de Salang, sur le rôle des Pakistanais.

— Parce qu'ils sont au cœur de cette guerre. Ils la

financent. Ils la fomentent. Ils ont un intérêt vital à faire de l'Afghanistan une sorte de protectorat qui multiplierait par deux, en cas d'affrontement avec l'Inde, leur profondeur de champ stratégique – et c'est pour cette raison qu'ils ont inventé les Taliban.

— N'est-ce pas un peu facile de réduire un phénomène de cette importance à une pure manipulation étrangère ?

— C'est la réalité. Il y a des instructeurs pakistanais à Kaboul. Des officiers pakistanais sur le terrain. Nous avons même, à Mazar i Sharif, capté par radio, à la veille de la reddition, des conversations en urdu. Et le million de dollars donnés au commandant de la ville en échange de cette reddition, d'où croyez-vous qu'il venait sinon, encore une fois, des services secrets pakistanais – peut-être associés, il est vrai, aux services spéciaux saoudiens ?

— Est-ce que vous n'avez pas, vous aussi, commis des erreurs ? Est-ce que, si l'Afghanistan en est là, ce n'est pas, également, la faute des chefs de la résistance à l'Armée rouge qui, une fois venus au pouvoir, se sont entrebattus et discrédités ? »

Massoud s'apprête à répondre : mais sans entrain – je vois bien qu'il est harassé et que ce genre de questions, ce soir, lui pèse. C'est alors qu'apparaît, introduit par son aide de camp, un gros personnage enturbanné qui se présente comme un marchand sorti, le matin même, en autobus, de Kaboul et venu lui apporter, donc, des nouvelles fraîches de la ville.

Massoud connaît cet homme.

C'est même, si je comprends bien, une sorte d'ami

de sa famille qu'il n'a plus revu depuis longtemps, mais avec lequel il se sent en confiance.

L'ami de la famille ôte son turban.

On lui apporte du thé, une assiette de fruits secs et de bonbons.

Et le voici qui, tirant de sa poche une liasse de papiers griffonnés, se lance, mi-lisant, mi-improvisant, dans un long récit, tout en truculences et rebondissements, où il est question d'abord de lui, des dix-sept enfants qu'il a laissés là-bas, de ses quatre femmes, de la quatrième surtout, la plus jeune, et de la façon dont, malgré ses soixante-dix-sept ans, il est encore capable de l'honorer – et puis de Kaboul surtout, de la vie quotidienne dans la ville occupée, de la lassitude des habitants, de la bêtise des Taliban : « sais-tu qu'ils interdisent les cerfs-volants ? et les oiseaux en cage ? et les colombes en liberté ? et les représentations des bouddhas de Bamyan ? sais-tu qu'ils font la chasse aux radios, aux télés et que, depuis qu'ils ont découvert que les plus ingénieux arrivent à trafiquer des antennes avec des roues de bicyclette, ils se sont mis à fouiller partout, dans les caves, dans les cours, sur les terrasses, pour confisquer les bicyclettes ? »

Puis, s'arrêtant une seconde pour s'éponger le front, souffler et mesurer l'effet produit :

« Et le Coran ! Ah le Coran ! J'ai rencontré, l'autre jour, un de ces "étudiants en théologie" qui venait de condamner à quarante coups de fouet un type soupçonné de s'être taillé la barbe. J'ai fait l'imbécile. J'ai dit "je suis un vieux marchand illettré et je voudrais juste vous demander le sens exact de cette interdiction de se tailler la barbe". Eh bien sais-tu ce qu'il m'a répondu ? Rien ! Il a eu l'air affolé et il a bafouillé que rien, il ne savait rien, il fallait demander au mollah Omar ! Ah ! Ah ! Ah ! Ces étudiants sont des ignorants – ma dernière femme, à vingt-cinq ans, en sait plus qu'eux sur les saints commandements... »

La scène ravit Massoud.

Le marchand, semble-t-il, a d'autres histoires dans son sac – à commencer par une affaire de commandants talibans sur le point de trahir Kaboul et de passer de son côté. Mais soit qu'il n'ait pas confiance dans la fiabilité de l'informateur, soit qu'il redoute un piège et ne veuille pas trop montrer son intérêt, soit que, encore une fois, il ait d'abord envie, ce soir, de se détendre et de rire, il fait répéter les noms des trois commandants, demande s'ils ont eu des liens, dans le passé, avec son vieil adversaire Gulbuddin – mais c'est pour revenir, très vite, au reste du récit : la bouffonnerie des Taliban, qui le met en joie.

Un autre Massoud, oui, inattendu – le contraire du cliché, l'envers de l'image officielle : heureux comme un enfant, les yeux brillants, ponctuant de « han ! » et de « ho ! » les moments les plus cocasses du récit du marchand.

Une autre image, surtout, des Taliban : régime terrible certes, mais aussi grotesque ; meurtrier mais ubuesque ; que dire d'une dictature qui fait rire autant que trembler ? et n'est-ce pas la première bonne nouvelle du voyage – un fascisme qui, pour une fois, cesserait d'exercer sur ses victimes sa trouble fascination puisqu'il leur livre, dans le même récit, sa version tragique et sa version farce ? Le « Hitler était une

femme » de Malaparte. Cette « comédie des Taliban »
selon Massoud...

Je l'attendais à la maison d'hôte.

Mais comme l'heure tournait, qu'il ne se décidait
pas à arriver et que je le sentais, au fond, peu dési-
reux de me répondre sur les « erreurs » commises,
par lui et les siens, dans les années qui ont suivi la
défaite des Soviétiques, j'ai convaincu l'« ingénieur
Ishak », mon vieux complice de l'époque des « radios
libres pour le Panchir », de me conduire ici, chez lui,
dans cette maison de village, encaissée dans la vallée,
où il vit, en principe, avec sa famille mais où je le
retrouve, une fois de plus, entouré de moudjahiddi-
nes.

Ce sont les commandants du Panchir, cette fois-ci.

Ce sont, descendus des montagnes voisines, les
cent chefs de guerre qui, aux heures les plus noires
des deux guerres – la guerre contre les Soviétiques,
puis contre les Taliban –, l'ont aidé à tenir bon.

Et, de loin, en les voyant tous, debout, dans le
jardin, se presser autour de lui, se saluer, se mettre,
en signe de respect, la main droite sur le cœur,
s'étreindre en silence, s'incliner, on croirait un ballet,
ou une Cour, ou même une fête – sauf qu'au lieu
d'une tasse à la main chacun a un bout de papier qu'il
soumet à la signature du « chef » : l'un demande des
nouveaux souliers pour ses soldats ; l'autre veut une
relève ; un autre en a assez d'être dans les montagnes
et voudrait voir son unité monter en première ligne ;
un autre encore sollicite, pour un de ses artilleurs, la
permission d'aller rendre visite à sa famille en Iran ;

un cinquième vient s'assurer que le code coranique prescrit la lapidation des voleurs et Massoud, cette fois, ne signe pas – ce musulman des Lumières, ce démocrate, soutient que la lapidation est une forme archaïque et barbare de sanction pénale; un autre enfin se plaint de n'avoir pas suffisamment de canons et Massoud, en professionnel de la guerre, suggère une disposition des pièces existantes qui augmentera leur puissance de feu sans qu'il soit nécessaire d'en rapporter; et quant à moi, puisqu'il semble qu'il faille, pour l'approcher, un papier à parapher, je griffonne le mien : « une réponse... je demande au commandant Ahmed Shah Massoud une réponse, une toute petite réponse, sur les erreurs commises pendant les années de pouvoir à Kaboul, etc. ». Massoud rit, il demande quelques minutes de patience. Et, les commandants partis, reprend la conversation.

« Mes erreurs, donc ? La première est de m'être trompé sur l'évolution politique du Pakistan : j'ai pensé que les militaires passeraient la main, que les civils reprendraient durablement le pouvoir et que, avec eux, je m'entendrais. »

Toujours l'obsession du Pakistan...

« Et puis j'en ai commis une seconde, probablement plus grave... »

Il le dit à regret; je sens qu'il hésite.

« C'était une erreur "démocratique". C'est l'erreur qui consistait à trop scrupuleusement respecter, après la victoire, l'équilibre des courants qui avaient constitué la résistance. Mais imaginez un instant que je ne l'aie pas fait. Imaginez, puisque c'est moi qui, après tout, avais libéré Kaboul des communistes, puis barré la route aux fondamentalistes de Gulbuddin Heykmatiar, que j'aie pris, seul, le pouvoir. C'est la guerre qui reprenait. C'est le bain de sang qui se poursuivait. »

Je pense à la très belle image, dans le film de Ponfilly, où on le voit, ministre des Armées – étranger parmi les autres ministres, la tête manifestement ailleurs et, pourtant, partageant le pouvoir avec eux, pactisant.

« Aujourd'hui ? Qu'est-ce qui prouve que vous ne feriez pas la même chose aujourd'hui et que, si vous chassiez les Taliban de Kaboul, vous ne vous associeriez pas, encore, à des politiciens sans âme, sans morale ? »

Il sourit.

« La situation a changé. Gulbuddin est en exil à Téhéran. Rabani – que je respecte – est vieux et n'est plus intéressé par le pouvoir. Alors... »

Il fait un geste de la main, pour dire : « je suis le dernier, il ne reste plus que moi ». Et je songe, moi, à de Gaulle dont je sais qu'il l'admire – je songe à ce moment, toujours si beau, dans la biographie d'un résistant où l'on se dit : « voilà, je suis seul maintenant, je ne m'autorise que de moi-même ; c'est moi qui m'élis, moi qui choisis d'être de Gaulle... » En est-il là ? A-t-il vécu son 18 juin intérieur ? A-t-il résolu, quoi qu'il en coûte, de ne plus transiger avec quiconque ? Comme s'il devinait mes pensées, il enchaîne.

« La vraie question c'est les Taliban. Guerre totale ou pas guerre totale contre les Taliban ? Je vais vous raconter une histoire... »

373

Arrive un commandant retardataire, porteur de mauvaises nouvelles des fronts du Nord : mouvements de troupe à Mohammadabad ; les Iraniens s'agitent et risquent de compliquer le jeu. Je redoute que l'interruption ne lui fasse perdre le fil, ou changer d'avis. Mais non. Il reprend.

« Il y a quelques mois, j'ai parlé par satellite à leur chef, Mollah Omar, autoproclamé "émir des croyants". Je lui ai dit : "organisons une rencontre d'ulemas pour nous départager et faisons ensuite des élections, j'en accepte d'avance le verdict". Sur les élections, Mollah Omar m'a tout de suite dit "non, les élections ce n'est pas dans l'islam". La rencontre des ulemas, en revanche, a eu lieu au Pakistan – mais, au bout de quelques jours, il a rappelé ses gens sous un prétexte fallacieux. Alors c'est compliqué, n'est-ce pas ? Car que fallait-il souhaiter, dans le fond ? Pactiser, non. Je ne veux plus jamais pactiser ni consentir à des compromis. Mais dialoguer, tenter d'arrêter les massacres en dialoguant – ce n'est pas un projet si dérisoire... »

Le soir tombe sur le Panchir. On n'entend plus, au-dehors, que le bruit d'un combat de chiens, dont la montagne amplifie l'écho. Il fait frais. Massoud rêve et se tait. Un petit garçon sort de la maison, vient cueillir un pétunia et joue près de son père. Seigneur de la guerre, vraiment ? Amoureux de la guerre et de ses rites ? De Gaulle encore. Je lui cite Malraux et son mot fameux sur l'art de « faire la guerre sans l'aimer ».

« C'est mon cas, répond-il, une pointe de nostalgie dans la voix. Je n'aime pas la guerre, moi non plus. Je la fais depuis vingt ans, mais je ne peux pas dire que je l'aime. »

Je lui objecte qu'il n'a fait que cela toute sa vie — est-ce qu'elle ne l'a pas changé, à force, cette guerre ? irrémédiablement transformé ? est-ce qu'il est certain de savoir, le jour venu, s'occuper à autre chose ?

« Vous voulez connaître mon rêve le plus cher ? Ce serait de retrouver, dans un Afghanistan en paix, le métier d'ingénieur que je n'ai jamais vraiment exercé. Ce peuple est si extraordinaire ! Si courageux ! Est-ce que ces vingt années de guerre m'ont changé ? C'est lui, mon peuple, qu'elles ont métamorphosé. Mais en bien. Elles l'ont hissé au-dessus de lui-même. Elles lui ont permis, à travers la souffrance et la résistance, de se transcender. J'aimais mon peuple, avant. Maintenant, je l'admire. Et mon rêve le plus cher serait de contribuer, avec lui, pour lui, à la reconstruction d'un Afghanistan libre. »

Un peuple que l'Histoire ennoblit ? Oui, dit-il. Le peuple afghan. La preuve par le peuple afghan. L'autre leçon, encore, du commandant Massoud.

Infatigable Massoud. Hier cette rencontre des commandants du Panchir... Avant-hier celle de Salang... Aujourd'hui, de bon matin, ce conseil des anciens dont il préside la réunion, dans un faubourg de Bosorak, au cœur du Panchir profond, à dix minutes, à pied, du bazar — paysage d'arbustes et de roseaux, maisons de pisé, pont au-dessus du ruisseau fait avec des débris de chenille de char, galettes de bouse de vache séchant dans les cours des maisons et puis, au bout du chemin, en plein champ, une petite mos-

375

quée, très fraîche, avec, devant la porte, un désordre de chaussures.

Je lui trouve, au premier regard, l'air plus las que la veille. Moins présent. J'ai le sentiment d'une imperceptible distance quand viennent le saluer, un à un, en grande cérémonie, avant d'entrer dans la mosquée, les vieux de la vallée. Mais arrive le moment d'y entrer à son tour et de prendre la parole, arrive le moment du prêche auprès de cette nouvelle assemblée de personnages qui représentent, cette fois, les autorités civiles, politiques, de la région et la voix s'élève à nouveau, mélodieuse, claire, comme à Salang : cette voix de barde qui captivera quatre heures durant – quatre heures ! l'art du temps comme nerf de la guerre, chez Massoud ! – l'auditoire des barbes blanches.

« Le pire est derrière nous, leur explique-t-il. Les traîtres ont trahi. Les corrompus ont mené leur guerre de corruption. Reste une armée assainie. Reste une belle et bonne armée qui va, je vous le promets, passer maintenant à la contre-attaque. »

Puis, au malek d'un village voisin, héros de la guerre contre les Soviétiques, qui se lève pour dire qu'il souhaite retourner au front mais que ses fils le lui interdisent :

« Reste où tu es, malek. Nous avons assez de commandants. Nous avons même assez d'armes. Ce qu'il nous faut, maintenant, ce sont des munitions. Sais-tu que c'est faute de munitions que, il y a deux ans, nous avons dû battre en retraite à Kaboul ? »

Puis encore, en réponse aux quelques mots qu'il

m'a fait l'honneur de me demander de prononcer et où j'ai dit combien j'admirais, bien sûr, son héroïsme et celui de ses combattants – mais aussi que seule une résistance unie, surmontant ses divisions tribales ou de personnes, aura peut-être, un jour, le soutien de l'Occident :

« Ce temps-là, aussi, est révolu. C'en est fini de ces divisions. Savez-vous que l'autre soir, à Salang, il y avait, dans l'assemblée, pour m'écouter, moi, le Tadjik, un tiers de commandants pachtouns ? est-ce que ce n'est pas la preuve que nous avons surmonté cette fatalité de la division ? »

Et, à l'assemblée des barbes blanches à nouveau :

« Nos commandants sont les héros de l'Afghanistan. Ils portent son nom. Ils feront son unité. Dites-leur – c'est votre rôle – qu'un Afghanistan désuni c'est comme un mulet aux pattes raides. Désunis, nous mourrons. Unis, nous gagnerons – et le monde, sachez-le, volera à notre secours. »

Croit-il à ce qu'il dit ? Et quelle est la part, dans son assurance, du souci – toujours le même – d'alimenter la foi des partisans ? Sur le désir d'unité, oui, bien sûr, il est sincère : Massoud est, aujourd'hui, le seul homme d'Etat digne de ce nom en Afghanistan. Sur sa confiance dans la détermination des nations à l'appuyer, les choses sont, en revanche, moins claires : et c'est ce qui ressort de la suite de notre dialogue quand, la réunion terminée, nous rentrons ensemble à Bosorak.

Lui : beaucoup moins optimiste qu'il n'a voulu le dire en public, quant à la « vertu » de l'Occident.

Moi : sentiment que l'Amérique est en train de

377

prendre, tout de même, la mesure du danger taliban.

Lui : de quelle Amérique parlons-nous ? celle des droits de l'homme ou celle des compagnies pétrolières qui ne songent qu'à leur pipe-line menant le pétrole turkmène au Pakistan ?

Moi : difficile d'imaginer le monde laissant une affaire de pipe-line décider du sort d'un pays ; n'a-t-on pas, d'ailleurs, prouvé le contraire en bombardant, au cœur du territoire taliban, la cachette du terroriste Ben Laden ?

Lui : qui sait ce qui pèse le plus lourd, du pétrole ou des valeurs démocratiques ? et quant à Ben Laden, voulez-vous une autre information ? il habite à Kandahar, dans la même rue – les Américains le savent – que Mollah Omar, le chef suprême des Taliban ; en sorte que lorsqu'on bombarde, cent kilomètres plus loin, un camp de réfugiés où il n'a peut-être jamais mis les pieds, on se moque du monde en général et de nous, les Afghans, en particulier...

Alors optimiste ou pessimiste ? Difficile à démêler. Je pense à Alija Izetbegovic auquel il ressemble par tant de traits et dont je me demande s'il ne partage pas l'une des convictions premières : l'Occident ne secourt jamais que des vainqueurs ; il faut que les victimes s'aident elles-mêmes, rompent le silence des agneaux – alors seulement il s'avisera que ce sont ses valeurs qu'elles défendaient.

« On va la gagner, cette guerre », nous avait dit le Président bosniaque, une nuit, à Sarajevo, alors que les obus serbes tombaient comme jamais sur la ville. N'est-ce pas ce que dit, aussi, Massoud ? N'est-ce pas le sens, contre toute attente, de tout ce que je vois et entends depuis que je suis ici ? Et n'est-ce pas le principal enseignement d'un voyage commencé sur l'air du préjugé – « Massoud le mélancolique, acculé dans son réduit du Panchir, aux abois, déjà mort... » ?

Que Massoud puisse la gagner, cette guerre, qu'il s'apprête peut-être, tout seul, sans notre aide, à faire reculer les Taliban, c'est le lendemain, sur la ligne de front, au-dessus de la plaine de Kuhestan, que j'en ai eu la plus vive intuition.

Nous sommes partis, à nouveau, de Jengalak.

Nous avons repris cette fameuse route du Panchir dont les partisans aiment dire qu'elle est comme un saillant planté, en direction de Kaboul, au cœur de l'Afghanistan.

Arrivés au bout de la vallée, nous avons emprunté une autre route, il faudrait dire une piste, dont je ne n'aurais jamais soupçonné l'existence et qui, creusée entre roc et ravin, remonte, à flanc de montagne, jusqu'au plateau.

Et, sur le plateau donc, à l'endroit où la piste s'arrête pour céder la place à la tranchée, sur cette vaste étendue nue, battue par les vents et les tourbillons de terre et de poussière, nous avons retrouvé une dernière fois Massoud.

Il porte un grand sari blanc immaculé sur lequel il a passé un blazer bleu marine à boutons dorés.

Il court d'une tranchée à l'autre, d'un groupe de soldats au suivant, avec une énergie un peu folle, comme s'il dansait.

« Ah, vous êtes là ? venez avec moi. »

A l'une des unités, il dit que ses pièces de défense antiaérienne visent trop bas.

A l'autre, plus exposée qu'il ne pensait, il montre, la pelle à la main, comment dégager l'accès d'une casemate et comment, surtout, accuser la pente que devront gravir, s'ils attaquent, les Taliban.

A la troisième, celle qui est postée le plus en avant à la pointe de l'éperon, il fait un véritable cours de pose et de dissimulation des mines en terrain rocailleux.

Auprès de toutes, en fait, il se livre à cet exercice étonnant qui révèle le grand joueur d'échecs en même temps que le poète ou, si l'on préfère, le stratège doublé d'un tacticien de génie : imaginer l'attaque adverse, presque la jouer à sa place – conjurer le pire en le simulant.

« Car l'ennemi est là, dit-il en me tendant une paire de jumelles. Regardez. Sur la montagne. Au-delà de la plaine. Ils ont essayé, l'an dernier, de reprendre la position. Ils y sont restés huit jours. Depuis, nous la tenons. »

Et, voyant que je m'étonne d'une position si avancée, et si solide, au-delà de ce « bastion » du Panchir où il est supposé, aux yeux de la presse occidentale, s'être replié et suffoquer, il se moque :

« Ça c'est votre illusion. La réalité c'est que nous n'en sommes plus là, depuis longtemps. Nous sommes, depuis plusieurs mois déjà, sortis de notre forteresse. Vous ne voyez pas ? Vous ne me croyez pas ? Tenez. Prêtez-moi votre carte... »

Il étale la carte sur le sol de la tranchée, s'agenouille.

« Regardez. Nous sommes là. Toute cette zone, là, est à nous... »

Il marque l'est du pays, depuis le nord du Badakhshan jusqu'au sud du Kapisa.

« Cette zone aussi... »

Il grise la partie centrale, à l'ouest de Bamyan.

« Ici ce sont les Chiites, mais ils sont avec nous. Là (il montre le Nouristan) c'est Haji Qadir et ses Pashtouns – avec nous, également. Là encore (l'axe qui va de la Kunar à Jalalabad) nous coupons la route quand nous le voulons. Et quant au reste (geste vague), les Taliban sont, bien entendu, chez eux dans les régions de Kandahar, Paktia, Zabul, Helmand et Wardak. Mais, ailleurs, ils sont dans une situation semblable à celle, jadis, des Soviétiques : ils occupent les routes, les nœuds de communications, les villes – mais sortez de là, entrez dans le pays profond, vous verrez qu'ils n'ont plus le contrôle des villages ni le soutien des populations. »

Là-bas, sur l'autre montagne, la lueur brève d'une mitrailleuse. Plus loin, dans le ciel, le ronronnement d'un moteur d'avion qui met les hommes en alerte. Massoud se redresse. Tend l'oreille. Il fait à son artilleur un clin d'œil qui veut dire : « ce canon qui visait trop bas – il était temps de rectifier, n'est-ce pas ? » Il sait que son destin se joue là, ces jours-ci, dans cette tranchée ou dans une autre mais que, moralement, il a gagné. Il hausse les épaules. Il sourit. Puis il époussette son sari et, debout sur le plateau désert, fixe les nuages – et attend.

52

Autobiographie, cinq : le Dibbuk

(« ... Mujibur Rahman et son Bengale
libre... »)

Je le revois, il y a trente ans, au Bangla-Desh. Je le
vois, à Dacca, dans le bureau provisoire, installé dans
une paillote, où le reçoit le Président Mujibur Rahman. Il règne, dans la ville, une atmosphère de victoire et de fièvre. Il fait chaud. La foule, en liesse,
hurle : « Jay Hind ! Jay Hind ! » – vive l'Inde ! vive
l'Inde ! Et il est presque aussi heureux que le peuple
de Dacca.

« Je ne suis pas journaliste, Président, commence,
comme à son habitude, et comme à son premier rendez-vous, juché sur ses lectures aragoniennes et mal-
ruciennes, ce jeune homme qui me ressemble. Je suis
un intellectuel engagé. En-ga-gé. Je suis un élève
français de l'économiste marxiste Charles Bettel-
heim : spécialiste du développement inégal dans les
sociétés postcoloniales ; imbattable en communes
populaires chinoises, sciences prolétariennes et pay-
sannes, art de la guerre, colonialisme interne. Je ne
suis pas venu là pour témoigner mais pour agir. J'ai
participé à votre lutte. Je me mets à votre service. »
Le Président le considère avec un peu de surprise.

On lui avait annoncé l'envoyé spécial du journal français *Combat*. Et il a devant lui un jeune exalté qui lui explique qu'il se fiche de *Combat*; qu'il se moque du journalisme; qu'il ne respecte les journalistes que lorsqu'ils défendent, sous couvert d'objectivité, une grande cause qui, etc., etc.; il a passé trois mois, lui explique-t-il, avec un bataillon de ses Mukti Bahini; il est entré avec eux, et avec l'armée indienne victorieuse, dans la capitale de son pays; et il peut, s'il le souhaite, lui raconter la véridique histoire de la guerre qu'il a gagnée. Le Président sourit. Remercie. Fait un petit discours, lui aussi, sur la nécessaire solidarité de l'Occident avec son Etat naissant. Et puisque le jeune homme se dit «spécialiste du développement inégal dans les sociétés postcoloniales», il le nomme, à tout hasard, son conseiller pour les affaires de planification et de développement industriel — rien de moins!

L'aventure durera trois mois. Trois mois seulement. Car vint, presque aussitôt, le temps des soupçons et des complications (trop de Chine... trop de communes populaires et de science prolétarienne... trop de contacts avec trop de naxalites dans un pays qui s'était mis à la botte des Soviétiques...). Et, l'ordre brejnevien régnant sur Dacca, on vint, un beau matin, cueillir le mauvais sujet dans le petit bureau qu'il occupait à la Présidence et le mettre dans le premier avion pour Calcutta, puis Paris. Mais le décor était planté. Il était, pour très longtemps, ce personnage dont j'ai parlé et qui se serait fait hacher menu plutôt que d'admettre qu'il n'était «que» journaliste. Il était ce «journaliste-qui-fait-l'histoire» et qui, je l'ai dit aussi, se serait senti déshonoré d'être confondu avec la troupe des grands reporters – Oulman et Garofalo de *Paris Match*, mais aussi Jean Vincent, Lucien Bodard – qu'il lui était arrivé de croiser dans les maquis du Bengale occupé mais qui, la guerre finie, s'en étaient allés et n'étaient, à ses yeux, que des mercenaires de l'événement. Si vive était sa passion de servir, si grande sa conviction que les intellectuels avaient trop longtemps interprété le monde et que l'heure était venue de le transformer, que l'idée ne l'effleurait même pas que le mercenaire, le vrai, pût être lui...

Il revit Bodard, d'ailleurs, un peu plus tard. Il devint son ami. Il se tissa entre eux de vraies complicités, parfois littéraires, souvent canailles : un été à Carros... des confidences échangées... un portrait du cadet par l'aîné, qu'il fallut négocier ligne à ligne, au couteau, car s'y trouvaient dévoilés d'inavouables épisodes de sa vie... l'affaire Ludmilla X. dont lui, Bodard, était amoureux et qui avait dit : « d'accord ! mais à la condition que vous obteniez du "journaliste-qui-fait-l'histoire" (promu, entre-temps, "nouveau philosophe", et à la mode) un texte sur mon travail de peintre » – et le jeune homme s'exécuta, il fit ça pour son copain, et c'est l'un des rares textes de sa vie qu'il ait un peu regretté... Mais la seule chose qui le séparait vraiment de Bodard c'est que, tout écrivain, et même grand écrivain, qu'il fût en train de devenir, Bodard croyait quand même au journalisme alors que lui, le jeune homme, ne croyait qu'à l'aventure et à l'action.

Aujourd'hui ? Où en suis-je, aujourd'hui, avec ce

jeune homme et son fantasme « activiste » ? Il est toujours là, bien sûr. Il était là, en Afghanistan, huit ans plus tard, quand je suis allé porter à Massoud les premiers émetteurs de « Radio Kaboul libre ». Il était là, en Bosnie, douze ans après, pendant toute la durée de cette autre guerre où, comme en Afghanistan, comme au Bangla-Desh, comme à vingt et trente ans, je me suis donné corps et âme à une cause qui me dépassait. Alors, il est toujours là, forcément, à cinquante ans passés, au cœur de ce maquis Sud-Soudanais, face à Garang.

J'ai beau faire, j'ai beau dire, j'ai beau n'avoir à la bouche que Foucault, Walter Benjamin, l'autobus sans vitres de Frasquillo, la barge à fond plat, les vies minuscules — je sais bien qu'il y a un coin de ma tête où souffle toujours la même petite voix, le même malin génie, j'ai presque envie de dire, comme dans les contes juifs, le même dibbuk : « tu n'es pas journaliste... tu n'es pas journaliste... les intellectuels ont trop interprété le monde... l'honneur d'un intellectuel, là, au Sud-Soudan comme, jadis, au Bangla-Desh, serait d'aider cet homme, de le conseiller, de lui dicter la juste stratégie — n'est-ce pas très exactement ce que tu as fait, la nuit dernière, au camp d'Alek, avec Deng Alor et ses commandants rassemblés, en une scène si malrucienne, sous les étoiles, autour d'un feu ?... » Sauf que, là, pour la première fois, je parviens à me reprendre et à la question du chef du SPLP, méfiant : « que faites-vous ? qui êtes-vous ? », je réponds sagement, étouffant la voix du dibbuk : « je suis français, journaliste français, je prépare un article pour le journal français *Le Monde...* »

Que s'est-il passé ? D'où, pourquoi, cette sagesse nouvelle ? J'ai dit : le temps, qui a quand même fini par passer. J'ai dit aussi : Foucault, le nouveau journalisme, le travail de la pensée. Et, encore : Garang lui-même qui, n'étant ni Mujibur Rahman, ni Izetbegovic, ni Massoud, ne « méritait » pas ce statut d'« homme à cheval » que j'étais tenté, comme aux autres, de lui offrir. Mais il y a autre chose. On ne se débarrasse pas comme cela de son dibbuk et il y a, donc, autre chose. Gary, grand maître ès dibbuks, disait que les dibbuks ne meurent jamais. Ils sont là, expliquait-il dans *La Danse de Gengis Cohn*, son meilleur roman, dont le personnage principal était un dibbuk. Toujours là. Ils ne meurent pas. Ils ne vieillissent même pas. Il leur arrive seulement, de temps en temps, d'en avoir assez de l'âme qu'ils dibbukisent (à moins que ce ne soit l'âme qui en ait assez). Alors, ils prennent l'air. Ils se mettent en vacances. Ils vont squatter, pour un temps, une autre âme inconnue. Et puis, un beau jour, soit qu'ils en aient vraiment assez, soit que, le sujet dibbukisé mourant, ils n'aient plus le choix, ils s'envolent pour de bon et vont faire leur nid dans une âme de remplacement.

Le dibbuk de Barrès dans l'âme d'Aragon et de Malraux. Le dibbuk de Malraux dans celle de Régis Debray. De Drieu chez Tillinac et Rouart. De Marc Bloch chez Colombani. De Fitzgerald chez Enthoven. De Péguy chez Bensaïd et Plenel. De Camus chez Jean Daniel. De Sartre chez Bourdieu, faute de mieux. Le dibbuk en folie de Céline succubant alternativement les âmes de Nimier ou de de Roux. Le dibbuk de Debord chez Sollers. De Bernanos chez

Clavel. De Clavel chez Glucksmann et moi, autour de 1977 – d'ailleurs non! pas « autour » de 1977! on peut dater beaucoup plus précisément le jour, presque l'instant, de l'envol du dibbuk bernanosien venant, avec l'assentiment de Clavel, investir l'âme de ses deux « héritiers »! j'étais là... je l'ai vu... j'ai vu, de mes yeux vu, sur un plateau de Bernard Pivot, l'envol et l'atterrissage du petit dibbuk migrateur clavélien...

Où sont les dibbuks? Où en sommes-nous, les uns et les autres, avec notre dibbuk? Qui est resté gardien de son dibbuk? Qui l'a laissé s'échapper? Qui l'a chassé? Ce serait une bonne question à poser non aux morts, mais aux vivants. Ce serait une façon comme une autre de classer ceux de la génération – ami, où est ton dibbuk? qu'en as-tu fait? Kouchner, l'autre jour, retour de sa mission au Kosovo: remonté, possédé par sa mission, enragé, éternel apôtre de l'empire du Bien – dibbuk intact. Benny Lévy, à Jérusalem, nouvel homme en noir, en route vers la sainteté: même ascendant, mêmes réflexes de chef, mêmes rapports avec ses disciples qu'avec sa troupe de maos d'autrefois – dibbuk toujours vert. L'ami Sollers, ferraillant, dans *Le Monde*, contre une gauche de la gauche qui ne servira qu'à faire élire Chirac: dibbuk debordien, relooké dénonciation de la France moisie – RAS, bon état de marche. Et puis, à l'inverse, le Colonel Debray: grognon, gueule de bois, ce nouveau côté « fini! je rends les armes... on ne m'y reprendra plus... » – peut-être le dibbuk l'a-t-il réellement quitté, lui; et peut-être est-il allé se loger dans la tête de Chevènement ou de Védrine... Ou bien Deniau: on le sent fatigué, lui aussi, de son dibbuk; on sent qu'il n'aimerait rien tant que le refiler à un autre et ne plus avoir à s'occuper que de ses traversées en solitaire. Mais à qui? Quelle âme pour le vieux dibbuk du major Deniau? Attendu (théorème) que les dibbuks ne meurent jamais, attendu (corollaire) que les dibbuks voyagent mais ne se rendent pas, ce n'est pas tout d'être amer, grognon, fatigué, encore faut-il trouver une âme d'accueil, et il y a des dibbuks qui n'en trouvent pas — il y a des dibbuks qui cherchent âmes désespérément.

C'est peut-être mon problème, dans le fond. Lassé de mon dibbuk. Ne demandant qu'à m'en décharger et à en finir avec ma vieille névrose lyrique, mon désir d'épopée, mon côté homme d'action déguisé en journaliste et presque prêt, encore, à fournir à John Garang un plan clefs en main de reconquête du pouvoir à Khartoum. Mais où irait-il, le dibbuk? Où transiterait-elle, ma part d'enfance? Chez les combattants de l'effet de serre? Les militants anti-OGM? Attac? Pas sérieux...

53

Autobiographie, six

Enfant, j'ai admiré les pilotes de guerre. Les grandes figures de la RAF, bien entendu. Les pilotes américains qui, après Pearl Harbor, partirent bombarder le Japon sans certitude de retour. Un ami de mon père dont on murmurait dans la famille que, engagé volontaire dans l'armée anglaise, il avait été l'un des as des bombardements sur Dresde. Gary dont on m'avait fait lire, à douze ans, *La Promesse de l'aube*. Malraux, un peu plus tard, mais à peine : trop jeune pour lire *L'Espoir*, je connaissais les hauts et menus faits de l'escadrille España ainsi que cette magnifique histoire, qui n'était pas une histoire de guerre, mais qui me fascinait tout autant, de l'explorateur intrépide partant, avec Corniglion-Molinier, à bord du Farman 190 de Paul-Louis Weiler, chercher, dans les sables du Yémen, les vestiges des temples et des palais de la légendaire reine de Saba. Et puis, bien avant tout cela, V*ol de nuit, Courrier Sud*, des portraits d'Hélène Boucher, « l'amazone de l'air », découpés dans un vieux *Paris Match* et surtout, surtout, un grand album de photos dont je suis incapable de retrouver le titre — quelque chose comme *Les As*, ou *Les Conquérants du ciel*, je me souviens seulement d'une grande couverture sépia, façon fausse une de journal, avec une photo de Guynemer, debout, près de sa carlingue, et, à l'intérieur, une série de portraits de pilotes de l'autre guerre, photos et textes, présentés comme de jeunes héros, des chevaliers des temps modernes, grands vivants, archanges du ciel, à mi-chemin de l'esprit de la guerre moderne et du tournoi : il y avait là Guynemer, donc, et son escadrille des Cigognes ; Navarre et son avion rouge ; Dorme, l'aviateur à la jambe de bois ; Nungesser, et sa mâchoire artificielle ; Noguès ; Mermoz ; Védrines, l'as des « missions spéciales » où l'on déposait un agent de renseignement entre les lignes ennemies ; un certain Romanet; Roland Garros, le tireur d'élite, inventeur du mitraillage entre les pales de l'hélice ennemie; j'ai tous ces noms, et des noms aussi de grands « mécanos », gravés dans la mémoire avec une incroyable précision; ils y vivent à l'égal des personnages de *L'Equipage* de Kessel, ou de ceux de *L'Espoir*, lu bien plus tard (mais je me suis encore laissé avoir par le style crâne, très « guerre virile » façon Drieu et Montherlant, de ces âmes tourmentées à l'idée de lâcher leurs bombes sur Alicante à l'abri des nuages et s'obligeant à descendre bas, très bas, pour laisser une chance aux DCA ennemies!); ou bien, plus tard encore, dans les pages esthétisantes du *Temps retrouvé*, ces avions presque vivants qui s'élançaient dans la pureté du ciel telles des modernes Walkyries et y devenaient, perdus dans l'immensité, comme des étoiles de fer et de feu.

Bref. Souvenirs mêlés de tout cela quand j'observe le pilote du vieux Beechcraft jouer avec les nuages puis, plus bas, à l'approche des monts Nubas, avec le vent de sable qui souffle en rafales et déstabilise légèrement l'appareil. Impression de « déjà lu » comme en Colombie, à l'approche de Bogota, quand le petit avion peinait à franchir la barrière de montagnes, ou bien comme en Angola, au moment de descendre sur Lobito, quand Joe, le pilote, sous prétexte que l'Unita n'était pas loin et que ses canons étaient braqués sur le ciel, s'appliquait à virer, tanguer, réduire les gaz, piquer, glisser sur l'aile, redresser, descendre en chandelle, puis en looping, belles boucles courtes, bien dessinées, qui étaient comme les anneaux d'une impeccable spirale. Impression de déjà lu, oui, quand

je me surprends, ici aussi, à guetter le ronronnement
du moteur : tantôt puissant, ou berceur, et je suis
rassuré — merveilleuse douceur du vol au-dessus des
sables ; tantôt crachotement suspect, toussotement,
bruit de gros insecte instable et je ne peux
m'empêcher de scruter le visage du pilote, ou celui
d'Ostrowski, mes vrais tableaux de bord, mes bous-
soles, ma seule façon, l'altimètre étant détraqué, de
deviner si un ennui mécanique, une défaillance, une
chute de régime, se profilent. Et puis l'approche
proprement dite, enfin : les monts Nubas au-dessous
de nous ; leur alternance, à perte de vue, de mamelons, de plages de sable et de rocaille ; mais le pilote
ne connaît pas la zone ; la piste est invisible ; alors il
cherche, hésite, reprend un peu d'altitude, revient,
scrute encore, se penche presque — exactement, cette
fois, les aviateurs de mon album d'enfance, emmitouflés dans leur blouson, casque et lunettes plaqués
sur la tête, l'écharpe au vent de l'hélice, sans pare-
brise ; mais où est donc cette foutue piste ? dans quel
pli de terrain ? quelle vallée ? quelle nappe de pierre
ou de verdure ? il reste une demi-heure de fuel ; pas
assez pour revenir jusqu'à Loki ni aucune autre base
connue ; il faut trouver, donc ; il faut, malgré le soleil,
malgré le poudroiement du sable qui nous aveugle,
malgré l'absence totale de repères, impérativement
trouver ; ici ? non, pas ici ; là ? non, toujours pas là, le
pilote est encore descendu, ce n'était qu'un oued
asséché, ou un chemin de chèvres, ou l'ombre de
l'appareil sur le sable ; le temps passe ; le fuel
s'épuise ; j'ai l'impression que le moteur fait un bruit
bizarre et que la main tremble un peu sur le manche ;

c'est le moment de toutes les superstitions, des paris enfantins ; c'est le moment où j'ai vraiment le sentiment d'aller au bout de mon hallucination — dans l'avion de Joseph Kessel, au-dessus de Nouakchott ou de Villa Cisneros ou bien, au Yémen, avec Corniglion et Malraux.

54

La tentation de l'uchronie
(Note conjointe)

Dernier voyage. Dernier reportage. Je m'étonne, à la relecture, de l'énergie que j'aurai mise à différencier, non seulement ces cinq textes, mais les systèmes d'impressions qui les commandent et les ont inspirés. Car j'aurais pu faire l'inverse, après tout. J'aurais pu, je m'en rends compte, donner à penser que rien ne ressemble plus à la détresse extrême qu'une autre détresse extrême et que, dans la nuit de ces guerres, à l'échelle de l'enfer dont elles sont autant de modalités, un damné vaut un damné et lui ressemble comme un frère. Et j'imagine assez bien un tout dernier reportage ou, au contraire, un tout premier, qui, au lieu, comme je l'ai fait, de distinguer les situations, au lieu de s'attacher à fabriquer de l'un avec du multiple, du divers avec du même, au lieu de se donner tant de mal pour pointer les mille et une petites différences dont l'effet n'est peut-être, à la fin, que de dissoudre dans la couleur locale la monotonie d'une souffrance sans nom, dirait l'uchronie d'un monde empruntant indifféremment ses traits à l'Angola, à Sri Lanka, au Burundi, à la Colombie, au Sud-Soudan. A quoi bon de la « couleur » quand on a affaire au Mal radical ? A quoi bon des « choses vues » quand c'est le Diable qui tient le fil et que le Diable n'a pas de visage ? Et la chose vue mise en exergue, donc en scène, n'est-elle pas, en l'espèce, la définition même de d'obscène ? J'ai eu cette tentation. Je l'ai écartée, mais je l'ai eue. Et une part de moi se dit que c'eût été une autre façon d'être fidèle à cette nuit dans la nuit qu'est le séjour des victimes. Buzzatti. *Sous les falaises de marbre.* Les grandes figures paraboliques de Guyotat ou des *Paravents* de Genet...

55

Voir des hommes mourir de faim

(« ... des hameaux où, en saison sèche, on en est réduit à creuser le sable, à mains nues, pour trouver de l'eau... »)

J'ai vu des hommes morts, je veux dire morts de la guerre : Sarajevo ; la scène, notamment, de la morgue, à la fin de *Bosna !* ; une scène apparemment paisible, ou apaisée, mais que j'ai eu un mal de chien à filmer. J'ai vu des hommes mourir : au Bangla-Desh, la nuit de la prise de Jessore, ces corps ensanglantés, mais encore vivants, au milieu de la débandade ; ou cet Erythréen, le bras arraché par un obus, qui s'est vidé de son sang le temps de son transport à l'hôpital d'Asmara. Ce que je n'avais encore pas vu c'est des hommes en train de mourir de faim, vraiment mourir, vraiment de faim – et c'est horrible.

D'abord, j'ai cru que c'était une maison. Mais c'était un dispensaire de fortune, constitué de tôles, rondins et bottes de foin sec assemblés sous un grand arbre avec, pour tout équipement médical, un pied de perfusions rouillé qui n'avait plus dû servir depuis longtemps. Et il y avait là trois hommes et un enfant, masses noires, silhouettes osseuses et demi-nues, allongées à même le sol, sur lesquelles veillait un quatrième, à peine plus vaillant, très maigre aussi, hirsute, barbe de huit jours, teint cireux, regard trouble, parole presque inaudible, en train de s'éventer avec des feuilles de tamarinier. « C'est fini, souffle-t-il au chef d'unité qui m'accompagne et qui tente d'organiser par radio, mais mollement, sans y croire, un transport vers Kawdah. Pour eux trois, c'est fini. Il n'y a rien à manger et, donc, c'est fini. »

L'un a la bouche entrouverte et respire à petits coups, battant de temps en temps des bras comme un poisson des nageoires. L'autre a les épaules et le ventre creusés, ramassés en un dernier effort pour retenir un reste de vie ; parfois, ses ongles grattent sa chemise comme s'il cherchait à l'arracher ; parfois ses mains trop longues, décharnées, avec leurs grosses veines à fleur de peau et des taches bleu foncé, se tendent comme si elles cherchaient le contact d'autres mains. Le troisième, qui semble rassembler, lui, ses dernières forces pour veiller sur l'enfant, moribond aussi, collé contre lui, a le visage diaphane, les pieds et les poignets étrangement gonflés – il émet, de temps en temps, un petit gémissement ; murmure quelque chose à l'oreille de l'enfant qui ne répond pas ; il a des croûtes de terre autour de la bouche, mouillées par une rigole de sueur qui est la dernière chose, avec une mouche verte posée sur son menton, qui lui donne l'air un peu vivant ; parfois il tourne imperceptiblement les yeux et me regarde, mais je jurerais que c'est sans me voir.

Ils n'ont pas été frappés, ces trois hommes. Ils n'ont pas été blessés. Il n'y a pas trace, autour de la cabane, du moindre bombardement récent. Il fait beau. Et, pourtant, c'est fini. Ils vont mourir, là, juste d'inanition, juste de faim. Ils vont, dans quelques jours, peut-être quelques heures, cesser de respirer parce qu'ils n'ont plus la force d'aller gratter la terre et sucer une racine. La plus passive des morts. La plus soumise. D'une certaine façon, la plus indifférente, la plus absurde et, donc, la plus terrifiante. Et, pour moi qui suis là, impuissant, pétrifié, n'osant ni les toucher, ni bouger, à peine respirer, pour moi qui suis réduit à regarder l'officier s'affairer avec son talkie et demander des secours auxquels il ne croit pas, c'est l'une des images les plus terribles de ce voyage.

56

Notes conjointes

1. Parfois, je me dis : c'est des romans qu'il faudrait faire. Il faudrait, en romancier, entrer dans la tête du damné au moment où, à la porte de sa hutte, survient l'assassin. Il faudrait, aussi, être dans la tête (le corps ?) du kamikaze à l'instant où il sait qu'il n'a, tout à coup, plus le choix.

2. Un monde tolérant cela, un monde prenant le risque, s'il était l'heure du bilan, d'être jugé sur le scandale de ces hommes mourant de faim, un monde si peu soucieux de se tenir prêt pour un jugement dont les anciennes sagesses enseignent qu'il faut apprendre à vivre comme s'il pouvait survenir à tout instant, ce monde-là est un monde mort.

3. Repentirs et bégaiements. Ce double tremblé du texte. Ces deux façons de le faire vaciller : vers l'amont (ce qui me l'a soufflé et dont j'essaie de me souvenir) ; vers l'aval (ce qu'il m'inspire aujourd'hui, mes regrets). Je n'ai jamais fait cela. S'il y a bien un geste dont je m'étais implicitement juré, depuis trente ans, que je n'y céderais jamais, c'est ce geste de double reprise. Fantasme de maîtrise... Rêve d'une œuvre finie, bouclée sur elle-même, sans aveu... Que le Texte soit, et le Texte est... J'en étais là. J'étais comme l'assassin qui, jamais, ne revient sur ses traces. Et, maintenant, ces notations qui font le con-

traire et vont, à l'envers de l'intrigue, saisir l'autre trame dont je ne veux, d'habitude, rien savoir. La seule liberté que je m'autorise encore, dans cette mise au clair : ne jamais dire ce qui, dans ces notes, témoigne du commencement et de la fin ; à bon entendeur salut.

57

La Shoah au cœur et dans la tête

Que la langue du génocide ne doive, à aucun prix, se galvauder ; que veiller sur la probité des mots en général et de celui-ci en particulier soit une tâche intellectuelle et politique prioritaire ; qu'il se soit produit, à Auschwitz, un événement sans précédent, incomparable à tout autre et que la lutte contre la banalisation, et de la chose, et du mot qui la désigne, soit un impératif, non seulement pour les Juifs, mais pour tous ceux que lèse ce crime (autrement dit, l'humain comme tel ; l'humain en chaque homme, chaque femme, d'aujourd'hui) ; que la Shoah soit le génocide absolu, l'étalon du genre, la mesure même du non-humain ; que cette singularité tienne tant à l'effroyable rationalité des méthodes (bureaucratie, industrie du cadavre, chambre à gaz) qu'à sa non moins terrible part d'irrationalité (l'histoire folle, souvent notée, des trains de déportés qui avaient, jusqu'au dernier jour, priorité sur les convois d'armes et de troupes), à sa systématicité (des armées de tueurs lâchés, dans toute l'Europe, à la poursuite de Juifs qui devaient être traqués, exterminés sans reste, jusqu'au dernier) ou à sa dimension, son intention métaphysique (par-delà les corps les âmes et, par-delà les âmes, la mémoire même des textes juifs et de la loi) – tout cela est évident ; c'est et ce sera de plus en plus difficile à faire entendre, mais c'est établi et évident...

Reste que rien ne sert de disposer d'une mesure si c'est pour ne pas avoir à s'en servir. Rien ne sert de dire : « voici l'étalon » si c'est pour que l'étalon demeure, telle une précieuse relique, dans je ne sais quel musée de la mémoire et de l'horreur. La leçon de la Shoah, pour moi, c'est aussi, par conséquent, une vigilance sans répit sur tous les fronts contemporains du malheur – loin que cette leçon anesthésie ma sensibilité, paralyse mon intelligence et les fixe, toutes deux, sur des tragédies passées, c'est elle qui me requiert, me met en mouvement et fait que je suis là, aujourd'hui, dans les monts Nubas, en train de recueillir les témoignages de ce qui, comme au Burundi, ressemble à un génocide en marche. J'avais une première raison, jusqu'ici, de me vouloir fidèle au souvenir de la Shoah : les morts eux-mêmes ; l'hommage dû aux morts, aux pauvres morts, à leurs grandes douleurs ; l'idée, comme disait, une fois de plus, Benjamin (Thèse VI), que « devant l'ennemi, s'il vainc, même les morts ne seront pas en sécurité » ; l'idée, en d'autres termes, que le risque, pour les morts non honorés, c'est de mourir une seconde fois et que, de cette seconde mort, les survivants, les en-

fants des survivants, seraient cette fois responsables.
J'en avais une autre : les vivants ; pour les vivants,
une exigence ; pour les vivants, une protection ; la
forme moderne de l'antisémitisme n'est-elle pas très
précisément dans le déni de l'évidence ? l'antisémite
moderne n'a-t-il pas pour article de foi quasi premier
cette terrible adresse aux vivants : « la Shoah ne fut
pas ce que vous dites ; elle ne fut, en aucune manière,
ce crime exorbitant à la longue histoire des crimes ;
vous ne tiendriez, d'ailleurs, pas à cette contrevérité,
vous ne plaideriez pas inlassablement pour cette
centralité de la douleur juive, si vous ne poursuiviez à
travers cela des buts inavoués » ? et n'est-il pas essentiel, du coup, n'est-il pas vital de tenir bon, de ne
pas céder, de plaider, plus que jamais, pour la vérité
c'est-à-dire pour la singularité ? Eh bien en voici une
troisième – voici une troisième raison de ne pas
transiger sur l'évidence de cette singularité : se donner une vraie chance, si, en quelque point du globe,
et par exemple ici, au Sud-Soudan, revient flotter le
parfum, reconnaissable entre mille, du génocide, de
ne pas passer à côté ; tout faire, se donner tous les
moyens possibles, pour, ce jour-là, ne pas avoir à
dire : « nous ne savions pas ; je ne savais pas » ; une
mémoire vive, en d'autres termes ; une mémoire en
alerte, et qui travaille, et qui donne des armes à qui
en veut ; une mémoire qui rende, non pas sourd,
mais attentif aux premières notes de la musique fatale ; ce n'est jamais la même musique ? ni le même
parfum ? l'Histoire a plus d'imagination que les
hommes ? le Diable plus que l'Histoire ? et il n'est pas
du genre, le Diable, à commettre l'erreur d'amateur

de nous resservir un génocide en tous points semblable à l'étalon du genre? bien sûr; mais tout de même; il ne fallait pas être sorcier, au Rwanda, pour entendre ce qui venait; il ne fallait pas être très malin pour, en Bosnie, quand commença le siège de Sarajevo, puis quand arrivèrent les premières images des camps de Prjedor et Omarska, puis quand on sut qu'il y avait des villages, en Bosnie centrale, où l'on forçait les hommes à baisser leurs pantalons pour voir s'ils étaient circoncis, donc musulmans, il ne fallait pas être extraordinairement malin, non, pour comprendre de quoi il retournait — il fallait juste, comme Hatzfeld au Rwanda, avoir la Shoah au cœur et dans la tête; il fallait juste, comme la plupart de ceux qui se mobilisèrent contre la purification ethnique en Bosnie, se souvenir que, naguère, dans un temps très lointain et très proche, il y eut des millions d'hommes et de femmes qui furent, non pas étrangers en Egypte, mais déportés au cœur de l'Europe; il fallait, en un mot, avoir une mémoire à jour; de même, ici, chez les Nubas.

58

Après la conférence de Durban
(Ultime note conjointe)

(« ... c'est et ce sera de plus en plus
difficile à faire entendre... »)

Septembre 2001, encore. Autre hasard des
calendriers. Conférence de Durban, en Afrique du
Sud, au moment où s'achève ce livre. Le gotha des
ONG rassemblé pour, en principe, une grande conférence onusienne, parrainée par les nations, sur le
« racisme » et l'« intolérance ». Va-t-on enfin parler
du racisme anti-Tutsi des Hutus ? De la menace de
génocide que ce racisme fait planer sur le Burundi dévasté ? Des millions de morts de la guerre angolaise ? Du fanatisme des Tigres tamouls ? Du Rwanda ? Du Sud-Soudan ? Va-t-il être question, puisque
l'un des thèmes de la Conférence est la lutte contre
l'esclavage, de ces milliers d'esclaves dinkas raptés,
au Sud-Soudan, dans les provinces de Bahr el-
Ghazal, du Darfur et du Kordofan, par les miliciens
à cheval des Forces de défense populaire à la solde
de Khartoum ? Va-t-on profiter de la circonstance et
de la formidable chambre d'écho qu'elle constitue,
pour évoquer ces caravanes de femmes et d'enfants,
emmenés comme du bétail, sur des centaines de kilo-

mètres, pour être vendus à des familles arabes du Nord – domestiques, bêtes de somme, esclaves sexuels marqués au fer, comme des animaux ? Bref, va-t-on saisir l'occasion, enfin, de rompre le silence et d'imposer sur la scène mondiale le problème de ces guerres oubliées dont nous sommes quelques-uns à dire à qui veut l'entendre, c'est-à-dire, pour l'heure, pas grand monde, que c'est le problème majeur du siècle qui commence et que c'est sur notre capacité, ou non, à l'affronter que nous serons un jour jugés ? Eh bien non. Il est question d'Israël. Il n'est question, pendant huit jours, que des crimes contre l'humanité dont Israël serait coupable à l'encontre des Palestiniens. Et tout se passe comme si tout ce monde choisissait de se mettre d'accord pour dire qu'il n'y a qu'un Etat raciste au monde, que cet Etat c'est Israël et qu'il n'est donc ni urgent ni même utile de lever la chape de plomb qui pèse sur ces terres de désolation et de crime que sont l'Angola, le Burundi, Sri Lanka, la Colombie, le Soudan.

Dans mon calendrier secret, c'est une date.

D'abord, bien entendu, à cause de l'incroyable tonalité de l'assaut verbal contre un sionisme assimilé à ce que le monde a pu produire de pire en matière d'humiliation et de crime : est-on jamais allé si loin dans la véhémence ? la fameuse résolution de 1975 assimilant le sionisme à une forme de racisme parlait-elle aussi explicitement d'« actes de génocide », de « crimes contre l'humanité » ? le mot même d'« apartheid » prononcé là, au pays de Nelson Mandela, avec l'aval des nations, n'était-il pas tragiquement imbécile s'agissant d'un pays où chacun sait que toutes les minorités, Arabes compris, jouissent des mêmes droits civiques, exactement, que la majorité juive ?

Ensuite parce que les procureurs ayant eu le front de mener leur offensive sous le signe de l'antira- cisme, tout le procès s'instruisant avec les mots mêmes, les concepts, les armes retournées de la mémoire juive (et notamment, bien entendu, l'arme philosophico-juridique qu'est la notion, née à Nu- remberg, en référence explicite à la Shoah, de « crime contre l'humanité »), c'est toute la théorie de la mé- moire vive (le souvenir des offenses passées, comme arme dans les combats futurs), c'est le principe même du théorème d'Auschwitz (Auschwitz, donc le Rwanda ; Auschwitz, donc les Nubas ; Auschwitz, la possibilité d'Auschwitz, comme argument – oh ! certes, pas imparable ! s'il était imparable, cela se sau- rait et les damnés n'en seraient pas là ! mais enfin il est là, c'est mieux que pas d'argument du tout, nous n'en avons pas tellement d'autres ! – pour attirer l'attention du monde sur ce qui, peut-être, se prépare au Burundi) qui soudain volait en éclats. La singulari- té d'Auschwitz ? L'étalon de l'inhumain ? S'adosser à cette singularité, à cette mesure de l'horreur possible, pour se donner une chance de plus d'intervenir, avant que ne se soit opéré l'irréparable, dans la chaîne des causes dont nous savons qu'elles mènent à l'extermination des autres ? Peut-être ai-je tort. Mais j'ai le sentiment que, à Durban, achève de se mettre en place le décor d'une époque où quand les Juifs parleront ainsi, quand ils évoqueront l'unicité de leur douleur et quand, non contents de l'évoquer en secret, dans le silence de la remémoration et de la piété, ils exhorteront le monde à ne pas céder sur un principe qui vaut sauf-conduit pour tous, on les écoutera au mieux avec une indifférence polie mais lassée, vaguement teintée d'incrédulité, indulgente (bon, bon... puisque vous y tenez... si cela vous fait vraiment plaisir... les victimes ont des raisons que la raison n'a point...), au pire dans l'impatience, l'emportement, la colère injurieuse et haineuse (jusqu'à quand cette monomanie? de quel droit cette monarchie de la douleur, du souvenir? une victime n'en vaut-elle pas une autre, n'importe quelle victime, faite de toutes les victimes, et qui les vaut toutes et que vaut n'importe quelle autre?) – j'ai le sentiment que l'on entre dans un monde où ce type de discours sera, oui, de plus en plus difficile à faire entendre.

Et puis je marque cette date d'une pierre sombre à cause de ce qu'elle nous dit, enfin, de l'entêtement de l'époque à ne rien dire, surtout rien, de ces trous noirs où tourbillonne le pire et où c'est l'Histoire elle-même qui semble, au choix, selon la perspective que l'on adopte, mise en suspens ou prise de folie. Durban, encore une fois, n'était-il pas la caisse de résonance idéale? N'était-ce pas le lieu, par excellence, pour que se fassent entendre ces voix de l'autre monde? S'en présenterait-il un autre? Quand? Et mesurait-on l'immense faute – morale, politique – que l'on commettait en choisissant une fois de plus de taire, bâillonner, passer par pertes et profits, la douleur des « damnés »? Pour la faute morale, les choses furent, tout de suite, assez claires : il suffisait d'entrevoir, à la télévision, le visage stupéfait du délégué rwandais à qui les croisés de l'antimondialisme venaient de signifier que son génocide n'avait pas l'heur d'intéresser les nouveaux peuples « historiques » dont ils se prétendaient les représentants ; nuance remarquable, dispositif inédit, ce n'était plus seulement, ni peut-être principalement, l'Occident qui rejetait la déréliction rwandaise dans le néant, mais les autres, tous les autres, toute cette coalition d'Etats du Sud dont l'antioccidentalisme est le ciment et qui redoublaient sa damnation en lui donnant l'onction d'un tiers-mondisme bien-pensant... Quant à l'autre faute, la faute politique, il fallut quelques jours, en revanche, pour que, le 11 septembre, un tout autre événement, cataclysmique celui-là, et apparemment sans rapport avec Durban, suggère l'hypothèse que j'avais eue sur les lèvres, mais sans oser l'énoncer, tout au long de ces voyages : trous noirs et apocalypse ; ténèbre et incendies ; supposer un instant que, dans l'économie de ce début de siècle, les deux se répondent et soient comme le double mode d'un même nihilisme ; supposer une géographie du malheur, finalement mondialisée, où Durban ne serait pas si loin de Manhattan, ni Manhattan de Khartoum, Colombo, Bogota, Bujumbura, Luanda ; imaginer un monde en ruée, chaotique, déjà à demi désagrégé par les guerres dites et non dites, déclarées et innommées, où des peuples entiers seraient niés, ignorés, rejetés dans la nuit de la non-Histoire, sous la pression conjuguée des peuples historiques d'hier et de demain, du Nord et du Sud, de la planète nantie et de ses adversaires mimétiques ; et la même ques-

tion, alors, avec laquelle je clos ces « Réflexions »
comme je les avais commencées : quelles formes
inédites, donc tragiques, prendra alors leur désespoir?

TABLE

Impression réalisée sur CAMERON par

BUSSIÈRE CAMEDAN IMPRIMERIES

GROUPE CPI

à Saint-Amand-Montrond (Cher)
pour le compte des Éditions Grasset
en octobre 2001

N° d'édition : 12134. — N° d'impression : 014478/4
Dépôt légal : octobre 2001.

Imprimé en France

ISBN 2-246-62021-X